心理抚养

李玫瑾◎著

上海三联书店

我的母亲

谨以此书
表达我对母亲的思念和感恩

序 言

我最早出现在公众面前的身份,是中国人民公安大学犯罪心理学教授。那是 1999 年,我开始出现在中央电视台的《今日说法》栏目中,解析真实案例中各种违法犯罪人的心理问题,其中讲得最多的是未成年人违法犯罪的话题。

后来,从 2003 年起,许多人知道我则缘于我从事的一项专业研究,即犯罪心理画像。这一研究更多地用于疑难系列案件的侦查破案。我先后主持翻译了两本国外最新版的犯罪心理画像专著,并直接参与了一些疑难系列案件的犯罪心理分析及人物心理描述。

大家可能知道,刑事侦查特别讲究现场勘查和查找痕迹物证,绝对不能揣测和臆断。然而,犯罪人实施犯罪行为时大多避人耳目,不能被直接观察到,以前也没有现在如此完善的"天网"和大数据,警方该如何去分析犯罪人的内心活动,并描述出犯罪嫌疑人表现于外的心理特征呢?

尽管相当有难度,当我介入实案后,竟然有过多次成功的经历。这种假设在前、验证在后的过程,让我对人的心理逻辑有了崭新的认识。我发现,人所有的心理表现必有相应的经历和环境。比如,一个人是否会犯罪,往往与他出生后的家庭养育密切相关。

对任何一个家庭来说,生养孩子都是一个漫长的辛苦历程,稍有不慎,不仅父母以往的心血有去无回,还会让整个家庭未来都陷入痛苦之中。所以，我觉得有责任把自己的研究成果告诉大家，即一个孩子出生后，我们应该怎样对待他，怎样抚养、教养和培养他，使他成为一个有人性、有品格、有能力的人，让家庭幸福，也让社会祥和。

从 2004 年起，我与全国妇联、北京市社会心理学会合作，开展了一系列公益讲座。2006 年，我开始在新浪博客发表"心理抚养"系列短文。2008 年，我应北京市社会心理学会的邀请，在国家图书馆做了一场公益讲座并被录制下来，后被中国人民大学出版社制作成光盘出版。2018 年，这一视频被人传到网上，使很多人开始认识我这位"育儿专家"。

2016 年，我接到中国教育学会的邀请，参加在广东省中山市举办的家庭教育国际研讨会，有幸接触到仰慕已久的孙云晓先生。在返京的飞机上，他一直与我讨论"心理抚养"的话题。聊到最后，他很认真地给我提建议："你应该写书。你研究的'心理抚养'很重要，很有用，一定要把它写出来，让更多家长知道。"

孙先生还传授给我很多科普著作的写作方法，但我因写惯了犯罪心理研究的调查报告、学术论文和专著，要写科普性质的养育类图书还是不太得心应手，再加上工作繁忙，时间不充裕，一直拖延至今。

现在，在凤凰卫视出版中心的帮助下，尤其是叶元美女士替我收集和整理各个时期的讲座，使我的写作时间大大缩短了，我终于完成了心理养育的第一部分内容。本书重点阐述早年家庭养育中的"心理抚养"和"心理教养"，这两种心理养育将奠定人一生的心理基础。

我知道许多父母最关心孩子的学习成绩，特别注重能力的培养。能力确实很重要，可以影响一个人挣钱多少、地位高低等，但在人的心理发展过程中，它应该排在情感（心理抚养的内容）和性格（心理教养的内容）之后。因为决定一个人有没有"人味"，要看他对人间悲欢离合的感悟，以及他带给别人和社会的感受。一个人能让身边的人感到舒服和幸福，能为社会做出贡献，这应该是父母最开心的事。能养育出这样的孩子就是父母最大的功德。

有人知道我的职业背景后，担心我的"育儿说"会让父母把孩子视为潜在的罪犯来防范性地养育。如若这般推理，受欢迎的"养生说"不就把所有人都想象为潜在的病患吗？这种说法可谓"今人有过，不喜人规，如讳疾而忌医，宁灭其身而无悟也"（宋人周敦颐语）。

人一生不可能不得病，为了拥有更好的生活质量，需要防未病。虽然疾病的发生是不分贵贱、贫富和学历的，但肯定有其内在的病理，这就需要人们去研究。养育孩子也是这样，会遇到各种各样的问题，需要父母去了解多种角度的相关研究和育儿知识。何况人是非常复杂的，这让家庭养育变得更加复杂。家里有多个孩子的父母对此感受甚深，因为对待不同孩子的方式要有所差别，不能用一个模子去套。

不同视角，不同背景，并不影响研究者们殊途同归。因为大家最终的目标是一致的，最高原则和理念也是相通的。只有全方位了解育儿中的各种可能和结果，才是完整的养育观。

李玫瑾

2021 年立春

目 录

第一章　家庭是人生的起点　1

没有时间思维的人容易迷失人生　3

所有社会问题其实都是人的问题　8

人的问题源于早年的养育　13

孩子的问题多由身边的大人造就　17

亲自陪伴比只给孩子挣钱更有价值　21

父母要珍惜与孩子相处的过程　25

家庭结构完整不等于功能健全　28

家庭功能体现在父母的修为中　31

要孩子改变，大人要先改变自己　35

大人好好学习，孩子才能天天向上　39

第二章　心理彰显人之灵魂　43

遗传与生理相当于"心理硬件"　45

人的心理遗传中包含着祖上的修为　48

早年养育相当于系统软件编程　52

心理系统有缺陷会成终身"漏洞"　54

意识水平标志着人的心理水准　57

缺少自我反思意识的人心理不成熟　59

跳出自我中心，才能更好地识人识己　63

人的许多潜意识活动常常不自知　65

改变认识是做思想工作的重点　68

让心理困扰者自我成长是心理咨询的要义　71

情绪是观察心理的窗口　75

情绪需要表达，更需要管理　78

情绪宜解不宜结，否则容易得"心癌"　81

个性是人的"心理名片"　85

危险人格的形成往往与家庭养育方式有关　88

第三章　心理发展有迹可循　93

谈恋爱要先了解对方的成长经历　95

怕对象不可靠，问两个问题就知道　99

了解一个人的过去，即可知他是什么样的人　101

同一类人有相似的心理发展路径　107

心理发展有内在的逻辑进程　110

心理发展还呈阶梯递进的模式　113

养育的最佳时期是依恋期　119

青春期最需要父母的智慧　122

对成年子女要学会放手与接受　124

为老不尊者早就存在个性缺陷　128

第四章　心理抚养重在养心　131

养人，养身容易养心难　133

成年后的心理困扰源于心理抚养的匮乏　137

情感的心理抚养必须是无假的爱　142

母爱不可戒断，也不可替代　147

脾气的心理抚养是及时到位的照应　151

暴脾气的人多在生命初期被亏待过　155

言语的心理抚养是耳边人声丰富　158

寂寞杀手多有言语匮乏的抚养背景　162

抚养方式会影响孩子亲社会性的发展　166

冷漠、自私的社会谁都不会幸福　170

心理抚养还会影响人的认知方式　172

为何有人智商很高却被称为书呆子　175

观念的心理抚养是为孩子注入心象　180

父母在意并强调的东西会成为孩子的观念　183

第五章　人性由情感唤醒　187

不幸遇到毫无人性的人会怎样　189

情感是上天为人设计的紧箍咒　192

一个人尚有情感就尚有人性　195

人性中的情感由养育而来　200

孩子最早是靠气味来认人的　203

谈恋爱也存在气味相投的现象　206

依恋是人生的第一次"恋爱"　209

依恋情感是教养孩子的心理资本　213

人的情感越丰富，人性就越丰满　218

未成年人弑母多有幼年脱离母亲的背景　222

依恋母亲并不等于父爱就不重要　225

养不出情感的人是反社会人格者　230

第六章　心理教养重在品行　233

教养的最佳时机是人的社会行为初始时期　235

心理养育需要恩威并施　239

性格取决于后天养成　243

良好的性格会让人拥有好运　246

人生的路为何越走越窄　249

眼高手低的人更容易有挫折感　252

性格如何影响人的命运　255

耐挫之心越早历练越好　261

心理弹性需要从小练就　263

适度惩罚也是一种保护　268

第七章　性格培养决定命运　273

对三到六岁的孩子说"不"　275

用心说"不"，无言自威　278

与人沟通，学会讲理、互动　282

延迟满足练就耐性　285

诱惑训练，教其自我管理　289

与人接触，学会礼貌为先　293

与人相处，学会分享、包容　297

体力之苦练就坚韧意志　302

第一章　家庭是人生的起点

因工作需要，我接触过很多犯罪人，跟他们聊过很多，最大的感悟是当他们混在人群中，一般人包括我是辨别不出他们是犯罪人的。因为我们会发现，他们也有个性，也有喜好，甚至和我们有共同喜欢的音乐或电影。

然而，这些看起来很正常的人，为什么会做出一些令人困惑或恐惧的行为呢？

后来我发现，一个人会出现这类行为，一定跟他过去经历的事情有关。于是，我的研究开始关注人的早年。从"犯罪→人→心理→早年→家庭→养育→父母"这样倒推，我看到人的心理发展是有逻辑的。人，其实是"养育＋教育"的产品。学校教育之前的家庭养育，尤其是心理抚养的好坏，可以影响乃至决定人的一生。

没有时间思维的人容易迷失人生

出门先看一下目的地离你有多远，才知道怎么走，人生也是如此。

我曾经跟一个朋友感慨道："人一生也就 100 块钱，真的不禁花。"

当然，这只是个比喻，"100 块钱"指"100 岁"。其实，很多人一生都挣不到"100 块"。一般人能活七八十岁，能活到 90 岁的很少，能活到 100 岁的更是凤毛麟角。

我们仔细想想，人生这些钱是怎么花的？我们会发现不是十块十块地花，而是二十二十地花：

一个人从出生到能够独立挣钱，大概需要 20 年的"时间大洋"，其间有的人有些心急，希望把漫长的学习过程压缩一下；

当一个人步入社会，就会眼花缭乱，要找工作，要找对象，然后要筹钱结婚，可能还没准备好，孩子就来了……在一阵忙乱中，人生第二个 20 年的"时间大洋"就没了；

第三个 20 年，人已步入不惑之年，事业能不能攀上高峰就取决于未来几年的努力了，不甘安于现状的人刚努力冲了一下就过线了，到点要退休了；

第四个 20 年，按理说是可以用来逍遥或挥霍的，可有的人因上一个

20 年的冲刺使健康受损，有的则因父母尚在而不能远游，或者已经见到自己的第三代出世，不帮子女带孩子不行……在苦乐参半中，人们一转眼又花掉 20 年的"时间大洋"；

最后一个 20 年可珍贵了，很多人是拿不到手的。

大体而言，人生就这四五张"时间大洋"。出生时，我们赤身裸体，两手空空，把这几张"时间大洋"花掉了，也就走到人生的终点了，死时一样东西也带不走。所以，人生最重要的不是得到了什么，占有了多少房产或财富，而是经历了多少站点，走了有多远。

人在世间走得越久越远，看到的风景自然就越多。可是，有的人太心急，很快就把几张"时间大洋"卷在一起花掉了。比如，抢劫杀人犯就是这样，钱抢到手了，花不了多久，性命就丢了。心急者必走得早。

我曾和一个高智商的犯罪人有过一番对话。他是一个潜逃多年的 A 级通缉犯，在广东、广西、湖南、浙江、重庆、江西等地作案 10 起，犯下抢劫、杀人、强奸等罪，先后杀害 13 人。在一次抓捕行动中，警方设计了三道包围圈，他居然用非常巧妙的方法，一道一道地逃了出去。连抓他的刑警都说："这真是一个犯罪的天才。"

这个人是广东人，只有初中文化，16 岁就开始浪迹社会。他曾因盗窃罪被劳教两年，出来后想挣大钱，就想作大案。第一起大案，是他伙同三人抢劫一位经营海鲜冷库生意的老板。他让两个同伙看着老板的家人，他则押着老板去取钱。结果钱到手了，一个同伙当场被抓，还有一个同伙因拒捕被击毙，他和另一个同伙逃跑了。

后来，为找冷库老板算账，他们想抢警察的枪，第一次打死的人就是警察。于是，警方发布了全国通缉令。东躲西藏的他逍遥法外八年，后被某省警方意外抓获。因为当时信息不像现在这么发达，他以假身份蒙混过关后，在狱中服刑四年多，最后警方识破了他。

这个人隐姓埋名逃亡了十几年，我想知道他是什么心理，于是去监所见他。只见这个人戴着一副黑框眼镜，外表很斯文，看不出凶悍的样子，人们想象不到他身上竟然背负着十几条人命。

他在监所里很得意，身边那帮犯人对他崇拜得不得了，都很巴结他，愿意伺候他。

我心想："这小子还在自以为是，不知道自己错在哪儿、傻在哪儿。"

等他来了以后，我就从他被抓时用的假名说起。

我说："听说你给自己取了个假名叫周全？"

他点点头，很得意。因为他一直觉得自己很聪明，才让警察那么长时间抓不到他。他认为自己考虑问题很周全，就取了这个名字。

我说："你能告诉我'周'是什么含义吗？"

他说："'周'就是个圆圈嘛。"

我说："对。要撑起一个圆圈，需要几根棍呢？"

他答道："两根。"

我说："对。你既然叫周全，肯定是觉得自己思考问题周全。那我问你，思考问题有两种方式，这两根棍代表哪两种思维？"

他看着我，回答不上来。

我让他想了一会儿，然后问他："想得出来吗？"

他摇摇头，我就告诉他："这两根棍代表着两种思维。人要想考虑问题周全，就要拥有两种思维，一种叫空间思维，一种叫时间思维。

"空间思维是什么？就是前后、左右、上下。我研究过你，你这个人处事时，前后、左右、上下的现场反应都非常好，说明你的空间思维很优秀。但是，我觉得你还缺了一条线，也就是时间思维。

"你认为自己很聪明，可我觉得你还不够聪明。你要是真聪明的话，怎么没有想过犯罪是多么愚蠢的事啊？你第一次抢劫20万，然后为了报复那个老板，又杀了警察，结果被全国通缉。从那以后，你再也不能光明正大地生活和露面，不能使用身份证，不能找工作，有家不能回，也不敢跟家人联系，甚至连儿子都不能去看一眼。虽然你成功逃亡了很多年，但那些日子你活得像什么？就像一只老鼠，只能在地下活动，偷偷摸摸过日子。如果你当初不犯罪，凭你的聪明去挣钱，挣到现在，或者想得更长远一点，挣到60岁，所挣的钱是不是比你当时抢的钱多得多呢？"

他一言不发，低头想着。于是，我跟他开玩笑说："你还称自己周全吗？你只有空间思维，没有时间思维，不应该叫周全，只能叫周百分之五十。"

像他这样的人只想到一时，根本不想一世。小聪明是对事的，具有短视性，而大智慧是对人生的。如果想问题时不仅仅停留在眼前的事情上，而是以整个人生来权衡，那么，这种思维方式就非常好。

我那天跟他聊了很多，临走时跟他说："你十五六岁就心高气盛，想挣大钱，现在外面有很多年轻人跟你一样，很想做大事，很想快速致富，你想对他们说点什么吗？"

他想了片刻，说："人一辈子选择什么都不要选择犯罪。"

我觉得他还是很聪明的，知道自己错在哪儿了。一个人在做人生的各种选择时，不能只顾眼前的感受，要有"明天"的概念，要想一辈子的事情。

人们在生活中经常面临如何权衡利弊的问题，这就需要有点时间思维，能够超越眼前的局限。可是，现在社会变化太快，人们有时会迷茫，不知道将来会怎样，只有抓住现实。有的女孩找对象时就说："宁愿坐在宝马车里哭，也不愿坐在自行车上笑。"有的学生报考专业时考虑的是有没有"钱景"，当他进入这个领域后赚到了钱，却发现自己并不快乐，因为他干的工作不是他的兴趣所在。

那些看得见摸得着的东西，往往只是生活的表象。当你看到别人住别墅，你也要住别墅；别人干那个挣钱，你也要干；别人找了一个高富帅或白富美，你也要找一个……当你追逐这些表象的时候，你会发现自己永远追不完。有时追上了一两个，你也不开心，因为那是别人的生活，不是你真正想要的。

太追逐生活的表象，人就容易迷失自我。很多人走上犯罪之路，就是对人生的一种迷失。所以，我有时候会跟一些犯罪人讲："如果你早十年见到我，你可能就不是今天这个样子了。"

我曾在大连见过一个年轻人，他17岁开始作案，到21岁被抓时，做了好几起抢劫杀人案，一共杀了六个人。第一起案件，他只抢到12块钱，却杀了一个女孩。我问他："你为什么要这样做？养大一个孩子多不容易啊，你居然为了12块钱就让一条人命没了！"

他说："那怎么办？我没钱，只能抢。"

我说："顺着你这个逻辑推理，你也别想有钱，只要你身上有钱，我就可以抢你、杀你。因为我没钱，谁让你有钱呢？我就在后面盯着你，只要你作案，抢到钱了，我就把你杀掉，把你的钱抢过来。你说大家能这样活吗？为了钱，你杀他，我杀你？"

他不说话了，看着我。

父母在他很小的时候就外出打工，他跟着姥姥和舅舅生活，舅舅精神还不太正常。他初中就辍学了，然后惹是生非，父母就把他接到身边，但已经管教不了了。

我发现他脑子里有些观念是缺失的，就给他讲了一些道理："贫穷不是犯罪的理由。这个社会是有规则的，如果每个人都无法无天地行事，终将自食其果。"

临走时，他跟我说："有好多话以前我从没听过，今天才明白。"

所有社会问题其实都是人的问题

社会其实是一个责任说不太清的世界。社会即使有责任，也要落实到每一个人身上。

社会看起来纷繁复杂，但背后又有一些非常简单的规律。我研究犯罪心理学三十多年，这给了我一个比较独特的视角，使我更多地关注人的问题的由来。我发现，所有社会问题归根到底都是人的问题。无论是道德滑坡、腐败问题，还是多么不可思议的案件，最后都可以归结为人的问题。

因为研究犯罪就要研究人，研究犯罪心理就是在研究人性的弱点，所以我在研究犯罪事实时，即使是严重的暴力犯罪，也不会轻易归咎于社会，不会简单地谴责社会怎么样。在我看来，社会其实是一个责任说不太清的世界。

有时，我们确实能看到很多社会问题的存在，但同样的社会刺激落在不同的人身上，不一定会产生同样的反应。如果我们把原因都归结于社会，该如何惩罚社会呢？这样归因不能解决任何问题。我们需要研究每个作案人具体的心理问题。

就拿 2010 年来说吧，从 3 月至 5 月，全国接连发生了六起砍杀幼儿园孩子和小学生的案件。很多人说是社会矛盾加剧的表现，作案人是为了报复社会，但我当时就发表了不同看法。我认为社会矛盾确实很严重，但那主要体现在群体事件上，而不是体现在砍孩子这种案件上，这种案件作案人心理的异常反应更为突出。

我是做个案研究的人，每个案件都会研究作案人的心理背景。我发现在这六起案件中，只有一起跟社会矛盾沾点边，是因拆迁引起的，但作案人实则有过错在先。

2009 年，山东潍坊农民王某某在基本农田保护区内违规建房，被勒令于 2010 年 4 月 30 日拆除。拆房日上午，他就携带铁锤和汽油强行闯入一所小学，用铁锤打伤五名学前班学生，然后抱住两名学生点火自焚。这两名学生被老师奋力抢出，王某某则当场被烧死。当时还有六户村民被勒令拆房，只有他采取这种极端手段，说明问题出在他有危险心结解不开。

春季是精神病容易复发的时期，也是各种心理疾病的高发期。在这六起案件中，就有一起是精神病人作案，还有两起则是因久病不愈引起心理失常。广东雷州病休教师康某某觉得生不如死，又想自己这样死了太憋屈，就想先杀人再自杀。可他没有胆量杀成年人，就跑到小学去杀孩子。2010 年 4 月 28 日下午，他持刀混入一所小学，在砍伤 16 人后企图跳楼自杀，被消防官兵用高压水枪制伏。

另一起案件发生在陕西省，作案人吴某某身患多种疾病，多次医治未见好转，曾两次自杀未遂。他有一所房子租给别人办幼儿园，听说园长曾在屋里打死一条蛇并施法捣鬼，给自己带来病痛，于是心怀怨恨。2010 年 5 月 12 日上午，他持菜刀闯入这所幼儿园，当场砍死园长，另致 8 人死亡、11 人受伤，然后返回家中服毒身亡。

其余两起砍杀孩子的案件，则因作案人长期生活不顺，导致心理扭曲。其中一名作案人徐某某，曾在一家保险公司工作，于 2001 年被辞退，后又做直销亏本。这个无业人员经常被老婆骂"窝囊废"，为了证明自己不是废物，便于 2010 年 4 月 29 日上午持刀闯入江苏泰兴一所幼儿园大开杀戒，致 32 人受伤。

另一名作案人郑某某，原是福建省南平市一个社区卫生服务站的医生。此人具有明显的自恋情结，对自己估计过高。有病人奉承他医术好，他就真觉得自己很了不起。他不明白成年人说话都是含有水分的，有些只是客套话、场面话，比如下属对领导说"您真英明"，销售员说"美女，你真漂亮"，你听完说声"谢谢"就行了，千万不要太当真。否则，你就是没有自知之明，属于自我认知不准确。

2009 年，郑某某把卫生站的工作辞了，想去大医院上班。他曾跟同事吹嘘，说泉州有医院重金聘请他。但现实是，只有中专文凭的他找工作并不顺利，没有大医院要他，他一直在家待业。于是，他将此事怪罪到原来的领导王某某头上，觉得王某某不尊重他，在工作中总是排挤他，给他设置升职障碍，还迫使他辞职，导致他失业。

他的感情也不顺利，年过四旬还未婚。他当医生时认识了女孩叶某，一直追人家，不断给人家打电话。女孩被骚扰好几年，最后忍无可忍，就叫男朋友出面警告了他。他后来又追过其他女孩，但对叶某始终怀恨在心。

2010 年 3 月 23 日上午 7 点多，他在一所小学门口持刀行凶，在短短55 秒的时间里连续伤害 13 名学生，造成 8 人死亡、5 人重伤，后被群众制伏。他原本打算杀掉 30 名学生，以引起社会轰动。而他这样做，只是为了让大家知道前领导王某某和女孩叶某"这两个人太坏了"。他跟检察官说，他的所作所为就是针对这两个人的。他制造这起血案，就是想让大家归罪于这两个人，给他们增加社会压力。

如此荒唐的犯罪理由，在郑某某嘴里却振振有词。他还在法庭上说，叶某到处说非他不嫁，搞得他没法找女朋友。他觉得自己为这段感情付出很多，而叶某却将他抛弃，还联合别人污蔑他，导致他大龄未婚。但法院查明，这段恋爱关系并不存在，全是郑某某一厢情愿。

郑某某生活不顺跟他的性格有关。这种经常把责任推卸给别人的人具有人格缺陷。人格缺陷有很多种，其中一种就是自恋。自恋型人格往往是后天养育造就的。如果我们对一个小孩天天夸"你真棒""你真帅""你真神"，不说别的，这个孩子长大后就会产生一种错觉，出现自我认知障碍，觉得自己真的很了不起。当他独立走向社会面临难题或面对更强的对手时，往往不能接受现实。

这种人格上的缺陷，往往是在孩子的成长过程中，家里长辈过分喜爱与宠溺，给他的外部评价不客观造成的。事实上，社会生活是很无情的，不会特别宠爱谁。一向自我感觉良好的人，一旦在生活中屡遭挫折，就会出现心理落差。像这种因家庭造就的人格缺陷导致的犯罪，怎么能让社会来当替罪羊呢？

我曾在北京某区参与社区矫治工作，担任心理学顾问。有一天，一位热心帮助刑满释放人员的志愿者给我打电话，说他遇到一个难题。他先帮助一个刑满释放人员找到一间房子，让他有地方住。这个人没有工作，他又联系各方给他找了一份工作，让他能有点收入养活自己。可这个人得寸进尺地提出要求，说他需要一个老婆。

这位志愿者感到很为难，跟我说："别的我都可以帮他，唯独婚恋这件事得靠他自己努力。他有犯罪前科，我总不能找一个女人，跟她说为了社会安定团结，你就跟他凑合过吧？"

当社会不能满足这种人的每一个要求，他因此迁怒于社会时，我们不能认为他就有理。

人们在找原因时，往往把好的行为和成功的行为归因于自己，而把不好的行为和失败的行为归因于外部。社会心理学把这种现象称为"归因偏差"。要克服这种人性的弱点，人们就要善于反思。可有的人从来不反思自己的问题在哪儿，只会怪罪社会。

社会是不具有责任能力的。社会即使有责任，也要落实到每一个具体的人身上。尤其是犯罪行为，更要明确是行为者的责任，不能简单地指责社会。社会只是你、我、他共同活动的一个平台或空间，大家其实都对社会有责任，而不是社会对具体的人有责任。所以，指责社会其实没有意义，我们不可能拔着自己的头发把自己从这个社会拔出去。我们应该做的是，把具体的人的问题和大家共同活动的社会平台的关系搞清楚。

人的问题源于早年的养育

别怪孩子这不好那不好，他现在的一切都拜你早年的养育所赐。

有一部老电影叫《青松岭》，开头演两个年轻人想学赶车的技术，有一天就偷偷赶着生产大队的马车出去练习，在经过一棵歪脖子老树下时，马突然惊恐狂奔，差点闹出人命。后来，大家发现马每次走到这儿就发狂，觉得有猫腻，就开始调查。原来是一个车把式故意使坏，以前走到这儿就抽马，后来马一见到这棵树就惊恐不安，必须抽三鞭子才能制服。别人不知道这是他驯马的诡计，以为只有他能驾驭这些马，他就能长期把持这驾马车。

原来马不是无缘无故受惊的，而是有原因的，只是这个原因不在眼前，在于过去的经历。人也一样，问题往往不是出在眼前，而是源于过去。人成年后的问题基本上都可以在他早年的经历中找到影子。

一位美国犯罪心理学家说，一个人不可能在35岁的某一天突然由一个绝对正常的人转变成完全邪恶的人，暴力人格形成的关键在于童年。大量案例表明，那种残忍、冷漠、狠毒的犯罪人，童年时大多有过无助、缺乏关爱、生活坎坷的经历。

2003年7月，沈阳警方根据举报线索，抓获犯罪嫌疑人王某。对这名

28岁的男青年，警方并不陌生，因为他曾被劳教两次。让警方震惊的是，这个身高不足一米六的瘦弱男子，竟然在八年间连续作案三十多起，杀害四十多人。

这个冷血杀手的童年很悲惨。他跟警察说："在我的记忆中，我从来没感受过家庭的幸福和童年的快乐。我爸是一个赌徒，打我记事起，他一天到晚就是赌，赢了回来就喝大酒，输了就拿我妈和我们哥俩出气，不是打就是让我们跪着，有时一跪就是半宿。因为他不务正业，家里穷得只剩下一铺炕和一口锅了，连吃饱肚子都困难。在我八岁那年，我妈实在受不了了，就和我爸离婚了。六岁的弟弟跟了我妈，我跟了我爸，但我爸根本不管我，把我往爷爷奶奶那里一扔，就又去耍钱了。我爷我奶也不愿管我，动不动还骂我、打我。"

他13岁才上小学，上了一年多就辍学，整天在外面游荡。他从开原市跑到铁岭市，在那里待了半年左右。他没有谋生技能，饿了就乞讨，晚上就睡在火车站里。有一天，他看见有一节车厢拉的是草袋子，就爬了上去，迷迷糊糊地睡着了，醒来时已经到了沈阳。后来，他大部分时间都在沈阳度过。

刚到沈阳时，他主要在沈阳站、太原街一带当乞丐。那里乞讨的小孩很多，都是因各种原因从家里跑出来的。他们小的时候要饭，大一点就偷，再大一点就抢。由于他长得小，又是新来的，很多人欺负他，身上总是青一块紫一块的。有一次，他被人打得昏死过去，醒来时发现浑身是血。他咬着牙爬回火车站，暗暗发誓非打出一片天地来不可。他跟警察说："可能后来作案时杀人不眨眼的狠劲就是这么一点一点练出来的。"

1991年，他在偷钱包时被警察抓了现行，被劳教两年。出来后，已满18岁的他胆子更大了，觉得偷钱包来钱太慢，不如去抢劫。于是，他就找人合伙作案，把刀藏在身上，到处寻找作案目标。1993年，他们在一个胡同里第一次实施了抢劫，从一个男人的西服里搜出两万元。尝到甜头后，他一发不可收拾。

后来，他变本加厉，在抢劫的同时还强奸、杀人。1996年，他的同伙被抓，把他供了出来。因警方只知道他冒充警察敲诈的事情，他就只承认这个。蒙混过关后，他被劳教三年。这件事促使他下定"作大案一定要单干"的决心。

1998年12月4日，他被提前半年释放。当天晚上，他就用棍子把一个在河边散步的女青年打倒，实施强奸。没过几天，他又用同样的方式强奸了另一名女子。从劳教所出来的第一年里，他就单独作案二十多起，杀死十几人，强奸七八个人。

在1999年的一次入室抢劫中，他仅抢到200元，却毁了一个三口之家。女主人当场死亡，男主人受重伤后送医院抢救，三年后去世。他们八岁的儿子被刺伤脊椎神经，导致高位截瘫，境遇极其悲惨。当他被捕后，听说这个孩子终身残疾时，心里挺不安。但他不是愧疚，而是后悔，觉得当初还不如把孩子杀死算了。

只有一次，他萌发了一丝善念，但很快又把它掐灭了。那是一对二十多岁的恋人，他把男的先杀害了，女的就跪下来求他。他犹豫了一下，跟她聊了二十多分钟，后来想想不能放她走，就一刀从后心扎进去。"一刀毙命，别让她遭罪"，这就是他认为的仁慈。

从王某的成长经历可以看出，当一个人在童年没有经历过比金钱更重要的"爱的抚养"时，内心就不会拥有哪怕一丝的爱。王某的残忍让数十个家庭陷入了痛苦。所以，人早年经历的缺陷，不仅让自己的一生受到影响，社会也会付出惨痛的代价。

所以我常说，一个从小没有被爱过的人，怎会懂得爱别人？一个从小没有感受过快乐的人，怎会拥有阳光健康心态？一个从小没有被尊重过的人，怎会尊重他人的权利？一个从小没有被善待过的人，怎会善待他人？

王某在被捕后跟警察说:"最近几年,我也想过,我这辈子没文化、没技术,除了犯罪,干什么也不行。"像他这种以犯罪为生的人,不仅丧失了是非感、羞耻感,连人性也逐渐消失了。只要有需要,他们就会无恶不作。

与反社会人格者不同,这种人并不是天生犯罪人,而是后天环境造成的。他们早年往往有着较为正常的心理表现,只是遭遇过生活的不幸或家庭养育的失败,很小就流落社会,长期与犯罪为伍,渐渐形成犯罪人格。

有些人身世很可怜,从小不知父母是谁,被人遗弃,或因父母离异、家庭贫困、子女众多,成为多余的人。他们往往从小就脱离家庭和学校,过着乞讨、流浪、小偷小摸的生活,因此被社会歧视。为争夺生存空间和某些利益,他们经常互相打斗,从被打到学会打人,渐渐变得心狠手辣。由于长期脱离正常的家庭生活,他们越来越无情,越来越没有人性,以致滥杀无辜。

由此可见,早年经历对人的影响至关重要,因为它决定了人的未来走向。人都是被养出来的,所以早年的抚养方式很重要。我有个总结:人的胃口是喂出来的,脾气是带出来的,观念是唠叨出来的,残忍是孤弱无助熬出来的,无耻是百般迁就宠溺出来的。

人在早年一旦走上犯罪之路,就很难再回到正常的生活轨道上。因为不同年龄段有不同的人生任务,人一旦错过早年的人生课程,将终身难补。当一个人以犯罪为生时,就像一头恶狼,谁遇到他就倒霉。所以,如果我们不从小好好养育孩子,不帮助那些可怜的孩子,就会造出"恶狼"来伤害我们自己和整个社会。

孩子的问题多由身边的大人造就

父母是孩子的一面镜子，孩子的很多问题都可从父母身上找到影子。

很多家长来问我问题时，我都不想回答，只告诉他们好好反思。因为他们看到孩子的问题时，从来不会自我反省，不知道孩子的很多表现都是他们行为的反射。

有一次讲座结束后，因为我身体不太好，主办方不想让我回答问题，就让我往场外走。一堆人就追着我问，其中有一对年轻的父母跟在我后面说："李老师，我的孩子在幼儿园老打人，老师老告状，我们回家也管过他，可他就是改不了。我们现在都拿他没办法，怎么办？"

我一听这话就笑了。因为被人群簇拥着往前走，我就扭头问了一句："你们是不是在家老打他呀？"

他们说："是啊。"

我说："明白了吗？"

他俩互相瞧了一眼，我知道他们已经明白原因了。

孩子会动手打人，意味着什么？有人在家里打过他。如果孩子做错事了，父母不是打他，而是蹲下来看着他，或者把他搂在怀里，轻声却严肃地问他："你觉得这样做好吗？"父母这样处理问题，孩子出去就不会打人了，而是会跟人好好沟通。

所以，父母给孩子什么，孩子就会给别人什么。父母希望孩子今后做一个什么样的人，就要以什么样的方式对待他。

很多孩子出问题时会瞒着家长，为什么？因为家长对孩子不宽容、不民主，不能接纳孩子。有的家长说："我的孩子爱撒谎。"这意味着什么？孩子每次跟他们说真话，他们都持否定的态度，孩子以后就不敢再告诉他们真实的情况。要是家长能接纳孩子的一切，即使孩子犯错了，也能以合理的方式回应，孩子就不会这样了。

我认识一位搞教育的父亲，他原来是中学校长，后来当了副厅长。他跟我说："周围人都说我儿子特别懂事，可我也没怎么教育他，他怎么就这么懂事呢？"

我说："这叫不教而善。"

"不教而善"需要两个条件：一是孩子一直跟父母在一起生活；二是父母的言谈举止表现出来的都是善良、正派，即父母本身就是非常好的人。有的父母非常自律，认真工作，顾及家庭，还爱学习，爱思考，爱在家里讨论问题，孩子耳闻目睹就会潜移默化，不教而善。

相反，有的父母在孩子成长的关键期从未陪伴和管教过孩子。有的父母在外面像个人样，在家里却是个鬼样。有的人在外面是某部门负责人，却对家庭、对婚姻极不负责任，大玩婚外情。有的人在外面大谈反腐，在家里却收受贿赂。有的父母在孩子写作业时兴高采烈地玩麻将，孩子在洗牌声中学习能好吗？

未成年人是被动的弱者。无论在体力、智力、财力还是生活能力等方面，成年人都是占优势的一方，未成年人没有与之抗衡的资本。父母的抚养、老师的教育、社会的熏陶等，对未成年人的影响都是深远的。所以说，孩子的问题是大人造就的。

父母对孩子的影响最大，不仅具有给予生命的决定权，还有物质提供的决定权，照顾程度的决定权，甚至是性格发展的决定权。孩子从身体到心灵，都是父母造就的。孩子的心理问题和行为问题，都跟父母的行为或教育方式有关。父母就是孩子的一面镜子，孩子的很多问题都可从父母身上找到影子。

所以，孩子出问题，关键在家长。有时真正要解决的问题不在孩子身上，而在家长身上。很多家长给我打电话，说要带孩子来见我，我就说："孩子不用来，你来就行了。"

有个妈妈给我打电话时滔滔不绝，说孩子怎么样，老师怎么样。我刚开始还听一句搭一句，后来发现我根本不用说话，她就在那儿一直说。我就把手机移开了，过一分钟再拿过来听，她还在唠叨，根本没发现我已无回应。

后来我打断她，不客气地说："行了，我明白了。我告诉你，你的孩子没问题，是你有问题。"

她很惊讶。我就解释道："你不觉得你很焦虑吗？很多事情其实不是问题，到你这儿都成了问题，因为你太焦虑了。"

现在很多家长比孩子还着急，因为他们自己的心理就有问题。还有很多家长意识不到是自己的问题，总认为是别人的问题。比如，有的家长抱怨说孩子被同学欺负了，被老师歧视了，都是同学和老师的错。这些家长就没有反思一下："如果老师和同学都对我的孩子不好，是不是有可能我的孩子出现什么问题了？"然后，家长要主动与老师沟通，与自己的孩子聊一聊。

很多人到了一定午纪，觉得自己已经很成熟了，但那可能只是生理成熟，心理并不成熟。真正的心理成熟是什么？就是在处理各种复杂的问题时，人能够不把缘由归结于外部，而是从自身找原因。

所以，家长要有一个意识：当孩子出现问题时，不要骂孩子，先看看你自己。其实，教育孩子不用天天查书，不用天天问专家，家长只需花点时间自我反省，想想孩子的表现跟自己有什么关系，自己给予了孩子什么，自己哪一种教育方式会导致孩子这样。

"孩子的问题是大人造就的"这个理念特别重要，我在全国很多地方都讲过。有些家长渐渐意识到了，懂得反思了，就不再来咨询我了。他们跟我说："李老师，您这句话让我特别警醒，每次我跟孩子发生冲突时，都会想我的问题是什么。"

有一次，我在一个省会城市做完讲座，司机送我去车站时，一边开车一边说："李老师，我觉得您这句话说得挺对的。您一边讲，我一边在想，我儿子很多问题真的跟我有关。"

我听完特别高兴，说："你要是能改变，你的孩子就能改变。"

抓家庭养育，关键是要抓家长，而不是抓孩子。看到孩子的问题时，家长要先想想自己有什么责任，以往哪些地方做得不太好，想明白了就赶快调整。家长一调整，孩子也就跟着调整了。

亲自陪伴比只给孩子挣钱更有价值

养育孩子这件事，并不是有钱就能解决好的。与其给孩子挣钱，不如亲自陪伴孩子。与其给孩子存钱，不如教孩子如何为人处世。

现在这个社会，很多人都在追求物质，想要更大的房子，想要更好的工作，想要更多的钞票……他们为此辛苦打拼，有的挣得万贯家财，却发现家里的宝贝丢了，孩子已成了陌路人。

2007年有则新闻说，有个男人在珠海做生意，挣了不少钱，却发现儿子因为叛逆、早恋、在外打群架，被多所中学拒之门外，后来发展到夜不归宿，结交社会不良青年。这位父亲开始着急了，可他现在想教也教不了，想管也管不了，听说湖南有位青少年问题专家，就带儿子登门拜访。

当这位父亲在专家面前数落儿子的种种不是时，儿子在一旁冷眼相对，还不时轻蔑地哼上两声。最后，财大气粗的父亲说要付给专家10万元，让儿子在他家寄宿，好在生活中进行行为矫正，用半年时间把儿子改造成乖孩子。但专家拒绝了，说："家长才是最好的矫正专家，家长不能回避孩子的教育问题，这与花钱多少没有关系。"

我看到这个报道后哭笑不得，心想："可怜的父亲啊，你就把这10万块钱当作自己的工资吧，把手头所有的事情都停下来，天天陪着儿子，用你的爱去温暖他，然后慢慢去矫正他，再让他学点技能。你这样陪他度过青春期，这个儿子还有救。相反，你拿出钱来把儿子交给别人，你以为钱就管用吗？再说了，别人跟你儿子没有血缘关系，怎么能管他呢？"

很多父母陷入一个误区，整天忙着为孩子的将来挣钱，却无暇顾及孩子眼前的需要。他们不知道，人的成长不仅仅是用钱堆出来的，尤其是心灵的成长，更不是用钱就能换来的。

在人的成长过程中，亲情陪伴比金钱重要得多。孩子早年最需要的不是家里有钱，而是一个温馨的家。只要有父母在身边陪着，哪怕家里并不富裕，孩子也会感到幸福。

我曾在央视《今日说法》做过一个案子的点评。那是个山东的家庭，儿子一出生，父亲实现了传宗接代的愿望，高兴得不得了，说："我一定要出去挣钱，给我儿子盖三间大瓦房，好让他娶媳妇！"

儿子出生没多久，他就外出打工了。时间过得很快，一眨眼就 10 年了，儿子也不上学了，他在哪儿打工，儿子就到哪儿作案。

当他在江苏打工时，警察一个电话打来，让他赶到派出所。因为孩子太小，才 12 岁左右，警察没法处理，就让他领回家教育。他把儿子送回老家，语重心长地说："儿子，你要争气呀！老子在外边挣钱，你在家要好好读书啊！"然后，他又外出打工。

警察第二次来电时，他正在上海打工，儿子又在上海火车站被抓了。儿子一被抓，立马把他的电话号码告诉警察。警察一看他在当地工作，就打电话通知他。

等他走进派出所，儿子瞥了他一眼后，转头跟警察说自己做了几次案，一共偷了多少钱，按照法律规定，可以被送进少年犯管教所。

警察想不明白，一般小偷被抓后都说："我就偷了这一回，我实在饿得不行才偷的。"可是，这个孩子看到父亲来了，竟把偷窃金额全说出来了，还让他判他刑，究竟是什么意思呢？

在演播室里谈这个案子时，主持人也问我："这个孩子是什么心理？"

我说："你看这个孩子，他爸在场的时候故意说这个话，说明他是要说给他爸听的。你没看他瞥他爸一眼吗？他是在向他爸挑衅呢。他的潜台词应该是：'你能挣钱，我也能挣钱。你到哪儿挣钱，我就到哪儿挣钱。你不是不管我吗？那我就犯罪给你看！'"

我认为，问题出在父母的心理和孩子的心理不同。很多父母觉得自己的职责是让这个家富裕起来，就理直气壮地出去挣钱，希望通过自己这一代的打拼来改变家庭的命运。可是，对于年幼的孩子来说，他不在乎家里有钱还是没钱，只希望父母不要离开他。

很多父母以为给孩子挣钱就是对孩子负责任。山东这位父亲就是这样，以为出去挣钱是为儿子好。可他不知道，儿子心里想的可能是："你就知道出去挣钱，同学欺负我，没人护着我，他们都觉得我是没父亲的孩子。"

孩子上学时，多多少少会遇到被人欺负的情况，如果放学时有父亲来接他，谁还敢欺负他？相反，父亲长期不在身边，大家揍他等于白揍，他心里窝不窝囊？所以，孩子就不愿意上学。他会怨恨父亲不管他，于是就跟父亲对着干。

有一次，我去北京的一个汽车城给车贴膜，在等候的时候就和老板闲聊。老板是个浙江人，知道我是老师后就说："我的孩子现在上小学五年级了，学习成绩还可以，数学去年考了100分。他每门课基本上都能拿到95分以上，还不错吧？"

看他很自豪的样子，我笑了笑。我问他爱人在哪儿，他说在北京。我一听他们夫妻都不在孩子身边，就问孩子是谁带的，他说是奶奶在带。

我说："还好，你的孩子还没到青春期。你做爸爸的不在孩子身边，不要太关注孩子的成绩，那是老师关心的事情。你每次打电话要问他：'你上学快不快乐？老师喜不喜欢你？你和同学关系怎样，有没有人欺负你？'做爸爸的要关心这些，而不是只问成绩。如果有人欺负他，你要给他出主意，要想办法解决。实在不行的话，你要回去陪伴他。成绩是次要的，这个才是最重要的。"

他看看我，说："你好像不是一般的老师？"

我说："我是心理学老师。我告诉你，孩子在幼小的时候还没有太大的破坏力，可是，当他有破坏力的时候，你再过问就来不及了。"

这番话，其实我想告诉所有的父母。很多父母并不是这样做的，他们觉得："我在生活上尽可能满足你，你要什么，我就给你买什么，那你就要在学习上给我拿高分。"这是父母对孩子一个很普遍的要求，但他们忽视了比学习更重要的东西——亲情与陪伴。

有些父母觉得孩子12岁之前很省心，不会太闹，也不惹是生非，就交给别人养。可是，当你发现孩子有问题的时候，你就管不了了。尤其当孩子进入青春叛逆期时，就更难以管教了。因为时光不可倒流，人的成长就像树的生长一样，具有不可逆性，不可推倒重来。孩子的成长是有阶段性的，每个阶段有每个阶段的任务，你一旦错过某个阶段，再想弥补，就需要成倍地付出。请注意，成倍付出的应该是你欠下的亲情，而不是金钱。

养育孩子这件事，并不是有钱就能解决好的。不是父母挣了钱，把钱往桌上一拍，说"孩子，你长大吧"，孩子就能长大的。父母亲自陪伴孩子成长，比给孩子挣很多钱更有价值。所以，与其给孩子挣钱，不如亲自陪伴孩子。与其给孩子存钱，不如教孩子如何为人处世。都说"富不过三代"，所以钱挣得差不多就行了，最重要的是在孩子需要你时能陪伴他。否则，你纵有家财万贯，可能还是会被败光的。

父母要珍惜与孩子相处的过程

珍惜相处过程是为了读懂孩子。父母在哺乳期能听懂孩子的哭声，是日后理解孩子心理的基础。

现在社会环境很复杂，父母发现养孩子越来越难了，不像过去那么容易了。很多父母很焦虑，孩子一出现问题，就赶紧找专家。可是，任何专家都有一个问题不能替你解决，那就是你的孩子是不是你自己天天在照顾、抚养和陪伴。

在养育孩子的事情上，过程是极其重要的基础，因为父母与孩子的血缘关系是任何人都替代不了的。可是，很多父母把孩子扔给别人养，或者孩子一天内要更换好几次照顾者，被父母、爷爷奶奶、保姆或幼儿园老师来回转手，孩子本应与父母相处的大量时间被替代了，父母对孩子的影响力自然也被削弱了。

随着孩子的成长，电视、手机等电子产品又加入陪伴的过程。于是，有些孩子最早学会的、最熟悉的话语竟然是广告词，最喜欢的人物是电视里的某些形象。在孩子的成长过程中，对他产生影响的人和他认同的对象出现不确定，导致他出现与父母不同的态度和行为方式。有的父母就发现，孩子与自己有着完全不同的价值观。十几年后，那些疏于陪伴的父母以为孩子一直是听话的、乖巧的，直到有一天警察找上门，才发现自己完全不了解孩子。

养育孩子，并非天天在说教，也并非事事在照顾。陪伴也是一种养育，这需要的是一种过程。亲子关系，是需要用时间培养的。细心照顾，耐心陪伴，慧心观察，这是读懂孩子的前提。

读懂孩子最早发生在哺乳期，孩子还不会清楚地表达自己需要什么，所有的需要都是用哭来表达。经常带孩子的人可以通过哭声辨别孩子的需要，这是经验积累的结果。孩子出生后，母亲如果能做到每天自己哺乳和照顾孩子，相处一个月左右，就能进入读懂孩子的状态。当孩子哭闹起来，母亲就可以根据时间段，根据孩子的表情、肢体动作、哭声的大小等，觉察出孩子的身体反应与需求之间的关系。

养育孩子，人们往往关注的是结果，常常忽略或想跳过琐碎的、磨人的过程。父母不要觉得孩子长大了都一样，这只是注重结果。多子女家庭的父母都有经验，知道自己带大的孩子与不是自己带大的孩子是不一样的，自己带大的孩子与自己更亲。

即使孩子从小没有离开父母，但如果父母图省事，把他交给别人照看，每天只见上一小会儿，这种养育过程的省略和空白，也会造成父母读不懂孩子的心思、需要和愿望等。随着孩子年龄渐长，进入青春期以后，父母就会真切地感受到孩子与自己的心理距离有多远，以至于难以理解孩子的各种叛逆。这就是养育过程中缺乏陪伴的结果。

陪伴孩子成长，也是父母自我成长和成熟的过程。民间常说"养儿方知父母恩"，这种"知"就是一种质的飞跃，是另一种成熟。因为与孩子一起成长，父母会遇到以前从未遇过的问题，或是在学校学习时老师没有讲过答案的问题。这些新问题的出现，正是父母从不知到知的过程，是学习和扩充人生知识的过程。

在多数情况下，父母可以自己看书。现在有很多养育孩子方面的书籍，寻找好书有三个简单有效的方法：一是咨询身边那些把孩子养育得非常好的人，包括同事、亲属、邻居等，让他们推荐一些好的育儿书；二是直接去书店，寻找好的出版社出版的育儿书；三是参考网络评分，看某本书的使用范围是否广泛，如果有一本书被翻译成不同国家的版本，那一定是好书。

虽然我不是心理咨询师，也不是育儿专家，可是经常有一些家长来找我，他们的问题经常让我无语：

"我的孩子不听话怎么办？"我想告诉他们："这很正常，全听你的，那是机器人。"

"我的孩子不爱吃饭怎么办？"我想答道："这很简单，他不饿呀！他一旦饿了，自然就会吃了。"

"我的孩子晚上不睡觉怎么办？"

……

我想说的是，狮子老虎是怎么把它们的后代养大的？它们从不找专家咨询，不也能繁衍后代？很多父母事事依赖别人，不懂得把心思用于观察和读懂孩子。

有些问题是孩子成长中必经的现象，父母应该抓大放小。可是，这些焦虑的父母一不看书，二不学习，事事都要问别人。教育孩子不仅仅是父母的天职，也是父母的天性，只要去经历，就会知道应该怎么做。

世上没有千人一面的教育方法，因为人是千差万别的，要因人而异。教育孩子不是一朝一夕的事情，父母不要太着急。最重要的是，父母要开动脑筋，用智慧育儿。

家庭结构完整不等于功能健全

虽然房屋是家庭的必备住所,但是,没有生活味道的房子不是家。

所有人都是从家庭走出来的,所以说家庭造人,是家庭托起了社会。家庭是人生的第一所学校,可以说家庭养育的质量决定了一个民族的实力。如果谁想摧毁一个民族,就让那个民族的人口质量先下降,最好的办法就是让他们的家庭名存实亡。这似乎有点危言耸听,但值得我们反思。

很多人认为,工作或事业比家庭和家人更重要,挣钱比陪伴亲人更有意义,家里的事是私事、小事,一个人太看重儿女情长就没有出息。这些认识让很多家庭看似结构完整,实则功能不全。

家庭最基本的功能是什么?是家人生活在一起,互相照顾,互相温暖,还有育儿和养老,这些都需要花时间相伴。可是,农村有很多父母外出打工,一年难得见孩子几次面。很多孩子从小就没见过父母几次,一直和爷爷奶奶在老家待着。后来爷爷奶奶年纪大了,再也管教不了了,他们就处于没人管教的状态。有的孩子不爱上学,就到处流浪,发生过不少悲剧。

2012 年 11 月,贵州省毕节市五个从农村跑出来的男孩流落街头,在一个下雨的寒夜,躲在垃圾箱里生火取暖,导致一氧化碳中毒身亡。他们来自同一个家族,是擦枪岩村陶家三兄弟的孩子,最大的 13 岁,最小的才 9 岁。他们的父母都出去打工了，爷爷十几年前已去世，只有一个八十多岁的奶奶，而她还双目失明，根本无力照看他们。

2015 年，毕节市另一个村又发生悲剧：四兄妹在家中服农药身亡，最大的 14 岁，最小的才 5 岁。他们的父母感情不和，经常吵架甚至动手，后来母亲离家出走了，父亲也时常外出打工，他们就成了留守儿童。他们有楼房可住，有食物可吃，还有零花钱，但缺少关爱和快乐。

村民们说，这些孩子性格比较内向、孤僻，不爱跟人交流。长子以前遭受过家庭暴力，有一次被父亲打到左手臂骨折，右耳也被撕裂了。有时被打得太厉害了，他就叫嚷着要喝农药，要跳河。有一次，他真的去跳河了，被派出所发现后送了回来。还有一次，他离家出走十几天，被找回来后，母亲把他身上的衣服脱光，罚他站在天台上，被烈日暴晒了两个多小时。

在父母相继离家后，家庭日常事务便由长子料理，包括照顾三个妹妹、养猪等。自杀前一个月，四兄妹就集体旷课，经常闭门不出，老师、亲属和邻居几次三番去敲门，但他们都不开门。

2015 年 6 月 9 日晚，四兄妹一起喝农药自杀。警方后来找到长子留下的一封遗书，大意是："谢谢你们的好意，我知道你们对我的好，但是我该走了。我曾经发誓活不过 15 岁，死亡是我多年的梦想，今天清零了！"

这些孩子宁愿走进死亡的暗室，也不愿守在冰冷的家里。没有温情的家就像一座冰窟，让人寒心。可是，很多父母只想着挣钱盖房子，让孩子住上漂亮的楼房，给孩子买很多玩具，却不知道这些物质填补不了孩子内心的空洞。缺爱的心灵就像荒漠，心理贫困有时比经济贫困更让人绝望。

农村留守儿童已成为严重的社会问题，让政府很头疼。当毕节五个孩子死在垃圾箱里的事件一曝光，当地就处理了一批公职人员，说他们不作为。我认为，还有更多的问题值得我们深思。

这些孩子好几天不回家，为何没人寻找？因为他们没有家人，家里没有温暖，没有家人关爱。所以，这个事件应该探讨的是孩子的监护人去哪儿了。

如果父母没有履行监护责任，我们应该设法解决的是如何恢复父母的责任能力，帮助父母留在孩子身边，或让父母把孩子带在身边。我曾给当地政府提过一个建议：如果父母非要外出打工，应该与当地政府签订协议，不仅要告知当地政府，还要委托具有监护能力的亲人并征得其同意做替代监护人才行。政府要负责考察这个监护人是否合格，若不合格就不签字。要是父母擅自外出，一旦孩子出事了，他们要负全责。

其实，留守儿童的问题不光农村有，城里也有。例如，有的母亲或父亲去外地读硕士、博士，甚至出国留学。有一些公务员因工作需要，被调到异地任职。还有军人、外交官等，出于国家需要，不能陪伴在孩子身边。大量上班族虽然与孩子同住一个屋檐下，但他们每天除去工作、通勤、做家务、睡觉的时间，能与孩子相处的时间所剩无几。这些都是成人社会的苦恼，只是大家要明白，这也是一种代价。当我们有条件时，应该本着儿童利益最大化的原则，优先处理这类难题。

家庭功能体现在父母的修为中

人的问题在早年，早年的问题在家庭，家庭的问题在家长，而家长的问题在婚姻。有子女的婚姻不单单是夫妻两个人的事情了。

如果说人的问题在早年，早年的问题在家庭，家庭的问题在家长，那么，家长的问题是什么？我认为是婚姻。家庭养育中的很多问题，往往源于父母的婚姻危机。

我看到上海一则新闻说，有一位 25 岁的男青年长期宅在家中，从不出门扔垃圾，家里堆满了外卖盒，盒里还拉满了粪便，因为他家的马桶早已堵塞。从他家散发出的臭气令左邻右舍苦不堪言，邻居们与居委会都想上门帮忙清理垃圾，可他就是闭门不见。2019 年夏，居委会去维修空调管道才敲开他家大门，只见垃圾占据了屋里大部分空间，而他一直躲在卧室里不肯见人。

这个小伙子为何在大好年华不出门，不去工作，而是蜷缩在家里，像个废人般苟延残喘呢？当人们了解他的身世后，不禁为之叹息。

13 年前，他刚上初一，家里就着了一场大火，让他失去了双亲和外婆，而这把火竟然是他父亲放的！原来，他的父母婚后一直不和，频繁发生争吵。事发当晚，父母再次发生争执，他父亲就持刀将妻子及岳母刺倒，然后浇上汽油点火，包括他父亲都被烧死了。他虽然被父亲关在厕所里，但全身仍有 50% 的面积被烧伤。

　　从此，这个曾经学习优异的男孩就把自己封闭起来。居委会知道他家的情况，就帮他领低保金和残疾人生活补贴，还帮他垫付水电费，可他仍然不愿跟人沟通。这 13 年来，人们难以想象他一个人是怎么熬过来的。

　　我们从这个悲剧可以看到，父母的恩怨是如何殃及无辜的孩子的，让孩子从身体到心理都受到难以弥补的伤害。

　　许多从事家庭教育咨询的专家也告诉我，孩子的心理问题大多来源于父母的婚姻与情感危机。

　　一名违法少年曾对我说："我不愿意回家，因为我们家永远是战场！我妈天天骂我爸，我爸索性不回家，在外面找女人，我妈就更愤怒了，所以他俩的架是吵不完的。"

　　看到一些未成年就违法犯罪的少年，当我知道他们的家是战场时，知道他们不是缺父就是少母时，我就在想："这些孩子怎么可能不成为'问题少年'呢？"

　　我还遇到过一个女孩，她与闺密相约自杀，当她帮闺密结束生命后，自己已没有力量和勇气自杀了。

　　我与她谈话时，她一直面带微笑，但眼泪从未停止过。她告诉我，她的父母是大学同学，毕业后就结婚了，却在她四岁那年离婚了。不久后，她的父母都重新组建了家庭，而她去哪个家都是多余的人。从此，她就成为寄宿学校的常客，从幼儿园到大学都是如此。

　　她说，她记忆中最幸福的时候是刚上小学时得了阑尾炎，住院时父母每天都来看她、陪她。那是她最快乐的时候，可当她病愈后，又被送回寄宿学校。由于她晚到了几天，室友们就冷眼以对。她喝水时经常感觉味道不对，后来发现，不知是谁总往她的杯子里倒肥皂水。

　　她为了讨好同学，不管是谁的忙都帮，每天帮人叠被子、洗碗……讨好的笑容就成为她永远挂在脸上的表情。

直到上大学时，她才遇到一个闺密。两人相见恨晚，因为她们有一个最大的共同之处：她们都是家里多余的人，父母都有各自的家庭，属于爹不疼、妈不爱的孩子。于是，她们相约"不能同日生，但愿同日死"，结果一人死亡，一人因杀人罪将在狱中度过大半生。

所以，父母的关系好坏对孩子的影响很大。找对象时，很多人都希望找一个外形好的配偶。我告诉大家，无论是男性还是女性，性情好和有责任感最重要。那么，如何考察呢？一定要先看对方的父母关系好不好。如果对方父母恩爱、家庭和睦，你可以闭着眼睛跟他结婚。如果对方父母关系紧张，家庭成员感情冷漠、怨气十足，这种家庭要慎入。

我认为，如果夫妻不打算要孩子，只想过二人世界，那么，婚姻自由无可厚非。但是，如果夫妻已经有了孩子，就不能太任性了。谁都知道孩子不是一天就能长大的，那么，两个大活人的心智都干什么去了，为什么不早早考虑清楚呢？

自律和忍耐，是家庭幸福不可或缺的基本准则。可是，现在有些人结婚不久就玩婚外情；有些人在婚姻中稍不顺意，稍不舒服，就不管嗷嗷待哺的幼儿，张口闭口就提离婚……当婚姻出现麻烦时，家庭养育的根基一定会出现致命缺陷。

最让人不解的是，有人竟然说："我自己就不是个东西，我的孩子是不是个东西我还在乎吗？"我只想问这样的父母："你可以不在乎，可你的孩子有人生却没人养，长大以后危害社会，你有没有责任呢？"

因此，我在我国修订《未成年人保护法》和《预防未成年人犯罪法》时就主张：没有刑事责任能力的未成年人一旦出现违法犯罪行为，就用刑期折算，比如刑期为20年，就让其父母赔偿20年，将他们每笔收入的15%自动转入被害人的家庭账户中。

有些人认为家庭无所谓，我就跟他们说："错了，你想要一个好的后代，就一定要有一个好的家庭。只要家庭好了，你的后代就会好，而且是代代好。相反，你再有钱，再有地位，再有权力，事业再辉煌，如果在婚姻问题上一塌糊涂，你的孩子也好不了。"这在现实生活中很容易找到证据，越是年长的人就看得越清楚。

大多数人一生至少要经历三代家庭：父母的家庭、自己的家庭和子女的家庭。所以，要从自己做起，建立一个良性的家庭传承模式。

以前我讲犯罪心理学时，课后经常有人过来跟我说："没想到我听这个课收获最大的是知道了怎么教育孩子。"

我听到这种感言刚要开心一下，没想到他们又来一句："可惜我听晚了，我的孩子现在长大了，都成年啦。"

这时，我又有点哭笑不得，觉得这种人太短视了。绝大多数人一生中都能见到自己的第三代，要是幸运的话，还能见到第四代。别以为第二代没养好就没机会了，你怎么不想想把第三代、第四代养好呢？你已经错失一次机会了，不能再失去第二次机会了。养人的知识，什么时候明白就可以用在自己的后代身上，永远不存在太晚的问题。

我二十多岁养孩子的时候，还没有现在的学问，很多事情也不懂。回想我当年如何养孩子，也有很多遗憾。但当我的第三代出生后，我就可以指导我的孩子如何养育她的孩子，让我的第三代比第二代更好。

有句话大家可能听说过："贵族是三代以上养出来的。"养人是人生的一种修行。你这一代可能是不完美的，但你可以通过好好养育下一代，让下一代比你更好，然后形成滚雪球效应，代代相承得越来越好。

要孩子改变，大人要先改变自己

正如一位老师所说："教育孩子容易，教育家长很难。"

很多人看到孩子犯错甚至犯罪就很愤怒。经常有记者给我打电话，说哪儿又发生了一起案件，然后问我如何对这些未成年人加强教育。我说："其实，真正需要教育的是他们身边的大人。"

我曾经在《今日说法》点评过一个案例：有个男孩才十一二岁，就把街坊邻居偷遍了。他什么都偷，自行车、电饭锅、剃须刀等等，只要能拿走的就都拿去卖了，然后买吃的，买烟抽，去网吧玩。

邻居天天来告状，他父亲没办法，最后就拿一根铁链把他拴在床上。但他一点也不在乎，吹着口哨在床上玩。

邻居见他好几天没惹祸了，一看是被拴在家里了。孩子老这么拴着哪行啊？邻居就向街道办报告，街道办就报警了。

警察来了就说："你这样侵犯了孩子的权利。"

他父亲说："没办法，我管不了他。我还得出去挣钱，不能老看着他。我要是不看着他，他就出去偷，人家就来告状，我还得给人家赔。我没钱，赔不了那么多。"

他父亲是从外地来广东打工的，需要挣钱养家糊口。警察一听，觉得这件事还挺难办。

这件事惊动了当地的共青团组织，维护青少年权益部的人就来了，然后想了一个办法。他们找了一家心理医院，把孩子送去那里进行心理与行为矫正。

孩子进入医院的第一天，几乎所有病房都被偷了，放在桌上的香蕉、苹果等都不见了。女护士一说他，他就对她又打又骂。

有人提议把他捆起来，但医生说："家里用暴力都管不了他，我们这里不能用强力手段。如果我们这样做，就重复了他父亲在家里对他所做的行为，那是无效的。"

这位医生非常专业，就仔细观察这个孩子，发现他特别爱吃，凡是好吃的，见什么就偷什么。

在我看来，孩子最早出现的偷拿行为，往往具有与他所偷东西相对应的匮乏现象。比如，爱偷吃的东西，意味着孩子早年被疏于照看，经常挨饿。这种孩子一开始是因为饥饿才偷的，用偷来的东西换吃的，后来就偷开了。偷拿往往是孩子犯罪的最初表现形式。

这位医生发现这个孩子的特点后，就设计了一个矫正方案。孩子每次表现不好时，比如骂人、打人、偷东西等，医生就在黑板上画一道。第一天，那个黑板就画了四五十道。然后，医生把他领到黑板前，说："咱们数一数你今天做了多少错事。"

孩子刚开始低着头不听，医生就告诉他，只要他改正行为，每减少5道、10道、20道，就奖励他不同的好吃的东西。然后，医生每天就领着他数数，看今天比昨天少了几道。哪怕只减少3道，医生也会奖给他一小块糖，然后告诉他想吃巧克力的话，还要减少10道。

这个方法奏效了，孩子很有动力去改正不良行为。一个月后，黑板上的竖道就不足20道了。接着，医生还提出其他要求：如果他想要一个东西，要先征得人家的同意；如果他想跟人玩，要先跟人家商量，不能马上就抢玩具……

三个月后，孩子的行为越来越有规矩了。有一天，他跟护士长说："我想回家。"

护士长听了特别高兴。因为他在这里有好吃好喝的，还想回家，说明他的情感恢复了。

医生又观察了一段时间，觉得他没什么问题了，就叫上共青团组织权益部的人，一起开车送他回家。然而，他们却扑了个空。他的父母已经搬家了，却没有告诉医院，也没有通知公安机关和共青团组织。

他们就向街坊邻居打听，又到派出所查访，好不容易才找到地址。当他们领着这个孩子走到他家门口时，他母亲正好从家里出来，手上抱着一个孩子，身边还跟着一个孩子。他母亲只看了这个孩子一眼，连个招呼都没打，扭头就出去了。

他父亲在屋里，医生跟他说："你孩子想家了。我们觉得他现在懂事多了，不再骂人了，也不打人了，愿意学习了，就送他回来了。"

他父亲只说了一句："回来就好。"

他们问："孩子回来以后，你有什么打算？"

他父亲说："没什么打算，就让他上学吧。"

节目播到这里时，主持人问我："李老师，你怎么想？"

我说："问题根本没有解决。其实，还需要送医院的是这对父母，否则这个孩子很快就会回到原来的状态。"

现在很多学校有心理咨询室，老师经常跟我讲他们怎么辅导孩子，我就给他们提一个建议："你们咨询的对象，重点不是孩子，应该是大人。如果家长不改变，孩子的心理问题就不能解决。"

有一次，我和一位中学老师在《今日说法》谈未成年人的教育问题时，那位老师就跟主持人讲："其实，我们做老师的教育孩子不发愁，我们发愁的是如何教育家长。有一些孩子，我们给他们讲了很多道理，结果他们一回家，就全变回原样了。他们的家长完全不讲理，根本不跟我们老师配合。所以，教育孩子容易，教育家长很难。"

工读学校的老师也跟我讲过这种话："这个孩子在我们这儿教得很好了，可他一回家，过完节回来又变样了。"

为什么会这样？因为这些孩子的家长有问题。如果家长的问题不调整，孩子的问题也调整不了。要改变孩子，先改变大人。我们在关心孩子的同时，也要关注他们身边的大人，把教育工作做到他们身上去。孩子出问题，第一个工作应该是先教育大人。

大人好好学习，孩子才能天天向上

有的父母生而不养、养而不教或教而不当。让这些不称职的父母去"家长学校"学习，或许应成为一道法令。

2019年10月20日下午3点多，大连一个13岁男孩把一个10岁女孩骗到家中，试图与之发生性关系，遭拒后连砍七刀。然后，男孩把奄奄一息的女孩拖到小区绿化带的灌木丛中，还在她身上压了两个垃圾袋，里面装着砖头和碎瓦块。

当女孩的父母发现女儿失踪了，焦急地四处寻人时，男孩还若无其事地上前询问："你女儿找着没有？"

当晚7点多，女孩被父亲找到了，但已因失血过多死亡。女孩衣冠不整，左眼有瘀青，脖子有掐痕，身上刀痕累累，让她的父母悲痛欲绝。

警察很快抵达了现场。那里离男孩家仅20米远，男孩就在同学群里发了一条从自家窗户拍摄的搜查现场视频，并直播警察从开始怀疑他到最终锁定他为犯罪嫌疑人的过程。

这个男孩小小年纪，作案手段却极其残忍。他虽未成年，却长得很壮，身高一米七几，体重140多斤，乍一看像个大人。据媒体报道，小区里多名女住户称，此前曾遭他尾随和骚扰。有个被掀了裙子的姑娘找过他的家长，可他父亲没有理会，反而把她骂了一顿。

这个男孩强奸未遂后杀人，犯罪动机清晰，恶意明显，理应受到严惩。然而，因为我国的刑事责任年龄是 14 周岁，他还差两个多月才满 14 周岁，是不用承担刑事责任的。这时候，公安机关就面临两个选择了，一个是责令他的监护人加以管教，另一个是由政府收容教养。办案人员在做了大量的取证工作后，认定他的父母没有管教能力。因此，公安机关最终决定对他收容教养三年。

尽管公安机关称这已是在法律框架内所能做出的最严厉处罚了，但这个案件还是在社会上引发热议，很多人觉得太便宜这个男孩了。

人们争论的焦点在于我国要不要降低刑事责任年龄，加大对 14 周岁以下未成年人犯罪的惩罚力度。因为有些人善于钻法律空子，把立法的仁慈变为作恶的机会。比如，曾有几个孩子聚在一起商议："我们可以作大案，因为我们不满 14 岁，法律没有死刑，就是杀了人也不用负刑事责任。"甚至有家长嚣张地对执法的警察咆哮道："你信不信我让我儿子弄死你！他不到 14 岁，弄死你也不犯法！"

在审理未成年人犯罪的案件时，很多法官内心也很纠结，按照法律应当从轻发落，可被害人家属会很痛苦。其实，也不是完全没有办法。我认为，如果未成年人做了严重危害社会的行为，却因不满刑事责任年龄而逃脱刑罚时，应该由父母为其负部分法律责任。因为父母是未成年子女的法定监护人，是法律意义上的有责者。

当然，我说的"判父母"，并不是说让父母去坐牢，而是除了民事赔偿外，还要强制接受家长教育。因为孩子的问题首先要从父母来调整。父母是孩子的第一任老师，却不像学校的老师持有教师资格证。只要把孩子生下来了，天然就是父母了，很多人其实并不知道怎么教育孩子。有的父母生而不养，有的养而不教，有的教而不当，这些不称职的行为往往毁了孩子一生。

过去毛主席有句题词叫"好好学习，天天向上"，是写给孩子们的。

2010年，我在妇联参加一个座谈会时，遇见一位退休的中学老师，她说：
"其实是大人们好好学习，孩子们才能天天向上。"她借用毛主席的话表达
了另一层意思，我觉得特别好。

中小学开家长会的时候，不妨多讲些家庭养育的知识。我女儿以前上
学的时候，每次开家长会，我都会认真听。

孩子不是父母的私有财产，而是全社会的。如果一个孩子得到很好的
养育，长大后成为栋梁，就会造福社会。相反，如果一个孩子没有养育好，
长大后成为犯罪人，将是社会的灾难。所以，养育孩子不仅是父母的责任，
社会也有义务提供相应的支持。例如，国外有很多像性格教育联盟这样的
组织，学校也开设了性格教育课程，还有不少基于父母育儿模式及其社会
影响的研究，而我们在这方面做得太少了。

有些父母没有能力照顾好孩子，比如贫病交加、身患残疾、正在服刑
等。这种家庭仅靠自身是很难摆脱困境的，需要社会来帮助这些孤弱无助
的孩子。有人会说，社会哪有那么多钱来干预？但是，这个问题需要我们
用发展的眼光来衡量。

我们来算一笔账：如果一个没有被善待过的少年因犯罪被判刑，社会
不仅需要为启动侦查、起诉、判决等行动付费，还需要付出监狱建设费、
监管费、矫正教育费、医疗卫生费等。2000年，我去英国考察有关犯罪预
防的举措时，他们曾计算出每年为每名少年犯付出的成本平均超过 2500
英镑。还有一笔账更难计算，那就是这个犯罪的污点将使少年犯付出一生
的代价，他们很容易成为惯犯或累犯，而他们的持续犯罪会给社会造成更
大的损失。

我们不妨换一个角度思考，把这笔费用预支出去，比如，发现异常家
庭的未成年人就及时进行社会救助，使之不流落街头、不辍学；开办特殊
学校，对生活状况异常的少年及早进行社会干预，将其收容，进行基本的
教育；资助那些从事预防青少年犯罪工作的志愿者，让他们去关爱那些亲

情缺失的少年……

把这种主动的预防性投资与被动的司法活动权衡一下，我们就会发现，预防犯罪比打击犯罪更有价值。所以，与其盖监狱，不如盖学校。我们要尽量在孩子违法之前把他们看护起来，不要等到他们违法之后再送到监狱去。如果父母不管孩子，社会一定要管。

英国有关部门调查发现，要减少未成年人的违法行为，必须解决逃学问题。因此，英国规定警察发现该上学的孩子在街上游荡时，有权把他们扣下来，送到学校或当地教育部门指定的地点。如果没有家人管他们，就送去寄宿学校。如果有监护人，但管不了他们，就要更换监护人。这是对未成年人的保护，也是对社会安定的维护。

英国还有一个特别好的做法是：如果10~17岁的孩子已出现违法行为，而父母又不能保证孩子能去正常上学，则法庭可判父母去上"家长学校"。父母必须参加为期三个月的教育咨询或指导活动，每周至少去一次，学习如何给孩子树立行为规范，以及如何对孩子的青春期做出适当的反应。法庭还可要求父母学习控制孩子行为的方法，最长学习一年。如果父母不遵守这个养育令，将被视为犯罪，并处以罚款。

英国这种处罚父母监护不到位、帮助父母提高育儿技能的做法，这值得我国借鉴。

第二章　心理彰显人之灵魂

　　心理似乎永远寄居在躯体内，是一种可以支配、引领、决定躯体活动方向与活动方式的力量。心理现象有时也可用"精神"来形容，属于摸不着、抓不住的存在，那么，如何研究呢？如何养育呢？如何塑造呢？这一切要先明白一个问题：何谓心理？

　　如果用最简约的方式来表述一个正常人的心理现象涉及什么的话，那么，至少包括以下六个内容：一是决定心理现象发生的遗传与生理基础；二是决定人一生心理基础的早期心理发展内容；三是对心理内容进行分层管理、存储与提取的意识活动；四是人与外界互动及对外反应的认识活动；五是显现心理活动的动向和程度的情绪情感；六是体现个人心理风格与特性的人格或个性。

遗传与生理相当于"心理硬件"

不可否认，心理品质的基础取决于遗传，所以优生优育很重要。

若以简单、形象的方式来讲清楚心理学的基本知识，可用大家都熟悉的电脑来比喻。

人想学会使用电脑，第一件事就是要先拥有硬件，能够摸到电脑。如果摸不到电脑，就像人站在地面上学游泳，姿势可以练得非常标准，但下水后并不能游得好。同理，研究人的心理也要接触真实的"硬件"，即要了解与心理现象有关的生理结构和功能。

公安领域经常使用一种心理测试技术，即测谎仪，通过对心理背后的生理现象进行检测，采集嫌疑人的呼吸、脉搏、皮电等生理指标，进而发现此人是否知道犯罪情节，是否到过现场，是否实施过某种行为等。从生理指标能检测出心理活动的迹象，说明心理与生理密不可分。

有些生理问题是由遗传决定的，一旦出现就终身具有，难以改变。比如，有的孩子一生下来，眼睛朝上翻，舌头朝下吐，后脑勺很小，从外表就能看出是弱智儿。这种孩子即使从小就吃补药，估计吃到80岁也聪明不了。

有意思的是，我有好几个研究生的小孩都长着聪明相。他们把自己刚出生的孩子的照片发给我，我一看就开心得不得了，那小脑袋饱满圆润，眼睛以上是大脑门，以后上学肯定不会太累。

当然，这不是绝对的，孩子的智力与父母的智力只存在某种程度的相关，而不是必然的因果关系。所以，聪明的父母不一定都能生出聪明的孩子，不太聪明的父母也不一定就生不出聪明的孩子。大自然的组合有时还挺任性的。孩子智力的高低，还与很多因素有关。有些看似聪明的孩子，有时也会出现智力异常或不均衡发展。

有些父母自己挺有出息的，但他们的孩子学习困难，原因比较复杂。可问题是，他们不能接受现实，常常与别人家的孩子比较，一味指责自己的孩子："人家能考高分，你为什么考不了？"他们也不反思一下："我家孩子来自我的遗传和养育，我凭什么要求他达到别人家孩子的水准？"

有的父母特别看重文凭，会用羞辱性的话来打击没有考上大学的孩子："咱家就没出过考不上大学的人，只有你一个！"

我记得清华和北大在2003年2月25日先后发生爆炸案，警方通过侦查，很快就抓到作案人黄某某。黄某某是福建福州人，生长在一个知识分子家庭，案发前就职于海南某公司。他之所以做这起案件，就是因为他没有考上大学，家人对他十分不满，几乎是为了惩罚他，就给他找了一份到海南割橡胶的工作。这份工作十分辛苦，他凌晨就得起床。为了防止蚊虫叮咬，他穿得很严实，以致热得不行。因为干活时天还没亮，他还要戴一顶灯光帽，结果招来更多蚊虫。割胶时要割树皮，很费劲，还容易被刀伤到。

这让黄某某非常气愤，曾对家人说："我在学习方面不好，但我在其他方面好，让你们瞧得起我。你们只能在自己的事业上有所成就，但我会出名。"

为了显示自己的才华与不服气，黄某某就从海南空手到北京，用饮料罐和一些材料就地制造了爆炸装置。他只想出名，不想伤人，就选择人少的时候，在北京最著名的两所大学的食堂里引爆了炸药。但是，这两起爆炸案仍造成九人受到不同程度的身体伤害，财产损失共计 22 万余元。

从黄某某的行为来看，他确实有一定的能力，只是不擅长考试，而他的父母没有意识到这一点，还采用了错误的惩罚方式，使他做出了赌气式的犯罪行为。

我们学习心理学，要明白的第一个道理就是，要承认人的心理具有客观性，取决于遗传与生理基础。即使是同一对父母，在不同时间生下的孩子也会存在这种客观的差距。所以，我们要因人施教。

人的心理遗传中包含着祖上的修为

很多人并不知道自己三代以上的祖先是什么样，但他们所拥有的经历、记忆仍可能通过基因在自己身上显现力量。

遗传是件很奇妙的事，一个人的基因包含着、传递着祖辈们的人生经历、品德修为和能力。

人的很多本事并不是生来就有的，比如弹钢琴虽然需要天赋，但更需要人后天日复一日地训练。人的很多能力都是一生持续努力的结果，包括德行也是修来的。

"修"，一般指修正、改变，增加或减少人的行为活动。养孩子时，在遗传的基础上，父母自身有意的修养、有心的养育等也很重要。这些"修"过的心理内容会通过人的神经记忆进入基因，进而成为遗传的一部分内容，使下一代的天生禀赋中包含这些内容。所以，我们常说一个人的气质几乎是天生的。

我十几年前参加过一个心理学前沿研究的学术会议，会上有位专家介绍了美国的一项纵向研究：研究者从一对双胞胎女童身上提取基因，将她们的基因图谱进行比较，发现两张图谱非常相似。几十年后，研究者再次找到这对双胞胎，又提取她们的基因进行对比，发现两张图谱已出现明显差异。这说明人后天的生活方式会改变基因的某些排列。

人生不仅会经历各种事情，还会受环境提供的物质的影响，受家庭传承中生活习惯的影响，受生活幸福度的影响等。这些后天影响的内容慢慢积累下来，会在人的神经系统留下记忆，甚至改变基因的某些内容，进而遗传给后代。

很多人并不知道自己三代以上的祖先长什么样子、干过什么，但他们的基因（里面包含人生经历的记忆）仍可能会在自己身上显现力量。每个人或多或少会发现，自己拥有的某些能力并非现在通过学习获得的，而是源于一种先天的力量。

我举一个亲身经历的例子。我父亲是上海人，母亲是绍兴人，他们相识于北京，在那里结婚后生下我。我六岁前是在北京的楼房里出生和长大的，从小睡的是床而不是炕。小学五年级时，我参加了学校组织的野营拉练，步行去郊区密云。那时北京郊区都是农村，我们每到一地就住进农民家里。那时农村都是土炕，吃饭时把小饭桌摆在炕上，大家要上炕盘腿坐着吃。很多同学盘不了腿，就在炕边站着吃饭，可我驾轻就熟地上炕盘腿而坐，还觉得特别舒服。

老师纳闷地问我："你怎么会盘腿呢？"

我说："我也不知道，没学过。"

我真不知道自己为什么有这本事。

参加工作后，我经常出差，有过几次出海的机会。我记得第一次是上了给驻守海岛的部队送补给的船。船出海后开得很快，很多人受不了，都躺下休息了，甲板上几乎没人了，就我一人在闲逛。船员问我："你不晕啊？"在他们看来，大城市来的人没有不晕船的。还有一次出海，因风浪太大，陪同我的当地人无一人不吐，而我反客为主，给他们递呕吐袋和纸巾。我也对自己有这种能力颇感惊讶，只能归结为天生的。

后来，我带研究生读心理学经典著作时，从关于潜意识和集体无意识的论述中明白了，我会盘腿和不晕船的能力都源于祖上。我想起我父亲出生于上海高桥，我祖父曾是渔行老板，再往上上辈推算，他们都是渔民出身。我的这些能力应该是来自我父亲之前的祖辈，因为渔民在船上都不坐板凳，而是盘腿坐在甲板上。

在心理学史上，从弗洛伊德到荣格都在研究后天经历对人心理产生的深远影响。他们的研究成果让我们知道，人生经历形成的记忆不仅停留在相关的神经细胞中，还会遗传给后代。这意味着我们今天学习和努力的经历，会成为下一代甚至是下下一代的能力。因为我们的能力里面有祖先曾经的努力，所以我们会在某种情况下重现他们的行为模式。尽管我从未见过祖父和曾祖父，但他们的行为习惯会在我身上出现，这就是心理有道，是一种精神上的传承。

这反过来也给我们一个重要的启示：作为父母，你现在的行为不仅会影响到眼前的子女教育，还会嵌入你的神经记忆，进入你的基因里，遗传给你的子孙后代。因此，在家庭养育过程中，父母的自我修养和言谈举止非常重要，这会影响后代的品德、学习能力等，进而影响到自己的基因是否可以在世间长久留传。

我上大学时爱看中国历史书，记得书中有一句话是"文将后代多福寿，武将后代多暴虐"，现在看来很有道理。我们看到历史上的书香门第往往延续几十代，如孔氏家族、钱氏家族等。国外做过一项犯罪遗传的家谱研究，其中有个美国男人在欧洲先后有过两次婚姻，有了两支后裔。第一次婚姻，他娶了一个酒店老板的女儿。这个女子很漂亮，但可能是她父亲好酒的缘故吧，她婚后不久不仅显现出酗酒的习性，而且性情不稳定，有点神经质，情绪变幻莫测，易怒。后来，两人日子过不下去，就离婚了。这个美国男人吸取教训，后来娶了一位有修养的名门之女。研究者对他的两支后裔进行了追踪研究，发现第一次婚姻生下的后裔的不良行为发生率将近50%，而第二次婚姻生下的后裔中出现不良行为的人比率不到3%。

中国古人讲"祖上积德，福泽子孙"，这是一种很高的智慧。所以，每个人在为人父母后，要为自己的血统和后代着想，注意自我修行，要自律，努力成为好父亲、好母亲。当然，前提是要先做个好丈夫、好妻子。

人的一生其实很短暂，经不起折腾。如果你贪心地放纵自己，不仅你现在的人生会增添风险，还因为你没用心养育好子女，会让他们重蹈覆辙，陷入代际间的恶性循环。例如，暴戾的父亲往往养出暴戾的儿子，儿子婚后又成为暴戾的父亲；霸道的母亲往往养育出骄横的子女，他们长大后成家，会因过分骄横而导致婚姻破裂、生活不幸。

我在形形色色的案件中看过很多心理变态的犯罪人，他们几乎都有一个共同点，即父母关系不和或离婚，他们从小生活在一个支离破碎的家庭里，缺父少母，缺乏家人团聚的欢乐和亲情的温暖。所以，为人父母者要认真地生活，负责任地对待伴侣和子女，不轻易抛弃家庭，到晚年才有一分付出一分收获的幸福。

所以，遗传的"硬件"看似是客观的生理，其实也包含人们今生的有意而为。择优向善地生活，应是基本的人生准则。

早年养育相当于系统软件编程

电脑软件不计其数，但所有电脑最先安装的是系统软件，这是决定性的基础软件。家庭，就是人的心理系统软件制造商。

我们从商店买来一台新电脑，只是拥有了硬件，还无法使用。我们需要给电脑安装两种软件：一种是系统软件，比如 Windows 操作系统；另一种是应用软件，比如 Office 办公软件。这两种软件的安装顺序是不能颠倒的，必须先装系统软件，才能装应用软件。

人刚生下来就像裸机，如果没人给装系统软件，就无法运行。大家都知道 Windows 操作系统是微软公司开发的，但你知道人的系统软件是谁编程的吗？答案是家庭。

所有人一出生就需要有人为他进行系统软件的编程，比如吃饭的方式是拿筷子还是刀叉，说话的方式要符合当地语言的表达习惯，与人相处的方式包括如何跟人打招呼、说话等，最重要的是如何做人，如不许欺骗、不得偷窃等。此外，还有许多东西是只要人活着就必须懂的，必须学会的。这些都属于"心理软件"，是家庭在孩子六岁之前必须通过养育来完成的编程任务。所以说，家庭就是人的心理系统软件制造商。

家庭为孩子编写程序，首先是在人生的第一个六年。其中前三年，有血缘关系的抚养占据绝对主导的地位，后三年家庭生活仍是主导，只是有时候幼儿园的养护也加入进来，也具有编程资格。

从人生的第二个六年开始，父母把孩子送到学校去接受教育，学校开始加入人的软件编程过程中。学校编程与家庭编程最大的不同在于，家庭编写的是人基础的系统软件，而学校重点是编写应用程序。

在学校里，老师往学生的脑袋里安装文字处理、数据处理等各种应用软件。对很多学生来说，这个过程要持续到人生的第三个六年才结束，即18岁。这时，学生的文科或理科天赋已显露，之后接受的教育就与未来的职业意向有关了。无论是基础教育还是专业教育，学校教育都具有很强的应用价值。

当系统软件和应用软件都装好了以后，一个人就具备了独立生存的能力，可以去社会上闯荡。随着人生阅历的丰富，有的人会不停地更新应用软件，不断自我完善，终身成长。

心理系统有缺陷会成终身"漏洞"

就像系统软件在设计、编程时有漏洞和缺陷会影响电脑的性能一样，如果人早年的家庭养育有缺陷，在随后的人生道路上就容易麻烦不断，甚至半路夭折。

虽然人一生可以安装很多软件，尤其是应用型软件，但对每个人意义最深远的仍是最初家庭给装的系统软件，这是之后所有应用软件的基础。

如果系统软件最初在设计、编程时有漏洞和缺陷，就会影响电脑后来的使用。系统软件一旦有漏洞，免疫力就会下降，很容易被人攻击、植入病毒，导致瘫痪。人也一样，如果早年的家庭养育有缺陷，在成长过程中就容易麻烦不断，甚至半路夭折。

既然人从出生到成年都要经历养育与教育的过程，那么，家庭和学校对人的成长来说就特别重要。可是，一说到人的问题，很多人首先想到这是教育的问题。而一说到教育，人们就会想到学校和老师。有的家长甚至对老师说："这孩子我真管不了，老师您替我好好管教他。"

的确，教书育人是老师的责任，但家长要明白，老师是在家长已经打造出的"半成品"基础上进行努力的，而且老师负责的教学工作还偏重于安装应用软件，如果家长安装的系统软件已存在缺陷，那对老师来说是一件痛苦的事情，却又无法把学生退回给家长返工，因为人的心理发展是不可逆的。所以，家长要明白，孩子六岁之前的养育，谁都无法替代，谁都无法扭转。

另一方面，谈到家庭，人们又特别喜欢说"家庭教育"而不是"家庭养育"，这也容易让人产生误解。其实，教育的"教"字是指手执教鞭在课堂上讲授学问的方式，可是家里又不能摆上课桌，让父母站在黑板前对孩子进行教育。相反，家庭是生活的场所，教育方式是妈妈对抱在怀中的孩子低声絮叨，爸爸和骑在脖子上的孩子说说话，爸爸妈妈睡前给孩子讲故事……

2020年新型冠状病毒肆虐，很多孩子不能去学校上课。为了不耽误学习，许多中小学就把原先在教室授课改成在网上授课，让孩子们在家里打开电脑就可以听课、写作业。然而，老师布置学习任务时，在不经意间竟变成同时对学生和家长布置任务，结果家庭渐渐成为第二个学校、第二个课堂。问题在于，老师是专职搞教育的，而家长还有自己的本职工作要做。本来家长与孩子之间是亲情关系，此时却变成师生关系，很容易造成亲子关系紧张。

我们必须明确家庭和学校的职责不同，不可轻易混淆。家庭是养育的场所，养之育需要家长在照顾、陪伴孩子的过程中培养情感，以浸润的方式告知或带领孩子学习如何做人做事。而学校是教育的场所，教之育是老师在规范的要求下，在一视同仁的背景下，以讲授和练习的方式让学生学习知识。

养育中的"养"，更多的是抚养。"抚"是一种动作，养孩子时伴随着这种养育的动作的，还有养育者所呈现的表情和随事而做出的反应即态度。这是一种生活性的自然示范。父母是孩子天然的老师，其资格源于血缘，因血缘而对孩子产生责任感、爱、耐心和期待，并给予帮助。父母的态度与言传身教的示范是养育的本质。尽管有例外，比如生而不养、生而杀之等，但那是违反天道的极少数行为，是全社会所不容和不齿的特例。

教育中的"教"，则更多的是说话。无论是父母还是老师，只要是通过唠叨、讲道理、讲解、辅导、谈话等，都是以"说"为前提的。老师更多的是执鞭而教，诲人不倦。"教"的核心方式是借助人类特有的语言系统，通过声音与文字，进行感知的输入与记忆的存储，以联想、推理等方式让孩子从不知到知，从不会到会，掌握更多的知识，知晓更多的人世间的道理。

"教"可以是教知识、科学、做人的道理等。但是，所有的教育都不能替代或跨越注重情感抚养的养育。如果没有来自心理抚养的情感作为基础，教育只能教术，不能教心。从这一点我们要明白，家庭的养育比随后的教育更重要，更基础，更具深远的影响。所以，家长不要错过孩子六岁之前的养育过程，不要等孩子上学后，指望由老师去解决孩子的各种心理问题。

意识水平标志着人的心理水准

都说"人贵有自知之明"，因为认识自己是最难的。

电脑都有硬盘主分区，最重要的主分区一般称 C 盘，具有储存系统文件等功能。当我们打开电脑时，屏幕会显示一些应用软件，还有我们经常要用的文件。凡是在桌面上能看到的东西都是储存在 C 盘里的，可这些只是冰山一角，C 盘里还有大量文件平时几乎不显示在电脑桌面上。这些文件就像人的无意识内容，虽然具有重要的功能，但人平时并不十分清楚它们的存在。

什么是意识呢？简单来说，意识是人的一种觉知状态，包括人对外界的觉知和对自己的觉知。人有觉知就有意识，无觉知就无意识。例如，人在清醒时有感觉、知觉、记忆和思维，就是有意识。人在睡觉时一般就处于无觉知状态，有人来拿走他床头的东西，可能他也不知道。

人的意识可以发展出不同的层次，从最初的自然意识到社会意识，再到自我意识。

自然意识是人一出生就有了，正常婴儿对温度、光亮、声音等外界刺激都有觉知。

社会意识起源于人对他人的认知。当婴儿半岁左右开始出现认人的现象时，就意味着他对与自己有关系的人有觉知了。到三至五岁时，孩子一般会寻找同伴了，开始出现社会关系的意识。例如，孩子听到别的小朋友喊爸爸妈妈，会知道那不是自己的爸爸妈妈。

自我意识大概出现在两三岁时。当孩子能够表达自己的感受，比如说"我饿了"或"我肚子疼"，说明他对自己有觉知了。但这只是自我感觉意识，后面还要发展自我独立意识和自我反思意识。

人认识世界一般是由外而内的，先认识自然，然后认识他人，最后才认识自己。都说"人贵有自知之明"，因为认识自己是最难的。人可以通过眼睛看外面的世界，但看不到自己的脸，只能照镜子，也就是反观。还有一种方式是让别人帮你看，然后告诉你。

人最后出现的是自我反思意识，这一般要到18岁以后。例如，有的人会回顾自己在某个场合的表现："我和那个人是怎么吵起来的？当时他说了什么？我又说了什么？他哪里做得不对？我哪里也有不对？将来我要怎么做才能更好地与他相处呢？"

当"我"能作为第三者360度地审视自己时，人就有了在思维中反观自己的能力，也就是自我反思意识。有这个本事的人可以不用别人告知，自己就知道错在哪儿了，然后通过提高自我修养来改善。自我反思意识需要拥有成熟的社会意识和抽象思维，是人心理成熟的重要标志。

如果一个成年人只有自然意识，缺少社会意识和自我意识，就会成为精神病人。这种人可能走路不会撞到树，却会无缘无故杀害对他很重要的人，比如天天照顾他的人。因为他缺乏对人际关系的觉知，不知道眼前这个人对他有何意义。

缺少自我反思意识的人心理不成熟

缺少自我反思意识的人往往心理不太成熟，因为他们只看到别人有错，却不知自己需要改变。

如果一个人有自然意识和社会意识，但缺少自我反思意识，就属于心理不成熟的人。心理不成熟的人往往不知如何从我做起。

心理学实验中常常用这样的术语——自变量和因变量。自变量一般是起始变量、刺激变量，常常是另一个变量变化的起因。因变量则是因为其他变量的刺激和诱导才发生变化的变量。缺少自我反思意识的人往往是"因变量"，总指望别人的改变来改变现实，永远不知道自己该如何成为主动的"自变量"。遇事只期待别人改变，这是将自己的命运系于别人身上的表现。这种人在社会生活中一定会遇到很多挫折。

1992年，某报社邀请我参加一个座谈会，一共有六位专家，其中有婚姻法专家、社会学家、妇女问题研究专家，还有两位著名律师。主编说："我们报社最近想搞一个活动，就是维护妇女和儿童的权益，帮助母亲找回孩子，让孩子回到母亲身边。"

这个活动以一个案例为由头，当事人是位28岁的南方女子，长得非常清秀，很文静的样子。她一脸愁容地坐在旁边，开始跟我们诉说自己的经历。

她和前夫是大学同学，相恋四年，毕业后就结婚了。他们一起到广东某市创业，开了一家公司，很快就步入正轨并挣到钱了。一年后，她怀孕生子。因要照看孩子，她对公司的事情就顾及少了。一年多以后，丈夫回家越来越晚，她的怀疑最终被证实了，丈夫与天天在一起工作的女秘书好上了。他们就离婚了，孩子判给了她。

　　她越想这件事就越气："我跟你一块创业，还给你生了儿子，你居然这样背叛我！公司至少有一半的股份应该归我。"于是，她开始打官司。结果，在打官司期间，前夫借探视之机把孩子抱走了，把公司也注销了，从此在这个城市消失了。

　　她非常气愤，就把所有工作都停下来，跑到全国各地去寻人。因为一直没有找到前夫和孩子，她就跑来找这家报社，希望报社能帮她维护自己的权益。

　　当她讲完后，在座的专家就开始给她提建议，帮她想办法找前夫。看我一直没发言，报社主编就说："李教授，你既然来了，也谈谈你的意见吧。"

　　我的想法跟在座各位有所不同，我怕伤到这名女子，就推辞道："我就不说了。"但主编非让我说，我想了想，就以心理咨询中"当事人中心"的方式，站在这名女子的角度给她提了下面三个问题：

　　"第一，在你28年的人生中，没有这个男人的时间应该有20年吧？没有他的时候，你能不能生活呢？你过得好不好呢？

　　"第二，你跟他在大学里相处了四年，毕业后跟他共同创业并获得成功，还为他生了一个儿子。从这三点来看，你怎么都比那个女秘书有基础、有资本，可你为什么会失去他？原因在哪儿，你想过吗？

　　"第三，你相貌清秀、身材苗条，又有大学学历和创业经历，现在才28岁，如果开始新的人生，按七八十岁来算吧，还有四五十年时间呢。可是，如果你把时间都花在找孩子和前夫上，除了因找不到而增加痛苦和怨恨外，你还能得到什么？即使找到了，孩子夹在你俩的冲突中间，会有怎样的心理创伤呢？"

我问她这三个问题，是想让她在回答时能够反思并发现自己陷入的盲区。我认为，从学历到创业经历，她自身就拥有很好的价值，完全可以重新开始自己的人生和事业的追求，而不应该被一次失败的婚姻拖进无休止的补救努力中。

我跟她说："事实上，你找前夫越迫切，他就会躲你越远。相反，你要自强自立，不再纠结，重新开始自己的生活，活得独立而精彩。时间长了，随着孩子对你的惦念越久，前夫可能会有内疚感，反而会惦记你并觉得愧疚。你放心，儿子既是你的，也是他的，他不会亏待自己儿子的。世界这么大，你干吗非在一棵树上拴住自己呢？"

我说这番话，是想唤醒她去思考自己选择哪种生活方式会更好。

生活中类似的故事很多，出轨者想方设法摆脱婚姻的束缚，被甩者却不甘心放手乃至拼死捍卫，结果原本是世间很珍贵的一种情感却变成最毒的毒液和最狠的利刃，让双方两败俱伤。例如，2007 年年底，有位在外企工作的女子完全有自食其力的能力，却用自己的余生进行报复，把丈夫与第三者的亲密照片发到博客，然后自杀身亡。

这个事件在网上引发关于第三者插足及惩罚的讨论。当时有个记者就给我打电话，说他们想做一期节目，重点讨论一下我国法律为什么不制定通奸罪，为什么不惩罚第三者。

我说："如果媒体这样导向就错了。别的先不说，如果一个女人真的爱丈夫，那她爱他的目的是什么？应该是希望他幸福快乐吧。如果你特别爱一个人，是不是希望他活得好呢？那他现在不爱你了，想离开你了，你干吗不给他自由？"

当然，有这等胸襟的人太少了。如果夫妻已经有孩子了，那确实应该为孩子考虑一下。倘若就夫妻二人，为什么不能大度一点呢？

倘若夫妻一方在城里有工作，另一方是农村妇女，且已为他生了孩子，却遭到抛弃，那我们应该帮助这个弱者，因为她不好再嫁人。可是，像上面两个案例中的女性都接受过高等教育，都能自食其力，为什么不能好好生活，非要自毁或让双方尽毁呢？这是不明智的选择。

人要学会自我反思，先真正认识自己，再决定怎样作为。因为很多时候，我们改变不了别人。自我反思还可以让我们自我审视，明白独立的自我是有价值的，然后选择自强不息。相反，抱持"我过不好，我要让你也过不好"的狭隘心态，结果往往是先毁灭自己，再毁灭别人，或者先毁人后毁己。

其实，人来到这个世上时都是单性的自己，这样一直活到二三十岁才和另一半携手与共，而当走到生命的尽头，至少有一半的人离世时也是孤单的，另一半早已先他而去。所以，夫妻相伴大多只是人生的一段路程，长短有别而已，再相爱的人也有分开的那一天。想明白这一点，你还计较他活着时就离开你吗？

人活在世上，无论是男人还是女人，首先要做一个独立的人，要自信和自尊。也就是说，你可以爱别人，也可以被人爱，但你就是你，你的价值首先体现在你是能自立的，而不是将自己的一切依附于某个人身上。只有这样，你才能得到别人的尊重。

感情是相互的，爱情更是一种彼此需要的情感关系，而不是占有的关系。因为对方有独立的人格，有自由选择生活方式的权利，你也一样。如果一个人不需要你了，对你没感情了，你惩罚他又有何用？记住，你的心胸有多宽阔，你的人生就有多宽阔，反之亦然。

跳出自我中心，才能更好地识人识己

想认识自己，也需要多听听别人的看法。

有些从小学习特别好的孩子，在成长过程中一直是好学生，精力都用在学业上，脑子特别单纯。

北大一位心理咨询师讲过一个很有趣的例子。有个男生来找他咨询，说："我这段时间觉得自己特别不正常。我最近喜欢一个女生，觉得她长得特别漂亮，每日白天黑夜止不住地想她。为了看到她，我就尾随她，她去哪儿，我就去哪儿。她上什么课，我就去上什么课，可我又不好意思正面看她，只好坐在她的斜后方，什么也听不进去，满脑子都是她，眼睛不想离开她。老师，您说我这心理是不是有点变态？"

心理咨询师一听就乐了，说："这样吧，你跟我出去转转。"

然后，心理咨询师把男生领到学校食堂门口，告诉他："你可以随便选三个人拦下，让他们到我这儿来。"

一开始男生觉得不好意思，不敢去拦人，心理咨询师就说："没事，有我在，你怕什么？你去找一个面善的，把他叫过来就行，就说我有事找他。"

这时男生看见一个慈祥的老教师路过，觉得他比较好说话，就上前道：

"老师，有点事麻烦您。您能不能跟我过来一下？那位老师有事找您。"

老教师过来以后，心理咨询师就问他："老先生，问您一个问题：有个男孩喜欢一个女孩，觉得她太漂亮了，老想看她，现在都心猿意马了，天天跟着她去上课，就为了看见她，您觉得他是一个心理变态者吗？"

老教师说："这怎么能叫变态呢？古人云：'窈窕淑女，君子好逑。'历史上就有好多记载，这很正常。其实，就我这岁数，看见漂亮女孩，我也喜欢多看几眼。"

心理咨询师说："好，谢谢您。"

老教师走了以后，男生又领过来一位男同学。心理咨询师问道："如果你遇到一个美女，不认识她，但又特别喜欢她，你会没事找机会跟着她，就为多看她几眼吗？"

男同学回答道："我们男生宿舍晚上一关灯，就讨论校园里哪个女孩最漂亮，她在哪个年级、哪个系里，是谁发现的……"

心理咨询师接着问："那你们觉得这种喜欢女孩的心理是不是有点变态啊？"

男同学说："要是这样的话，我们班的男生都变态了，哈哈！"

"都变态了。"心理咨询师重复着这句话，看了一眼那个前来咨询的男生。

最后，心理咨询师自己拦下一位路过的女同学，问了同样的问题。这个女孩的回答更逗："都什么年月了，想看就看呗，又不花钱！你爱怎么看就怎么看，只要别骚扰人家就行。"

当女同学走开后，心理咨询师就扭过头来看着这个男生，说："你看，他们都不觉得这事变态，你现在还觉得自己变态吗？"

男生这才恍然大悟："哦，原来这在大家眼里都不是个事儿啊！"

心理咨询师让这个学生跳出自己的视野，去了解别人的想法，从而能够反观事情的真相。

人的许多潜意识活动常常不自知

潜意识用来研究人的真实心理非常有用，心不由己往往是"此地无银三百两"。

谈到意识现象，还有一个有趣的事件可以说明，潜藏在心底的意识活动有时会在人不自知的情况下流露于外，让人知道他真实的心理内容。

2008年，某明星的艳照门事件在网上炒得沸沸扬扬。有一家网站的记者给我打电话，说："李教授，我们想做一个专题，讨论一下这件事，想请您来谈一谈。"

我干脆利索地拒绝道："我不去，也不谈。"

记者问："为什么？"

我说："这个事件与我的专业无关。"

记者说："有关啊，涉及道德什么的。"

我说："一般道德问题我也可以谈，但这件事我不能谈。"

记者问："是不是因为性的话题太敏感？"

我说："我是研究犯罪的，对性的话题没有忌讳，关键是这件事我不想谈。如果有女性被强迫，被麻醉，或者被暴揍一顿，那叫强奸，我可以点评，但他们是两相情愿，这不是违法犯罪的事。如果有未成年女孩牵涉其中，那是侵害未成年人，属于违法犯罪，我可以点评，但这件事的当事人都是成年人，不违法。如果他们故意制作淫秽视频，为了营利，那是制作、贩卖、传播淫秽物品罪，我也可以点评，但人家没有这个目的，而是把自己的电脑硬盘格式化以后，送去维修时被人恢复后传到网上了。有人说他对青少年造成不良影响，但那不是他的问题，而是上传者的责任。"

在我解释了不点评的理由后，记者仍然不解地问："虽然法律没有明文禁止，但这件事造成的不良道德影响仍然存在，您怎么看？"

我就进一步解释道："这个事情虽然在网上传开了，但也不是所有人都会关心的。说实话，对香港演员，很多内地人并不都认识。尤其是对娱乐圈，很多人并不太关注。网上信息那么丰富，每个人都有自己感兴趣的内容，不会什么都点开看。例如，喜欢足球的会关注足球比赛和球员动向，炒期货的每天会关注期货的动态，而我是研究犯罪的，一看到刑事案件的报道，总会点开看一下。"

人心里有什么，眼里就有什么，即眼里看到的往往是心里有的。一般来说，只有内心喜欢艳照的人，才会敏锐地捕捉到"艳照门"这几个字，一看就会不自觉地点击网页。当他们一层一层地点进去打开艳照时，想必是被惊着了，心里想的是"哇，怎么可以这样"，而嘴上会说"这太不要脸了"。他们会从头到尾把这些"不要脸"的照片仔细看个够，然后发表评论，发出义正词严的谴责和声讨。

这些人全然不知在网上留言骂别人时，已经暴露了自己的内心所向和心理品位。因为任何网站的首页都没有直接展示艳照，只呈现"陈某某"或"艳照门"的字样，那么，是谁主动多次点击后找到这些照片，然后写下只有观看过才能产生的感受或评论呢？

所以，那些在网上骂得越凶狠的人就越滑稽。因为凡是骂得狠的人，一定看过艳照，没有看过的人不会"愤怒"，更不会留言辱骂。这是典型的"此地无银三百两"，你心里有艳也就算了，看看就行了，这么一骂却暴露了自己。难怪有位女当事人回击道："你们说我无耻，你们更无耻，你们比我好不到哪儿去！"道理就在于此。

我用这番分析解答了那位记者的困惑。我说："为什么我不去讨论这一话题？既然此事与我的专业无关，我就没必要去看。此类行为不涉及公共领域，即使现在被传到网上了，产生任何不良影响都是上传者的责任。至于当事人私下的行为是否道德，这只有与他们有关的人才有资格评价。"

每个人的成长背景不同，眼里的世界就不同。所以，我们在研究一个人的心理时，不能用自己的心理去理解他，而要去了解他的成长背景和人生经历。因为人与人是不同的，每个人都有自己做人做事的标准，所以我不会轻易拿自己的标准去评论别人。

了解潜意识现象，我们就会发现人自身存在许多心理扭曲。一旦了解这种心理现象的存在与表现之间的关系，也就不觉得人心叵测了。

改变认识是做思想工作的重点

做思想工作主要针对人的认识问题，并不能解决很多心理问题。

认识是人们每天进行最多的心理活动。如果说意识有一半是在睡眠中的话，那么，当人清醒了，有意识了，就开始进行认识活动了。

那么，何谓认识？用电脑来比喻的话，认识就相当于我们每天使用电脑的活动，我们要不停地移动鼠标，敲击键盘，输入信息，储存或等待处理结果，然后完成任务要求，看到最终结果显示在屏幕上。这个过程就像我们睁开双眼，移动手脚，在不同地方通过感官（眼、耳、鼻、舌、身）接收各种外界信息，有的信息进入我们的"内存"（记忆），有的信息进入"中央处理器"（思维），然后我们做出反馈（反应）。

认识是人们最日常的心理活动，任务多，看似重复，但内容在不断更换。人的认识一旦出问题，就相当于电脑不能正常工作了，需要请维修人员来。

维修电脑的人分两种：一种是只认识键盘、不懂软件，对着键盘敲敲打打，有时蒙对了，有时不管用；另一种则是行家，不是简单地敲键盘，而是分析问题出在哪儿，然后有针对性地更换硬件或修复软件漏洞。

同理，当一个人的心理出现问题，如果你不了解人的心理整体的发生原理，只看到显现的问题表面，只用一种方法，即点击鼠标或敲击键盘，用输入信息的方式不停地给他讲道理、提要求，可能他的程序已经发生冲突或者内存已满，结果只会适得其反。

我国历来重视做人的思想工作，但现在很多人发现仅靠这个似乎不够，于是纷纷成立心理咨询服务机构，提供心理咨询热线，遇到费解的心理现象就向心理专家求助，请他们来进行心理干预。有些人就不明白了：做思想工作与心理咨询有何不同？思想与心理是不是同一类现象呢？

其实，思想是人的心理内容之一，是认识中的思维现象。但是，心理现象不仅限于思维，还包含很多内容。例如情绪，不仅与认识有关，还与人的生理状况有关，像青春期、更年期都会因生理变化引起情绪波动。

如果你不了解心理的复杂性，一味用解决认识问题的教育模式去调整，让人坐在屋里听课、看教育片、写想法等，可能会使心理问题愈发严重，甚至出现抑郁、躁郁等病态。

相反，如果你了解心理的基础是生理的话，当你发现一个人有情绪问题时，就先别讲那么多话。"从知到行"是一种模式，还有一种是"从行到知"。或许，你先找个理由带他出去运动，让他出出汗，找到身体舒畅感，然后再跟他谈认识上的问题，就比较容易化解他的不良情绪了。

教育孩子也是同样的道理。许多父母不懂心理学，一天到晚只会耐心地给孩子讲道理。有些母亲就不解地问我："我对孩子特别好，从不吼他，总是耐心地给他讲道理，可他总躲着我，就怕我说话。这是怎么回事？"

我说："你的声音就是他恐惧的原因。因为你的话太多了，你总是重复类似的话，比如'好好学习''多看书''别惹事'，他天天听，早就烦了。"

有的父母以为孩子学习好就省心，结果孩子考上名牌大学没多久就自杀了。父母全蒙了，不明白为什么。他们以为，只要孩子学习正常，心理也应该是正常的。其实，心理现象并非这么简单。学习好只是说明孩子的认知能力强，并不能代表他所有的心理活动都健康。

做思想工作主要针对人的认识问题，而心理咨询的范围更广，会涉及人的"硬件"（生理问题）或"软件"问题（早年经历），以及性格、气质、能力等个性问题。

如果一个女人抑郁了，你只是劝道："你看，你儿子都读到博士了，你老公对你也挺好，你们家生活条件又那么好，你干吗不高兴呢？"你这是在做思想工作，而不是心理咨询。你不知道这个人之所以抑郁，可能源自她的大脑神经系统出现问题，她需要调整的不是认识问题，而是神经系统的功能问题。

让心理困扰者自我成长是心理咨询的要义

心理咨询并非给人出主意。优秀的心理咨询师不会给你出主意，而是帮助你认清自己，引导你去寻求解决之道。

有人以为心理咨询就是给人出主意，来访者就是来听专家建议的。这是对心理专家和心理咨询工作很大的误解。

人与人生活的背景不同，人生经历不同，个性不同，对很多事情就有不同的感受和反应方式。所以，你自己的事情怎么能指望一个与你有很大差异的人替你想办法呢？像婚姻关系、婆媳关系、亲子关系等非常复杂，古人云"清官难断家务事"，心理咨询师怎能参与别人的家务事呢？

在我看来，许多寻求专家帮助的人，往往不知道自己有明显的心理问题。我经常遇到这种情况，有人动不动就打来电话或直接留言，要我回答他的问题。有的父母则把自己管不了的孩子直接带到我面前。这些父母没有想过，已经养了十几年的心理问题，怎么可能让孩子见我一面就解决了呢？

现在很多人有了一种意识，即有心理问题应该找心理医生或心理专家，但有些人求助的方式却非常不尊重心理咨询的专业性。任何一位心理专家或心理医生都有大量的日常工作要做，不能随时听候你的咨询。就像你去看病一样，要先寻找能对外接收病人的门诊医生或专家，并不是所有从事医学研究的人都能接诊。然后，你要和心理咨询师约定时间，到指定的地方去咨询。一般要有独立的专门用于心理咨询的房间，还要按规定收费。心理咨询按小时收费是世界通例，既能防止一些来访者无节制地占用心理咨询师的时间，也能预防来访者对心理咨询师提出无边界的要求，甚至出现移情后的骚扰。

心理咨询是一个探询、诊断、找到心结、慢慢解开心结的过程，需要循序渐进，需要专业地进行，而不是一次性给出答案。就像医生看病一样，心理咨询与治疗也需要一个了解病因的过程，并与来访者逐渐建立信任关系。心理咨询师要对来访者负责，不能只听一面之词就给人出主意。

正确的心理咨询并不是给人出主意，而是用专业的方式不断提问，引导来访者自己去寻找答案，自己去找到解决问题的思路。这就需要来访者认识自己，这正是心理咨询的魅力。

优秀的心理咨询师不会给你出主意，而是帮助你认清自己，你的生活还是要由你自己来选择，由你自己决定，由你自己思考解决问题的办法。你目前之所以不能选择，不知道怎么办，是因为你没有客观地认识自己。像前面提到的那个找媒体帮忙寻前夫的女子，还有那个暗恋女生却以为自己心理不正常的大学生，都是因为没有认清自己而不知如何是好。

美国有位著名的心理学家叫卡尔·罗杰斯，从事心理咨询多年，提出"当事人中心"的原则。因为他的疗效很好，人们就研究他的方法。把他与来访者的谈话全程录下来以后，研究发现他在整个咨询过程中话语很少，几乎80%的话都是来访者说的，而他只是一个问题接一个问题地问，来访者回答到最后就自己站起来说："我明白了，我要回去了！"

例如，有个表情痛苦、妆容不整的女人来到罗杰斯的心理诊所，对他说："我的生活一塌糊涂，我快崩溃了！"

罗杰斯问："为什么？"

女人说："我很痛苦，丈夫整天不回家，在外面酗酒。他以前还会把钱交给我，可他现在迷上了赌博，再也不拿钱回来。我们有三个孩子，都是我在照顾，我现在没法出去工作，都快疯了……"

罗杰斯问："你俩当初是怎么开始的？"

女人开始回忆她与丈夫的恋爱经过，说他当时对她如何好。

罗杰斯问："那个时候你喜欢他什么？"

女人说："那个时候他很有绅士风度，每天接送我，对我可好了！"

罗杰斯问："他对你的态度何时开始转变？"

女人说："我结婚后不久就怀孕了，生完第一胎就不工作了，在家照顾孩子。后来又生了第二胎，我一人照看两个孩子很辛苦，特别期待他回来能帮我。我对他经常晚归很不满，就开始抱怨他……"

罗杰斯问："后来呢？"

女人说："我们又有了第三个孩子，生活全乱套了，三个孩子让我狼狈不堪。我烦透了，不断地埋怨丈夫让我生了这么多孩子。他每次下班回来得晚，我就更加生气，然后就发脾气，跟他吵架……后来他回家越来越晚，甚至整宿不归。他经常喝得烂醉，还参与赌博，直到把钱输光了。现在，我只要一抱怨，他就动手打我……"

罗杰斯问："你觉得抱怨能解决眼前的问题吗？"

女人说："可是，我实在不容易……"

女人说了一堆理由，罗杰斯听完就问："那你了解丈夫在外面上班的情况吗？你觉得他工作容易吗？"

女人又说了一堆，罗杰斯接着问："那你觉得他内心是不爱你了，还是他不能忍受你的抱怨呢？"

女人：……

罗杰斯又问："你爱过他，现在还爱吗？"

女人：……

最后，女人站起来说："我得走了，我明白了……"

由此可知，心理咨询与做思想工作有一点不同：做思想工作是主导者在说，对方要听着，被动接受；心理咨询则是主导者在听，让对方说，然后用提问的方式让对方思考答案，并自己意识到问题所在。

　　为什么我们过去做思想工作很有效呢？因为在信息闭塞的年代，缺乏信息的人容易出现认知狭隘，当有知识、有阅历、有思想的人讲出他所不懂、所不知的道理时，就能让他改变原有的认识。

　　这种说服策略对信息匮乏或信息闭塞的群体最有效。例如，孩子小时候知道的东西少，父母说什么，他都会当真。以前大人经常对 10 岁以下的小孩说："放学赶快回家，别在路上逗留。外面有拐卖小孩的坏人，他们一拍你的脑袋，你就不能说话了，乖乖跟着他们走了。"小孩没见过这种人和事，就很当真，放学路上遇到人问路也会很警觉。可是，等他长到十四五岁后就不信了，因为他这么多年都未见身边有人被拐走过。

　　然而，当人们进入信息化时代，电视里的信息扑面而来，网络上的信息呈爆炸式增长时，一个六岁左右的孩子就能在屏幕上找到动漫视频来播放了，十几岁的孩子手机玩得比父母还溜，他们每天看到的东西未必比父母少，这时候父母再讲大道理，他们就不想听了。

　　成年人比小孩更独立自主，不仅对信息的掌握量更大，而且辨别真假的能力也在提高。你若再整天给他们做思想教育工作，滔滔不绝地给他们灌输"你应该怎样"的道理，效果可想而知。

情绪是观察心理的窗口

情绪是人的心灵之窗，也是心理温度计。

当我们打开电脑，开始移动鼠标、敲击键盘时，就开始了人机互动。输入信息以后，电脑就开始处理了，我们如何知道结果呢？观察电脑内部活动的窗口主要是屏幕，还有声音和鼠标移动的状态。打个比方，电脑屏幕相当于人的面部表情，声音相当于人的言语，移动鼠标相当于人的肌肉运动。

情绪是人的心灵之窗，情绪的表达能让内心活动显露于外。因此，要洞悉人的心理，可通过情绪这个窗口来观察。

面部表情是观察心理的第一个窗口。老师若想知道学生对这堂课的感受，只要观察学生的表情就行了。如果学生大多耷拉着眼皮，就意味着学生对这堂课没有太大兴趣。如果学生大多双眼望前、放出光彩，老师就可以放心了，学生对他所讲的内容非常感兴趣。

言语或文字是观察心理的第二个窗口。如果一个人突然自杀了，我们不知道原因的话，可以看他之前说过什么话或留下什么文字。我们若想了解一位历史名人的心理，可以找来他所写的文字材料，从字里行间也能对他的心理特点猜个八九不离十。

行为举止是观察心理的第三个窗口。我们侦查犯罪现场时，通过观察作案人的动作行为所留下的痕迹物证等，可以分析他的犯罪心理。

情绪也是人的心理温度计，我们可通过观察表情、言语和动作来了解一个人的情绪温度。情绪的温度可通过情绪的表达方式来判断。情绪的表达一般有以下四个层次：

第一个层次是微表情情绪。比如，有人偶尔说了一句话让你有些不快，但你不动声色，一个细微的表情就让这件事过去了；

第二个层次是表情情绪，即给人脸色看。如果有人持续数落你，你会让他看出你不高兴了；

第三个层次是声音情绪。当对方继续抨击你、数落你，你一般会说话、辩解，甚至与他争吵；

第四个层次是动作情绪。人们争吵到一定程度时就会动手，尤其是说不过人家的那个人更容易动手。

有一次，我从北京前往北戴河，一大早就起床赶火车。我上车后特别困，想趴在桌上睡一会儿，可身侧有一男一女相对而坐，那个男的一直滔滔不绝，声音很大，嗓音还很难听。如果是十几分钟，我还能忍，可半个小时以后他仍在说，我就忍不了了。因为我实在困得要命，老听到那个声音就很痛苦。

我就时不时地转头瞪那个男的一眼，用表情来表达情绪，可他当时好像很兴奋，继续聒噪。我就拿起水杯喝了一口，然后把杯子"啪"一声放在桌上。这个故意制造的声响吓了他一跳，我这是在用声音表达情绪了。他看了我一眼，我又瞪了他一眼，可他就是不识相，又开始聒噪。

我真的忍无可忍了，就大声地对他说："劳驾，您能不能小声点？我起得太早，到站后还要工作，现在想安静睡一会儿，谢谢您了！"

还好，这个人听进去了。估计他真是个反应迟钝的人，我刚才的种种情绪表达他都读不懂，当我明确告知后，他终于放低声音了。

当人被他人的言语、动作等冒犯后感到不快时，不能一味忍受，该表达就要表达，不然会郁闷，但表达时又不能太过，要适度和有节制。这种分寸感，很多人觉得很难把握。

我觉得最好的情绪表达方式是言语沟通。我之前用了那么多表情和动作都没有效果，一开口就让邻座男子降低嗓门了。当然，言语沟通要注意规则，不管认识对方与否，要尽量使用敬语，对孩子则要用平等、尊重的语气。因为对方不是你，你们是独立的两个人，肯定会有不同的感受和想法。所以，你可以表达你的想法和建议，但不必强求别人接受。如果邻座男子对我的要求不予理睬，甚至表现出不高兴，要跟我急，那我就会拎包走开，找别的地方待着。

与人讲不通道理时，相当于走进一条死胡同，你发现此路不通，还要撞墙吗？为什么你非要说通别人呢？坚持让别人想通的人不是没有，但结果常常是要么气愤地把人杀了，要么气得要自杀。

浙江有一位企业家和妻子吵架时，竟然把妻子掐死了，结果有两百多人联名写信求法院从轻发落。可能这位企业家平时并非品质恶劣之人，只是当时太冲动了。夫妻吵架时往往这样，每吵一句都想说服对方，甚至想压过对方，冲动之下说出最狠的话，句句戳人心，伤害也最深。

父母与孩子之间也是如此。有时父母恨铁不成钢，管教孩子时情绪激动，贬损的话脱口而出，导致孩子瞬间崩溃，有的跳楼，有的跳桥……有的母亲因为带着情绪说话，骂了孩子几句，结果被孩子杀害。

与人说不通时，说明你们之间已经出现一堵墙，那你就要主动改道。既然我无法改变你，那我就绕开你，这总行了吧？天无绝人之路，我们不必纠缠于一个对错或一个道理，更无须为此争得你死我活。

情绪需要表达，更需要管理

与人发生争执时，解释或道歉以三到五句话为限，谁先停下或走开，谁就有情绪自律能力。

情绪宣泄一般是自然的、容易的。小孩一生下来都是想哭就哭，只有养育不当才会造成情绪压抑。对绝大多数人来说，情绪若顺其自然地发泄，那叫放纵。所以，人在成长过程中要学习如何管理自己的情绪。

情绪管理的重要表现就是能做到情绪自律。情绪自律可以彰显一个人的修养水平，也标志着一个人的心理发展水平。因为情绪本身就像汽车一样具有动力性，任其发展可让人冲动、疯狂乃至毁灭，而情绪管理就相当于给汽车安装了刹车装置，能对汽车的动力有所控制。

不放纵自己的情绪，既可让周围人感受到你的平和，让各种社会关系和谐，还可起到保健身心的作用。因为人一放纵情绪，让它迅速升级到极端，自然就会动用内脏的自主神经系统。自主神经系统不用经过大脑皮层就可对身体发出指令。

所谓"自主"，就是说这种神经系统会在你不知情的情况下动用你身体的"存款"，过度消耗你的资源，让你没必要地兴奋，比如血压升高、做出冲动的行为等；另一方面，它还会压制你身体某些器官的活动，比如减少肠胃活动，让你的"出口贸易"即排泄减缓甚至停滞，导致体内积累

"剩余垃圾"，最后导致生病。所以，你若不管理情绪，你的自主神经系统就会肆意妄为，最终损害你的内脏。

有位保健专家说过："如果你有情绪了，却不表达出来，那叫压抑，容易得癌症。但是，如果你一遇事就表达强烈的情绪，如发飙、怒发冲冠，那也容易得心血管病，比如心源性猝死。"

由此可见，情绪会直接影响我们的身体健康。许多重大疾病的发生，都可追溯到人发病前有过严重的不良情绪反应与积累。所以，情绪需要适度宣泄，更需要管理和排解。

那么，如何管理情绪呢？人与人之间总会有矛盾，当你与人沟通时渐入争吵模式，无论对方是家人、朋友还是路人，你都要记住一个原则：以三到五句话为基准，不要超过五句话。因为吵三句的时候，意思都已经挑明了，多说也没意义了，只是想压过对方、胜过对方，每多说一句都是不良刺激。你实在忍不住的话，顶多再说一句自己的感受，比如"我快气死了"，然后就扭头走开。吵架时没超过五句话，一般就没有激情导致的狂怒危险。

有一次开车去火车站，因为时间比较紧，我开得比较快。突然，有个司机抢到前头把我逼停，然后他下车了，气势汹汹地走到我的车窗外。

我一看他的样子，心想不会无缘无故，不管是不是我的错，我要先缓和他的情绪。于是，我摇下车窗说："抱歉，是不是我刚才抢了您的道？我不是故意的，可能是我没观察右侧，您消消气吧……"

这样几句话下来，他就扭头走了。

遇到这种情况，我没必要非得搞清楚事实，争辩自己有没有错。因为只有两种可能，一种是我有错，另一种是我没错。对方已经气成那样，我若再选择"我没错"去申辩，只会激化冲突。我更不能表现出"你横什么横，我比你还横"的态度，那是不明智的。

我在工作中见过许多伤害致死的案件，有的发生在同事之间，有的是夫妻之间，还有的是互不相识的路人。这种事情往往发生在很短的时间内，双方先是争吵，互不相让，恶语出口，情绪迅速升温，冲动之下导致对方死亡，然后自己被判死刑。其中，很多人生活稳定，有的收入丰厚，有的新婚宴尔，有的刚当父母，却因为一时冲动，毁了自己的幸福人生。这真应了"冲动是魔鬼"这句话，非常不值得。

情绪宜解不宜结，否则容易得"心癌"

生理的癌症最终只让病人死亡，而心理的癌症不仅仅是毁灭自己，还会让别人成为受害人。

人生常有不如意事，当人产生某些不良的情绪后，会感到痛苦。有的痛苦很深、很重，会进入人的记忆，聚在内心难以散去，这就是"心癌"的早期——心结。我在《谁在犯罪》一书中专门论述过"危险心结"的问题。

举个生活中的例子：你今天跟一个人吵架了，因为某种原因没吵赢，好多话没说出来，让人觉得是你没道理。你很窝火，回去一晚上没睡好，就在想第二天怎么把这件事扳回来。第二天没机会，你就想第三天……于是，你就出现了一种病态：你不断地消耗后面的时间来处理以前的问题，以至于不再用心应对每天的新生活，不再关注可以让你快乐的新事物。这种现象称为心理发展的停滞，是一种心理障碍，是心理疾病的开始。

有个男孩九岁时看见妈妈跟邻居吵架。他妈妈脾气火暴，邻居也很凶，吵得厉害后便动了家伙。邻居拿铁锹，而他妈妈拿的是棍子，结果脑袋被铁锹敲破了，流了很多血。

男孩吓得不停地哭，妈妈就说："哭管什么用？"

于是，男孩说："妈妈，我长大后一定替你报仇！"

10年后，男孩趁邻居睡午觉时，拿着菜刀进屋把邻居的脑袋砍了。这种不能消解的心结既害人又害己。

人生就像一条顺时延伸的线，如果你一直纠缠于已经过去的某件事，摆脱不掉痛苦，你的人生线就在这里打了一个结，也就是心结。就像你体检时发现身体里有个结节一样，并不是什么好事。

心结的特点是，起因于过去某次失败的反应，纠结于失败的痛苦感受，执着于对过去失败的挽回。心结使人不再关注现在与未来，也不考虑这样执意不放手是否合理，而是消耗全新的每一天去守着那个已经过去的失败。

因心结而犯罪的案件不在少数。我曾研究过一个案例：男青年陈某在二十多年后杀害了初一时的女班主任，只因她习惯性地无视别人的努力，用来激励学生的口头禅就是："别以为你不错了，你还差得远呢！"只是她没想到，一位非常想得到老师表扬的学生竟因此痛苦了二十多年。

据陈某自述，1992年，11岁的他以第一名的成绩考入某重点中学。初一时的班主任为人刻薄，经常对人冷嘲热讽，喜欢挖苦别人，对他的努力不屑一顾，打击他的自尊心。这位老师只担任了一年的班主任，但她这种态度却给他留下了很深的心理创伤。

陈某高中毕业后，顺利考上本省的一所财经大学。但他大二时不得不休学一年，因为他晚上总失眠，记忆力下降，学习跟不上。复学后不到一年，他再次休学，最终没有完成学业。

大学肄业后，陈某只能到广东等地打工。他把自己失眠和大学不能毕业都归因于初一班主任对他的恶劣态度。他说："我一闭上眼睛，眼前就是老师那张可恨的脸，怎么都无法摆脱。"

2007年，26岁的陈某特意从广东辞工回家，想去找这位班主任聊聊，解开这个心结。哪知班主任完全不记得这个学生了，甚至觉得他隔了这么久还来找她说以前的事，简直是无事生非。这让他再次受挫，觉得只有杀死她，才能消除自己的痛苦心结。但鉴于当时准备条件不足，他没有马上实施杀害行为，而是继续外出打工。

2009年端午节，陈某又从广东辞工回家，准备实施报复。但他发现准备仍不充分，就又回广东打工。从那以后，他开始仔细谋划，多年春节不回家，为的是让村里没人记得他，没人能认出他。

到2014年10月，陈某不仅准备好了作案工具，还精心选择了作案地点，想在这位班主任上下班途中作案。为了弄清班主任上下课的时间，他特意潜入学校抄了她的课表，并在她的活动范围蹲守。

陈某称，他最初不打算把班主任杀死，因为那样只会让她痛苦一下。他想朝她泼硫酸，毁容会让她痛苦一辈子。可他又一想，如果仅仅毁容，她的心态还是没有改变，还会像以前一样对待别人，而且泼硫酸还具有不确定性。因此，他最终决定还是让她死掉。

2015年1月的一天下午，陈某潜伏在路边，看见班主任骑电动车从堤上路过，就冲出来直接用钢筋棍殴打她的头部和胸部，直至她死亡。

陈某告诉警察，为了杀害班主任，他近十年都没怎么跟家人联系，也很少回家，就是为了让亲情淡化，日后家人不至于太悲伤。他还把自己十几年来打工存的钱全部寄给母亲。

在被捕后，陈某说二十多年来第一次睡了一个踏实的整宿觉，觉得自己的气顺了，心理也不压抑了。他对杀害老师的行为没有任何后悔，只称这件事必须做。

此案给我们呈现了不良的情绪体验是如何成为"心癌"的。生理的癌症最终只让病人死亡，而心理的癌症不仅仅是毁灭自己，还会让别人成为受害人。

此案还让我们知道，人在早年受到的心理创伤，其持续性不可估量。这不仅需要引起父母的重视，还应该引起所有老师的关注。

其实，人生就像一本书，我们不要老盯着某一页，该翻篇儿就翻篇儿吧，后面还有很多精彩的内容。不翻篇儿的话，我们就永远无法感受新的生活，旧的痛苦也就无法被抵消。

那么，如何化解不良情绪呢？下面介绍三种简单易行的方法：

一是有意去运动。当你感受到不良的情绪，尤其是真的很气愤，有气没地方撒时，不妨冲出去跑几千米。当你跑得上气不接下气时，闷气自然就消散了；

二是寻找美好的感觉去体验。比如，你可以听音乐或看喜欢的影视剧，沉浸其中感受另一种良好的情绪，以此摆脱不良情绪的感受和记忆；

三是找朋友聊天或吃饭。虽然吃胖了不好，但美食确实能让人身心愉悦，能吃者大多没有过不去的坎。当然，能吃者也要消耗大，多运动仍是必要的。

个性是人的"心理名片"

人可以装一时，不可装一世。时间是检验人格的试金石。

如果一台电脑运行速度快，存储空间大，键盘反应灵敏，屏幕显示稳定，性能就很好。同样，我们评价一个人，也要看他的"性能"即个性好不好。如果一个人身体健康，有良好的家庭养育与学校教育背景，头脑聪明，见多识广，心胸开阔，情绪稳定，善于沟通，个性就很好。找对象最好找这样的人，一生会很幸福。领导要是能找到这样的下属，也是一种福气。

我们如何知道一台电脑的好坏呢？除了看品牌以外，最重要的是在使用中才能看出产品性能好不好。假名牌一用便知是假货。我们对一个东西使用越久，就越有发言权。同理，我们要了解一个人的个性，也需要与他相处一段时间，在动态过程中观察他。当我们与一个人同宿舍三四年或共事十几年，对其个性就会一清—楚。我在一个节目里说过，找对象时，时间就是检验"渣男"的试金石。当然，这也适用于检验"渣女"。

为什么时间能检验一个人呢？这是因为个性有一个独特之处，即属于个性的心理现象往往具有持久性。个性属于一旦出现就终身伴随的心理现象，与遗传和早年养成的习性有关。换句话说，属于个性的东西可隐藏一时，但不能隐藏一生。时间一久，是狐狸终究会露出尾巴。

那么，究竟什么是个性呢？心理学给"个性"下的定义是：一个人独特、稳定、整体的心理倾向和心理特征。一个人的个性一旦稳定下来，就会在行为中处处体现他的风格，所以个性又称人格。个性是一个人的"心理名片"，他就是他，你就是你。当我们强调一个人与众不同即独特时，常用"个性"来表述。当我们强调一个人方方面面都带有某种整体风格或惯性时，常用"人格"来表述。

个性包含心理倾向和心理特征两部分。其中，心理倾向包括人的需要、兴趣、三观、信仰等，这些会影响人在生活中的关注点、追求、取向等。

需要是有机体内部的一种不平衡状态。人的需要分为生理需要和心理需要两大类，不同的人需要的东西不同。比如，有的人讲究吃喝，有的人则觉得吃喝只是为了活着。有的人想要合群，有的人则喜欢独处。有的人只求平安，有的人则喜欢冒险。有的人只在乎功利，有的人则更在乎尊严。有的人甘愿平凡，有的人则想名扬天下。

兴趣是指人为了体验快乐的感受而引发的活动倾向。人与人的兴趣也不同。比如，有的人可以数小时坐在河边钓鱼，有的人则喜欢到篮球场或足球场奔跑。听音乐时，有人喜欢古典音乐，有人则喜欢现代歌曲；有人喜欢平缓的风格，有人则喜欢刺激的风格。

三观是人们现在常用的一个词，包括世界观、人生观和价值观。2021年，有位女明星在国外找人代孕后，全家人曾想弃养孩子，在网上引起强烈反响和公愤。这种人欲做母亲却不想怀孕，孩子出生后竟想弃养，其世界观显然有悖于自然逻辑，其人生观是将生命视如草芥，其价值观则是觉得有钱就可以解决一切，其三观严重颠覆了社会已有的共识。这种人就没有静下心来想一想：世上若没有生命的延续，没有对生命的情谊，钱又是个什么东西？

信仰是个性中最稳定的内容，指人对某种看不见、摸不着的东西坚信不疑。一个人一旦有了信仰，就会拥有巨大的精神力量，始终如一地坚持某些信念和做某些事情。

在心理倾向的上述内容中，前两项即需要和兴趣可以成为人的心理动力，后两项即三观和信仰则可以决定人生的方向。

人的需要和兴趣有一部分来自遗传，还有一部分则与后天有关。三观和信仰则完全是在后天养成或形成的，受到人出生后经历的心理抚养、心理教养、学校教育以及个人修养的影响。人的心理倾向有大约四分之三的内容取决于后天影响。

人的心理特征，是指一个人活动时表现于外的征象，包括气质、性格、能力等。

气质是指人心理活动发生时的强度、平衡度与灵活度的特征。比如，人说话、做事时快或慢，音量大或小，属于容易兴奋型还是比较沉闷型，这些都是气质的表现。气质主要由人的高级神经活动类型决定，更多地取决于先天禀赋。

性格则完全由后天养成，主要表现为对待他人的行为方式。比如，一个人是否喜欢亲近他人，是否合群，是否善于理解和体贴他人，说话是否能够考虑他人的感受，这些都属于性格。

能力是指人学习、反应、做事的效率。能力分为智能与技能，还有特殊能力。能力有一半（主要是智能）取决于遗传，还有一半（主要是技能）则取决于后天培养。

上述心理倾向和心理特征的内容，在不同的人身上交叉组合，就形成不同的人格。比如，"聪明＋急脾气"的人往往精明利索，而"聪明＋慢脾气"的人则显得大智若愚。"聪明＋三观正确"的人可为他人和社会做出贡献，而"聪明＋三观扭曲"的人则可能给社会带来危害。

危险人格的形成往往与家庭养育方式有关

人格中既包含先天禀赋，又有后天养成的习性，一旦形成就难以改变。

遗传和环境，是心理现象发生与发展的"父系"和"母系"。人格的形成，既有由遗传和生理背景决定的先天要素，也有由抚养和环境背景决定的后天要素。人格是先天与后天因素共同作用的结果。

人格中既包含先天禀赋，又有后天养成的习性，一旦形成就难以改变。比如，具有危险人格的人一旦开始犯罪，以后无须明显的外部刺激诱发，就会主动寻找犯罪机会来满足自己的需要。人格的稳定性使他们的犯罪方式趋于重复，犯罪成为他们的一种需要或生存方式。

根据人格形成的不同背景，我把危险人格分为两类：一类是以先天禀赋为主的危险人格，即反社会人格；另一类是以后天养成为主的危险人格，包括犯罪人格和缺陷人格两种。

反社会人格是一种早年就开始表现的人格障碍，一般 10 岁前就有很多行为问题了。这种人经常无视和侵犯他人的权益，走到哪儿都给周围的人带来困扰、恐惧和危害。他们从小就没来由地坏，频繁出现不良行为，如好斗、说谎、偷窃、虐待动物、毁坏物品、破坏规则、没有责任感等。

反社会人格最大的特点是无情无义。这种人天生冷酷无情，无法通过后天养育赋予他们情感。这种人是喂不熟的白眼狼，你对他们再好也没用，他们不会记得你的恩情，被称为"道德白痴"。这种人就像蛇一样，你看见蛇冻僵了，好心把它捂在怀里，可它一暖和过来就先咬你一口。

例如，北京绑架杀人犯王某某从小就偷钱，偷到父母几乎不敢在家里放钱，后来他连老师的钱包也偷。父亲因此常常打他，他就恨父亲。12岁那年，他挨打后离家出走，死活不肯回家，跟母亲说："除非你跟他离婚，我再也不敢见他。"母亲被迫答应了。

17岁时，他因抢劫罪被判有期徒刑九年，发誓出狱后要作大案。母亲一直对他很好，可他竟想出狱后就把她杀了。他说："我衡量一个天平，一个是我个人的私欲，一个是父母亲情。我一衡量，觉得我的欲望高，就把他们舍了。我当时唯一的想法是出来先把我妈杀了。因为我要是犯罪，我妈受不了这个痛苦，我想瞬间让她不知道，让她结束生命，然后我就放开了，没有任何牵挂。"

反社会人格往往与遗传有关，看不出与后天环境有多大关系。就像王某某说的："从小我爸就说，你怎么那么坏，跟谁学的？周围没有坏人，我心里也一直觉得挺奇怪的。我说也没人教我，确实没人教我。"所以，这种人就像意大利犯罪学家龙勃罗梭所说的"天生犯罪人"。

与反社会人格不同，其他人格类型大多与早年的养育和个人的生活经历息息相关。这正是我强调"心理抚养"的重要原因。比如，犯罪人格和缺陷人格就与家庭养育方式密切相关，前者往往缘于匮乏性抚养，而后者往往缘于溺爱性抚养。

所谓"匮乏性抚养"，主要是指没有情感与关爱的抚养。有些父母生而不养，使孩子过早处于自生自灭的境地。当弱小的孩子不得不挣扎着自求生存时，往往会不择手段，渐渐走上违法的道路，甚至一生与犯罪为伍。

例如，来自浙江农村的董某某从小生活在一个没有温暖的家庭里，父亲成天出去赌博，母亲精神不太正常，父母经常吵架。后来父母外出打工不管他，他 11 岁就离家出走，去过很多城市。有一年，他在广州被收容了，警察打电话叫家人来接他回去，可他父亲说："你们爱怎么处理就怎么处理，我反正不去接。"

听到如此绝情的话，他再也不想回家了。直到有一次想自杀，他回家再看最后一眼，结果还是遭到冷漠对待。他说："想想自己活得这么惨，人家活得那么好，真是不甘心。就算我去自杀，也要有人陪我，所以我选择去杀人。"

2006 年 3 月 11 日至 5 月 26 日，他在浙江、福建、江西连续制造五起入室抢劫强奸杀人案，共致六人死亡、两人受伤。在 3 月 11 日的案发现场，他用被害人的血在墙上写道："杀人者，恨社人！"

2007 年 1 月，我对他进行心理调查时，他刚开始摆出一副完全拒绝、不屑回答的神情，说："我知道你是来研究我这种杀人恶魔的！"

当时天气阴冷，我看到他不停地打寒战，就关心地问他："你是不是很冷啊？我可以摸摸你的手吗？"

当我摸到他的手冰冷时，就把另一只手也伸过去，用双手捂住他的手。

他可能感到很意外，几秒钟后就把手抽了回去，但态度明显缓和下来。这说明他是个有情感能力的人，不是反社会人格者。

与他拉近心理距离后，我问什么他都回答了。

谈到童年经历时，他说父亲是赌徒，正常女人是不会跟这种人结婚的，所以父亲就找了一个精神病女人当老婆。他母亲一犯病就往外跑，父亲就继续外出赌博，家里经常就他一人。放学回家后，他只能自己生火做饭。因为南方的木头很潮湿，他经常点不着火，弄得一屋子烟，索性就不再做饭，饿着肚子去睡觉。有时候，他实在饿得不行了，就跑到叔叔家去吃饭，经常遭白眼。

他最爱的人是奶奶。有时候，奶奶会从叔叔家赶过来帮他做饭。每当奶奶出现在家里，那是他最快乐的记忆。奶奶是童年时唯一给过他温暖的人。他说："我有一次发高烧，烧得什么都不知道了，等我醒来的时候，发现奶奶背着我正在爬山，带我去看病。当时下着大雨，我们俩一块从山坡上滚下去。我哭，奶奶抱着我也哭。奶奶当时已经七八十岁了……"犯罪人很少在我面前流泪，而他说到这里时，眼泪快要掉下来了。

与这种匮乏性抚养逼出来的犯罪人格相反，缺陷人格是由溺爱性抚养惯出来的。溺爱性抚养是在生活上包办，在行为上无原则地放纵，使孩子从小养尊处优、无法无天，养成懒惰、自私、任性、冲动、说谎等不良习惯。

我曾见过一个身高一米八几的小伙子，入伍后连被子都叠不好。他是独生子，父亲在很远的地方上班，母亲没有工作，全身心在家照顾他。他自幼被母亲娇宠，生活自理能力极差，入伍后在整理内务和训练活动方面经常不达标。

他说："部队里要求太多，要求太高，我做不到……如果是五分要求的话，我只能做到两分。我怎么做也做不好……"

他做不好，别人还说不得，谁批评他，他就恨谁。有一次，他因站岗动作不规范，被新来的比他还小一岁的副班长批评，就心生怨恨。趁大家午休时，他持刀冲向副班长的床铺，连捅 56 刀，致其重伤身亡。

他在拘留所里说："我真的很痛苦，我想回家，我想我妈……"

跟我说话时，他一直在哭。看着眼前这个二十多岁却像个孩子的小伙子，我就在想："这个人已经被他母亲养成'能力重度残疾'了，这是一种人格缺陷。即使他现在没有犯罪，试想他结婚以后，媳妇能否替代他母亲的角色呢？如果媳妇做不到，需要他养家、养孩子，他能否担得起这个重任呢？"

在研究很多人格不健全的个案后，我对人格与心理养育的关系看得更明白了。当我们了解人格是怎么形成的，就可以从养育做起。我们要有意照着内心那个"理想的人格"，即我们希望遇到的、希望相伴一生的、希望与之共事的那类人，去用心养育孩子。

第三章　心理发展有迹可循

研究心理现象多年，我发现人的心理发展路径不是公路式的，而是轨道式的。

在公路上行驶时，人们可以一时兴起或在堵车时随意改换路线。对一辆可以自由驾驶的汽车，我们不能仅凭牌照判断它来自哪里。但是，火车就不一样了。火车有轨道，人们根据一辆列车行驶的轨道，再结合相关信息，大致可以判断它来自哪里。所以，轨道意味着路径。

人的心理也有着内在的发展路径。一个人今天表现出来的心理特点、心理风格，一定跟他过去的经历有关。

谈恋爱要先了解对方的成长经历

现实生活中没有孙悟空，再有能耐的人也不是从石头缝里蹦出来的。遇到那种不想显露家庭背景的人，要小心接触。

每个人都是有来历的。想认识一个人，一定要了解他的过去。知道一个人的过去，就可以知道他的现在。知道一个人的过去和现在，才能预测他的未来。

现在很多年轻人谈恋爱，不问来历，只凭感觉。两人初次见面，四目相对，怦然心动，一见钟情，匆匆结婚，刚过两年，感情冷却，不再喜欢，最后离婚。

生活中有很多实例，比如我就认识一个女孩，长得很漂亮，条件也很好，却嫁给了一个冷酷无情的男人。我就问她："你怎么找了这么一个男人？"

她说："上大学的时候，他长得特别帅，话特别少，特别酷，很多女孩都被吸引了，我也是。"

谈恋爱以后，她才知道他的家庭很糟糕，父母离异，母亲又是个不顾家的人。但她不在乎，心想："我要用我的爱去温暖他。"

结果，婚后这个男人还是很冷漠，对家庭极不负责任，对孩子漠不关心。有一次，她出差才两天，儿子就把一个玻璃球吞下去了，被紧急送进医院。孩子应该是饿了没人管，就把玻璃球塞到嘴里吃了。她觉得家不像家，后来就跟他离婚了。

人心隔肚皮，认识多久才能看清一个人的真面目呢？有个女孩经同事介绍，认识了一个在银行工作的男人。这个男人看着老实巴交，不抽烟，不喝酒，还是个暖男。两人认识不到半年就结婚了，很快就生了一个女儿。2018年10月，他们带着女儿去泰国玩，结果这个男人把她摁到游泳池里杀了，后来还谎称她是自溺身亡的。

事情败露后，岳父问他为什么，他说："不想过了。"

岳母说："你不想过了可以离婚啊，为什么要杀死她？"

后来发现，这个人杀妻是为了骗取巨额保险。人心能坏成这样，孩子才一岁多，他居然对妻子下得了手！

《今日说法》讲过这样一个案件，一个男人退伍后冒充军官，把军装照放到网上去骗财骗色。有女孩上钩后，他就开车带她去一所部队院校转一圈，让她看看所谓的"工作单位"。他会指着一栋大楼告诉女孩："这就是我工作的地方，但因为我们是保密单位，不允许外人进入，我就带你在外面看看吧。"

他还骗女孩说："我的工作比较特殊，经常要加班出差，一周最多在家待一两天，有时出去执行任务，可能一个月都回不了家。这个你能接受吗？"

女孩说："你是军人，这是工作需要，我支持你。"

用这套说辞，他四年间和11个女人有过恋爱关系，还和其中四人结了婚，生了三个孩子。

后来骗局被揭穿了，这些女人都傻眼了，拿出结婚证找警察报案说："我们的结婚证都是真的。连民政局都分辨不出他是骗子，我们怎么防呢？"

这期节目的编导也问我："李老师，这可怎么识别呀？"

我笑了，说："这事好办。你认识一个人，都要跟他结婚了，为什么不先见见他的家人，尤其是他的父母呢？任何一个人都不是像孙悟空那样无父无母从石头缝里蹦出来的，对吧？"

如果女孩结婚前经常去他家，多见几次他的父母，这个骗局就会被戳穿了。如果他交往的每个女孩都提出这样的要求，父母一定会问："你上次领回来的好像不是她吧？你怎么又换了一个女朋友？"他若找来一对假父母，而善良的女孩很孝顺，总想陪老人聊聊天，话说多了，就会发现假的真不了。

想了解一个人的心理，还有一个简单的办法，就是让他聊聊自己家庭的故事。你可以跟他说："跟我说说你家的事吧。你爸妈是干什么的？你小时候有什么印象深刻的事情吗？"

有的人可能会谎报身世，比如说自己是孤儿。那么，你就可以问他："那你是怎么长大的？你能带我去看看你住过的地方吗？对你最好的人在哪里？"

请记住，结婚前不要急，一定要舍得花时间考察。有句老话叫"日久见人心"，人心是需要时间来检验的。结婚意味着两个独立的个体要共同生活，共担责任，共同养育孩子。这个过程一定会有摩擦，弄不好还会起火花，甚至把婚姻烧毁了。那么，如何把婚姻的危险系数降至最低呢？这就需要挑对人。在较长的婚前考察中，如果两人已发生过摩擦、短暂分离等，就可借机观察对方的品性。考察期要一到两年以上，并且两人的接触频率要达到每周两次以上。

不过，走进婚姻殿堂后，两人就要睁一只眼闭一只眼了，不必事事较真。一旦太计较，夫妻互不信任，心存芥蒂，怎能相亲相爱呢？所以，夫妻最好的相处之道是隐约知道又不太清楚，使用"模糊逻辑"来处理婚姻生活。"难得糊涂"是婚姻的相守之道。

总而言之，大家婚前请睁大双眼，婚后请闭一只眼。婚前还有选择的机会，觉得不行就换人，所以一定要看清对方再决定。婚后，法律已锁定两人的关系，一旦有了孩子，就得从长计议。孩子是否幸福会影响父母晚年的幸福值，如果父母现在不顾及孩子，一旦孩子出了问题，父母的后半生会很痛苦。既然婚前已慎重选择，婚后就要睁一只眼闭一只眼，多看对方的优点，少看对方的缺点。

怕对象不可靠，问两个问题就知道

谈对象时，关键要问两个问题："你家里老人都好吧？你爸妈关系挺好吧？"

我认为大学谈恋爱是最好的，可惜很多人都毕业了，还没找到满意的另一半。当你晃呀晃的时候，家人都替你着急，周围的人也会帮你介绍对象。可问题是，你跟对方才认识几天，就要跟他过一辈子，你不觉得这像赌博吗？

很多女孩心里没底，就来问我："李老师，人家给我介绍了一个对象，我不知道他可不可靠，也不知道怎么考察他。哪天我把他带来，您帮我把把关，行吗？"

我说："别啊，我是研究犯罪心理的，你把他叫来，让我审查他，不把他吓坏了？我告诉你一个方法，你自己去考察吧。很简单，你只要问他两个问题就够了。你不要问他：'你知不知道贝多芬？你知不知道乔布斯？'问这些是没用的。你要问他：'你家里老人都好吧？你爸妈关系挺好吧？'"

为什么第一个问题要问对方家里老人的情况呢？我们都听说过一句话叫"家有一老，如有一宝"，但很多人不明白老人为何是个宝。其实，从老人现在的状况可观察到一个人家里很多隐秘的东西。

首先，人们大多二三十岁谈恋爱，父母这时候一般是五六十岁，家里的老人应该是七八十岁。如果对方家里的四位老人即爷爷、奶奶、姥姥、姥爷都健在，说明这家人的遗传基因不错。当然，因特殊原因早逝的除外。哪怕对方家里只有一位长寿老人，也说明这家还是有长寿基因的。

其次，家有长寿老人，说明这家人的生活方式不错，饮食合理。长寿是用日子一天天垒出来的，不认真生活的家庭是不会出长寿之人的。

再次，老人能长寿，说明子女对老人不错，也说明老人教子有方。如果教子无方，子女不成器，就会算计老人的钱财。老人为了自己晚年有保障，防子女就像防贼一样，见到他们回来就紧张，能不得心脏病吗？教子有方是可以家传的，能福泽子孙后代。

问完老人的情况，接下来就要问对方父母的情况了。你让他聊父母，注意看他是什么表情。如果他很高兴，滔滔不绝，说他爸妈很风趣，爸妈感情很好……那么，这种人就很好，你可以闭着眼睛跟他结婚。

有的人就不一样了，不愿跟你聊父母的情况，会说："今后是咱俩过日子，咱俩谈就行了，你管我们家那么多事干吗？"这种人可能家里有难言之隐，或者对你有戒心。

有的人会说："我爸特不是东西，就知道喝酒，天天喝得醉醺醺的，回来就发酒疯。"有的人则说："我妈就会打麻将，什么也不管。"像这种家庭要慎入，因为家风不好。

其实，与一个人结婚，就是与一个家庭结婚。如果对象的家庭不正常，你未来的婚姻生活就容易有变数。所以，你既要看这个人本身，还要看他的祖父母和父母。一个人早年的家庭背景很重要，上两代人会决定他是什么样的人，尤其是父母对他的影响更大。如果父母恩爱、家庭和睦，这个人一般不会有心理问题。要是一个人性情古怪，父母一定有问题。所以，把一个人的"前世"看明白了，就能看明白他的今生。

了解一个人的过去，即可知他是什么样的人

当我们了解一个人的成长经历后，就可以找到他现在很多心理问题的答案。

曾有记者问我："您是怎么分析犯罪心理的？我今天跟着刑警出了个犯罪现场，进去以后就把自己想象成犯罪人，心想如果是我会怎样作案，然后推测犯罪人的心理，猜他会怎样做。您也是这样分析犯罪心理吗？"

我笑了，让这位男记者试着想想女性生孩子的阵痛感是什么样的，但他立马说："那我可想不出来，因为我不是女的。"

我告诉他："分析犯罪心理时，最忌讳的就是以己之心度人之意。我不是犯罪的他，怎么能用我会怎样犯罪的想法去分析他呢？"

虽然我们为了相互理解，常常在生活中提倡换位思考，即站在对方的角度去理解他，但这样做的前提是你有可能站在他的角度啊。可是，研究犯罪心理时，你总不能先改变自己的心理风格即人格吧？人格里有很多东西是刻在骨子里的，何况三观不同的人即使互换角色，也难以相互理解。

我曾和一个强奸杀人犯交谈过。这个男人已经成家，并育有一儿一女。他是开出租车的，收入足以养活自己和家人，可他一看见顺眼的女乘客就强奸，而后还杀人并抢劫财物。

我问他："你不缺钱，又有妻子，做这种事情纯属多余。再说了，那些

陌生的女性也有父母、丈夫或小孩，可你为了自己几分钟的快乐，竟毁掉人家一条命和整个家庭！你内心有过不安吗？"

没想到他说："一定是上辈子她们欠我的，命中注定就该遇到我……"

遇到这种极度自私、不可理喻的犯罪人时，我们真的无法用平常心去理解他、触动他，甚至无法与他沟通。还有很多犯罪人虽然作恶，但不好意思说恶，有的甚至不敢坦诚自己有多邪恶，还会自我美化、强词夺理，不想让人了解他真实的心理。

我曾经访谈过一个专门杀害女性的惯犯，想先了解一下他的心理特点，就问他："你是一个合群的人吗？"

为了让犯罪人比较容易回答，且能回避羞耻感，我的题目事先设计了五个备选答案——"非常合群""比较合群""不确定""不太合群"和"极不合群"，答题时五选一即可。可是，这个犯罪人竟然反问我："什么叫合群？"

这个问题想必小学生都知道答案，我知道他不想好好回答，但仍耐心地给他解释道："合群就是你不愿意一个人待着，希望跟别人在一起聊聊天、打打牌、喝喝酒、下下棋……"

可他说："我高兴的时候就想找人玩，不高兴的时候就想一个人待着，你说我是合群还是不合群呢？"

我向他提的第二个问题是："你是不是一个多愁善感的人？"

这个问题仍然是五选一作答，备选答案有"完全如此""比较如此""不确定""不太如此"和"完全不是"。可他竟然较真地问："什么叫多愁善感？我认为，多愁的人不一定善感……"

用这种访谈的形式，我问的还不是敏感的犯罪细节，犯罪人都不愿配合我说实话。做个访谈都这么费劲，我们对基于个人主观感受所做的心理测量也不要寄予太大希望了，因为犯罪人一旦胡乱作答，结果是没有意义的。

后来，我再去见犯罪人就不用量表式的问题提问了，而是问他们的经历和过去。比如，我会问他们："妈妈生你时多大岁数？六岁之前，谁在照顾你？晚上睡觉时，一般是谁陪在你床边？你跟谁最亲，在他身边就开心？你上小学时开心吗？有没有老师喜欢你呢？有没有同学是你的好朋友？有的话，是几个？在学校读书时，有什么事情让你印象最深刻呢？家里发生过什么事情让你至今仍记得呢？"

像这类客观的问题，警察可通过走访犯罪人的亲属、邻居、老师等进行核实。可是，犯罪人不明白我为什么要问这些问题，有时就连陪我去做调研的警察也不明白，因为我的提问与案件几乎无关。

有一次，我对违法的未成年人进行犯罪心理调查时，有位记者架着摄像机，想记录我的调查方式，结果发现我问的都是上面那种问题，深感困惑。记者在播放这段视频时说了一句旁白："李老师问了一些我们都不明白的问题……"

最后，这位记者忍无可忍，就自己去问犯罪人："你与被害人的家人都认识，怎么忍心下手杀他？"

我当时特想替犯罪人回答："我之所以绑架他，就是因为我知道他家里有钱，可他也认识我，我不杀他的话，钱怎能到手呢？"

这位记者想的是犯罪人忍不忍心的问题，可他不知道这种人在情感方面有缺陷，他们不在乎情感，在乎的是钱。我就不会问犯罪人这类问题，因为我知道他们是怎么想的。

那么，我是怎么知道犯罪人的心理呢？我的依据是人的心理发展规律。只要了解人生各个时期的心理发展内容及特点，就知道各种心理问题最易发生在哪个心理期，以及这个时期起决定作用的环境是什么。

例如，恣意妄为的犯罪人往往成长在一个过分宠溺和纵容的家庭里，家人对他们的行为从不设底线，逃学又使他们失去接受学校教育的机会，导致他们只想不择手段地满足自己毫无节制的欲望，对人生、生命和法律都无知无畏。

又如，有的犯罪行为冷酷无情，若想分析犯罪人的作案心理，就要看被害人是什么人了。如果犯罪人只针对青年女性，说明与他青春期以后的异性交往问题有关。若他只针对老年女性，则极有可能与早年父母外出的家庭背景有关。

其实，一个人来到世上以后不用太久，只需经过两个六年，心理模式就已展露雏形。到第三个六年，人就已经可以胡作非为了。如果一个人十四五岁就开始犯罪，其心理问题一定源于人生的第一个六年。

2015年，我在央视录《开讲啦》节目时，主持人要在现场找一位观众，让我来分析这个人的心理。

有一个年轻人站起来了，我就问他："你六岁之前是怎么生活的？"

年轻人大声回答道："六岁之前的事我已经不记得了。"

全场哄堂大笑，觉得这样我就没办法分析了。可我告诉大家："这个回答本身就值得分析。"

如果一个智力正常的人对一段生活没什么印象，记不清了，说明那段时间没什么开心的事，他当时不是很幸福。因为缺少爱和感动的故事，人才会缺乏感受的记忆。

后来，这个年轻人说他从小就失去至亲。这个回答证实了我的分析，他幼年确实缺乏丰富的情感来源，以致记忆一片空白。

同样的道理，一个犯罪现场什么作案痕迹都找不到的话，本身就是值得分析的心理迹象，说明作案人了解侦查方式和警察想找的东西。那么，这会是什么人呢？警察一分析，嫌疑范围就缩小了。

曾有一起系列强奸抢劫杀人案，犯罪人并未杀害所有被害人，但他作案时对女性很蛮横，口气多为命令式。由于他作案时都戴着头盔，被害人看不清他的长相，再加上他先后在三个地区流窜作案，警方怎么好排查嫌疑人呢？

那么，这个嫌疑人应该有什么心理特征呢？我在案情分析会上指出："此人应该是生活在农村，在家中排行较小，上面应该有姐姐，而且不止一个……"

　　两个多月后，山东警方抓获此人。有警察兴奋地打电话告诉我："李老师，人抓住了！我得向您报告一下，有一个细节您分析得特别对！您说这个人有姐姐，而且不止一个，现在抓住的这个嫌疑人就有六个姐姐，他排行老七，是老幺！"

　　我后来到某地出差，遇见当年一起开会的一位刑警，他就好奇地问我："李老师，说实话，我们做刑侦的不太懂心理分析，当时在会上听您的分析，都觉得您分析的那些太玄乎。我们刑侦分析讲具体证据，但您的分析与刑侦分析完全不同，似乎没用什么证据。可现在嫌疑人抓到了，我们发现您分析的几点都挺对，尤其是这个人在家中的排行。您能告诉我是怎么得出这个结论的吗？"

　　我就分析给他听："因为这个人持续作案多年，被害人有的被杀，有的没被杀。从法医检验可看出，被杀的女性大多反抗激烈，而活下来报案的女性大多提到自己当时没敢反抗。不反抗就不杀，说明这个人对女性很熟悉，知道她们一般不敢声张，所以就敢欺负她们，还敢放了她们。

　　"在农村，一个男人对女性如此熟悉，应该不是由于工作关系，而是家里的女性多。母亲只有一个，他应该有妹妹或姐姐。哥哥一般不会欺负妹妹，那么，姐姐呢？如果只有一两个姐姐，弟弟应该会跟姐姐关系较好。但是，家里一旦女孩多而男孩少，这种男孩就会不可一世，经常欺负姐姐。

　　"从这个案件来看，我判断犯罪人有姐姐而不是妹妹。因为这个人的作案地点全在农村，而农村一般比较重男轻女，有的家庭生了女儿后还想生儿子，所以最大的可能性就是这个人家里已经有了好几个女孩，最后才生下他这个男孩。这样的话，家里的老人和父母都会宠着他，姐姐们也得让着他，就会导致他对待女性的这种态度和行为。"

这个案件侦破后，警方调查到的情况完全符合我的判断。

　　由此可见，犯罪心理分析并不是凭空想象，而是有理有据的。研究犯罪人的心理时，我们不能用自己的想法去猜测，所有的分析都应该来自对人的心理发展路径的研究和验证。

　　其实，犯罪心理分析源于这样一个判断：一个人成年后，其心理风格与成长环境、生活经历密切相关，什么样的生活背景就会造就什么样的人，什么样的养育方式就会造就什么样的心理风格。所以，当我们了解一个人的成长经历后，就可以找到他现在很多心理问题的答案。

同一类人有相似的心理发展路径

你想要一个什么样的孩子，我可以告诉你怎么养，因为人的任何心理表现都有养育的轨迹可循。

我所从事的犯罪心理画像，就是根据犯罪人的外在行为表现等，去寻找其曾经有过的生活轨迹，再根据其生活经历来判断其现在的心理特性。警方在听过我的分析和描述后，根据他们对各种犯罪人的了解，在心里形成这个人的"心理形象"，从而知道去哪儿找这类人。

20世纪末至21世纪初，在生物技术、电子技术还没达到今天的水平时，最难侦破的一类案件就是系列强奸杀人案。这类案件多发生在犯罪人与被害人偶遇的路边、江边、楼道拐角、隧道、树丛、草丛等地，被害人往往孤身一人且被杀害了，犯罪人作案后就逃之夭夭，没有目击证人。警方即使搜集到一点点证据，也不知去哪儿寻找犯罪人。

由于警方不能及时破案，无法抓捕犯罪人并将其监禁，这种犯罪人便肆意妄为，　而再，再而三地实施同类犯罪。尤其是那些杀过人的流窜犯更是肆无忌惮，经常制造跨地区的系列案件。

2000年至2003年就曾发生一系列横跨四个省的强奸杀人案，该案犯不仅强奸了23名女性，而且每做一案都是杀害全家，共致25户灭门、67人死亡。此人平时身无分文，没有银行卡，没有固定住所，多年不与家人联系，每次作案后就离开案发地，以致警方无法掌握他的任何信息，不知他在哪儿、来自哪儿又去了哪儿。

碰到这种犯罪人，警方会很焦急。然而，一旦了解这种犯罪人的成长经历，警方很快就明白寻找其踪迹的途径。

这种动辄杀全家的人，一定是早年就离家出走，原因往往是家里缺乏温暖，家不成家。这种人没有体验过正常的家庭生活，也没有相关的温暖记忆和快乐记忆，所以对任何家庭都不会心怀珍惜，存不忍之念。

这种人离家出走后，首先要解决的是生存问题。他们刚开始会以捡破烂为生。然而，捡破烂是分区域的，已经占领某片区域的人会排挤外来者，说："这个地盘是我的，你凭什么跑到我这儿来捡？"他们当时还很弱小，肯定会被人欺负。渐渐地，他们也学会发狠。

后来，他们会盗窃。这种事只要持续做，就会被警察发现。如果他们还不满 14 周岁，就会被送回原籍。然而，他们正是因为家里没人管才出走的，所以他们被送回去以后，很快又会出来闯荡。

等他们达到刑事责任年龄，一旦再违法被抓住，就会被送进少管所。少管所大多会从轻处理，两三年就释放他们。可他们出去以后无家可归，就继续流浪。他们要钱没钱，要文凭没文凭，干体力活又觉得太辛苦，很快就会重操旧业。一旦 18 岁以后再被抓，他们就会因重新犯罪而被判五至十年有期徒刑。

他们早年大多营养不良，所以身材瘦小，发育不良。这是这种人心理画像的特征之一。等他们刑满释放后，一般已过 20 岁，发育再迟缓的人也会有性需求了。可问题是，他们一没家，二没房子，三没工作，拿什么去跟人谈恋爱并组建家庭呢？

他们四处游荡，盗窃或抢劫钱财后就去找卖淫女。可是，嫖娼不是免费的，有的要价还很高，他们不想付钱。于是，当他们在偏僻的路边、田间看见单独出行的女性，就视为强奸的良机。由于女性被强奸时会挣扎并喊叫，最重要的是，这种犯罪不同于盗窃，他们无法回避被害人，必须面对被害人，就容易被记住长相，所以他们会杀人灭口，作案后迅速离开当地。

警方怎么找这种犯罪人呢？很简单，排查那些从小离家出走的人，查看少年收容教养档案，还有少管所、监狱等的关押记录，释放时间与案发时间的吻合度等，就可以把这类人筛查出来，然后再寻找相关证据。

当然，这只是一类犯罪人，还有很多类型的犯罪人，每一类都有相应的心理发展路径。所以我常说，每个人今天的表现一定有相应的过去。

我有时候会幽默一下，跟人开玩笑说："你想要什么样的人，我可以告诉你怎么养。无耻之徒是怎么养出来的？变态的人是怎么养出来的？冷酷无情的人是怎么养出来的？这些都是有迹可循的。"

凡是以同类行为方式实施犯罪的人，都有相似的心理发展路径。像系列强奸杀人犯就生长在家不成家的环境里，过早地独立生存，逐渐学会并习惯于不择手段，养成违法犯罪的生存模式。他们是"三无人员"：一无家庭资源，从小就没有正常的家庭生活；二无经过学习才能拥有的知识资源，大多很早就辍学；三无社会资源，到处游荡，没有固定的生活区域，也就没有稳定的社交圈。他们所拥有的就是四处流浪的经验，认识的也是跟他们相似的人。他们找不到像样的工作，也就无力经营家庭，每一次性的需要和满足都是无辜受害者的灾难。

这让我们明白，不让一个孩子出生后陷入困境，对社会的安定和家庭的幸福有多重要！我们减少犯罪的努力不是抓多少人，不是判刑多少年，不是监狱里关押多少犯人，而是全社会对家庭的维护、对孩子的呵护是否到位。

心理发展有内在的逻辑进程

心理现象看似复杂多变，但所有的偶然都包含着必然，可以见微知著。

人格始于遗传，成于养育。尽管每一种人格类型有各自的发展路径，在众多人格类型中究竟有没有共同的内容呢？要解答这一问题，我先介绍一下心理发展的大致脉络。

人一生有长有短，长的可以活过百岁。古人云"人生七十古来稀"，因为古人的生活比现在艰苦得多，医疗卫生条件也不如现在好，一般能活到 50 岁至 70 岁左右。而现代社会，大多数人能活到 70 岁至 90 岁左右。

按照许多研究的观点，人的寿命应该在百岁左右。我就以百年为大致框架，把人的心理发展分为十个时期：乳儿期（0～1岁）、婴儿期（1～3岁）、幼儿期（3～6岁）、学龄初期（6～12岁）、青春初期（12～15岁）、青春后期（15～18岁）、青年初期（18～25岁）、青年后期（25～35岁）、中年期（35～60岁）和老年期（60岁以上）。

人的心理发展时期表

		时期	岁数	年数	心理发展内容
未成年	依恋期	乳儿期	0～1岁	1年	情感、性情等
		婴儿期	1～3岁	2年	言语、社会性
		幼儿期	3～6岁	3年	性格、观念等
		学龄初期	6～12岁	6年	学会学习等
	青春期	青春初期	12～15岁	3年	独立、逆反、合群等
		青春后期	15～18岁	3年	自我同一性、性意识等
成年		青年初期	18～25岁	7年	人格趋于稳定
		青年后期	25～35岁	10年	情感决定人性
		中年期	35～60岁	25年	性格决定命运
		老年期	≥60岁	n年	能力展现才华

由上表可见，人生各个心理发展时期持续的时间不等，并不是100除以10，平均每十年为一个时期的。心理期的划分标准，是人某个时期的生理与心理呈现出不同于以往的特点或独特风格。当心理的表现与之前有明显改变，风格与之前明显不同时，人的心理发展就转入另一个时期了。

大致而言，人一生的身心变化如下：

0～1岁时，人主要在养育者的怀里吃奶，还不能自由行动；

2～3岁时，人还不能很好地控制大小便，生活还不能自理，动辄需要大人帮忙；

3岁时，人的自由度比以前大得多，但仍不能独自行动，需要人看护；

6岁时，人基本上可以衣食自理了，可以离家去学校接受基础教育了；

12岁左右时，人开始性发育了，随后身高迅速达到成年人的高度，于是经常觉得自己已经长大了，想自己处理问题了；

15岁时，人的身体发育接近成熟，开始对异性、对成年人的事情和世界感兴趣了；

18 岁时，人的身高基本定型了，性发育完成了，认知能力也接近成熟了，意味着拥有独立选择、判断与反应的能力，在多数情况下能自我保护了；

25 岁左右时，很多人已找到能养活自己的工作了，并开始组建家庭，不久将为人父母；

35 岁左右时，很多人工作上已逐渐步入正轨，开始独当一面，在社会不同的位置上努力发展着，但养育孩子相当耗费时间和精力。他们就这样忙忙碌碌，当孩子已成年、父母已年老时，自己也年过六旬了；

60 岁以后，人们逐渐退出社会职务，治疗过去因操劳积累的病痛，开始注重养生。如果身体养好了，再活 60 年的人也有，但究竟能活多久则因人而异。

人生的这种发展路径，最早由孔子寥寥数语概括为："吾十有五而志于学，三十而立，四十而不惑，五十而知天命，六十而耳顺，七十而从心所欲，不逾矩。"孔子说他活到 70 岁时，虽然可以随心所欲，但他已经不会做出格的事了。

需要说明的是：上述各个心理发展时期的划分，其年龄点并不是绝对的，因为人与人之间存在差异。例如，有的孩子可能 10 岁或 11 岁就开始性发育，有的孩子则延迟到 14 岁或 15 岁。因此，这里的年龄划分是相对而言的。

心理发展还呈阶梯递进的模式

高楼大厦，立足于基，根基若空，危在旦夕。养育子女，切不可在其人生初期"偷工减料"。

在谈到人的心理发展是轨道式时，特别需要强调一点：轨道容易让人想到直线的延伸，是一种必然的路径，但心理发展除了有轨道延伸的特性外，还有阶梯递进的特点。"阶梯递进"意味着除第一个台阶外，其余台阶皆要依赖于前一个台阶，越是底层的台阶就越重要，尤其第一个台阶最重要。

学过生理课的人都知道，人体有各种细胞，有的细胞再生能力很强，比如皮肤细胞，皮肤破了很快就能愈合；有的细胞则一旦受到伤害就不可恢复，比如神经细胞。神经细胞是心理活动发生的生理基础，因此，心理发展具有同样的特性，即不可逆性。这种特性决定了心理发展在延伸和递进的过程中，若缺少某个环节或某个台阶，就会出现外强中干的缺陷，且终身难以弥补。

人的心理并非一出生就开始独立地自我形成与发展，而是需要借助外部的力量，有一个社会化的过程。社会化有很多种，其中，人人都要经历的称为"基本社会化"。这是人从出生时的"自然人"通过抚养、教养和培养，逐渐变成一个"社会人"的过程。对人进行社会化的主体，首先是

113

家庭和抚养人，紧随其后的是学校和老师，最后才是复杂的社会和各种人。

人的心理内容非常丰富，如心理学对心理的基本内容的解释就有认识、情绪、意志等，还涉及个性中的气质、性格、能力等。不过，心理内容的发展并非没有次序和轻重之分，有的可称为"纲"，有的可称为"目"。所谓"纲举目张"，意味着在养育人和教育人的过程中也要提纲挈领，执本末从。

那么，哪些心理内容属于"纲"呢？我在"人的心理发展时期表"中已经罗列了一些主要内容，现在从中选出最关键的几项内容，即情感、性格、能力和自我。这四项心理发展内容正好与人社会化过程中的抚养、教养、培养和修养一一对应（见下图）。

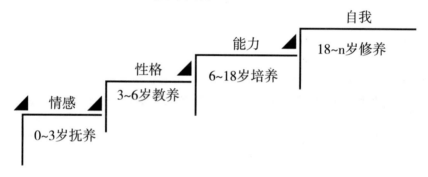

人的心理发展四个重要台阶

情感，需要抚养。这是心理发展的第一个台阶，主要由家中的哺乳者来完成。情感抚养是在孩子还不能自主行动的情况下，发出每一次呼喊时，抚养人能及时回应并照顾到位。当情感抚养到位时，孩子就会记住抚养人的气味、声音和相貌，因为这个人是他快乐的来源。这样持续四个月到半年，孩子就会出现人生的第一份情感——依恋。这是初来人间的人对这个世界最初的情感。孩子依恋的对象就是自己稳定的抚养人，只眷恋并信任这个人。

当依恋情感能够持续地得到满足时，孩子就会对外界产生信任感和安全感，心扉就比较开放，容易继续发展亲情、伙伴情等。而且，当依恋关系建立起来后，抚养人就有资本对孩子说"不"，为下一个台阶即性格教养奠定基础。

可以说，依恋情感是人心理发展的起点，也是其他心理内容发展的基础。最重要的是，情感是人性的核心，有情感就有人性，毫无情感则毫无人性（第五章有详细解释）。当然，依恋只是一种初级情感，人的情感还需随着性格、能力、自我的发展继续完善，若最终能形成一种社会情感，即拥有博爱的情怀，就达到人类情感的最高水平了。

性格，需要教养。这是心理发展的第二个台阶，主要由孩子所依恋的人在家庭生活中完成。0～3岁主要是情感抚养，抚养人要用全部的爱去耐心呵护和帮助孩子。爱是一种心理营养，但它不是人所需的全部营养，给到一定时候就要有所收敛。所以，从三岁左右开始，就要对孩子进行性格教养。

性格教养与情感抚养最重要的不同在于，情感抚养更多的是要照顾和满足孩子，而性格教养更多的是要规范和约束孩子。这一过程对幼小的孩子来说，带来的体验时常是痛苦和磨难。因此，若无情感抚养作为基础，亲子关系存在缺陷时，性格教养就难以为继。教养孩子的人若有亲自抚养的背景，对孩子有一种情感控制力，就比较容易避免性格教养过程中的麻烦。

所谓性格，是指人在后天形成的与他人有关的社会行为方式。人的所有社会行为都有第一次，比如第一次索要一个喜欢的东西时，若是以哭闹的方式获得满足，会养成一种性格；若是哭闹无用，以跟人商量或自己努力的方式获得满足，则会形成另一种性格。所以，对初涉世事的幼儿来说，抚养人在满足他任何要求的同时，也是在教他如何表达自己的想法、如何待人处事，为他建立一套与他人和社会有关的行为规范。一旦形成良好的行为规范，成为有教养的人，孩子日后就比较容易融入群体和社会。

能力，需要培养。这是心理发展的第三个台阶，主要由不同层级学校的老师通过教育活动来完成。能力包括智能、技能、特殊能力等。其中，智能是基础性能力，具有遗传的背景；特殊能力是具有个人天赋色彩的能力；技能则需要后天通过努力学习和训练才能获得。也就是说，能力与个人的两个因素有关：一是先天禀赋，二是后天努力。其中，个人的刻苦努力是一个非常艰辛的过程，有良好的性格教养作为基础会顺利得多，否则容易半途而废。

虽然能力有高低之分，但谁都是"天生我材必有用"，天无绝人之路，上天给每个人赋予了多种生存的能力。当然，上天同时也设计了让人须经努力才能获得某些东西的环节，甚至让人经历过痛苦和磨难之后才明白，上天是不会直接给人送"馅饼"的。一个人纵有天赋，后天若不努力学习和训练，那种能力只会在他名下，不会到他手中。

能力与未来的职业生涯有关，还可影响一个人未来的生活水平。因此，能力的培养和个人的努力是人生第三个很重要的心理发展阶段。无论父母还是老师，都有责任帮助孩子寻找他们的心理特长，鼓励他们从小就刻苦努力，通过教育、训练等不断提高自己的能力，让个人的社会价值不断增值。

自我，需要修养。这是心理发展的第四个台阶，由独立进入社会生活的个体自己来完成。在前三个台阶的基础上，一个人自我的修为会决定人生的高度。

自我，在这里是指一个人对自己的认识和要求。人一旦成年，许多事情就需要由自己来独立判断和决定，其结果好坏通常要由他人和社会的反应来衡量。个人的判断和决策可能正确，也可能错误。那么，如何让自己不断进步呢？鉴于人成年后认知能力基本成熟，可通过调整对外界、对自己的认知来自我提升。如古代圣贤所言，"三人行，必有我师焉"，成熟的人可将社会生活中好的人物作为自己的榜样，或者通过阅读，把好书当作心灵导师，活到老学到老，不断提高自己的修养。

从上述可知，人的心理发展是从被动接受养育和教育到主动寻求自我发展，从受外部影响到自己修身养性。这是一个逐阶晋级的过程，人生最后的高度取决于前面基础性台阶的质量。

在人生四个重要的台阶中，前两个台阶均取决于家庭和父母所为。若家庭残缺不全，父母存在个性缺陷，抚养过程"偷工减料"，则孩子的情感和性格就容易出现问题。

当人的情感和性格同时存在问题，能力的培养会出现两种情况：一种是从小不受约束的人往往不刻苦努力，会成为学习上的失败者，生活前景难料；还有一种人尽管前两个台阶存在或多或少的缺陷，但因为自身拥有良好的先天禀赋，学习不费劲，接受过良好的教育，教育赋能反而会造成麻烦。这种既缺乏情感又有严重性格缺陷的人，会用学到的本领不择手段地达到目的，对他人和社会的危害更大。生活中发生过很多这类事例，比如大学生投毒杀人等，让人触目惊心。

若前三个台阶存在缺陷，则第四个台阶自然就会受阻，因为一个无情的人、不能自律的人很难修养好自己。前面的基础性台阶若存在缺陷，后面是难以弥补的。许多人结婚后总想改变对方，但往往以失败告终，因为成年人的人格基本定型了。

我们常说要培养健全的人格，因为人格不健全的人不仅自己一生不顺，有时还会危害他人和社会。可以说，人格不健全的人，心理发展过程中肯定有过某种缺失。如果一个成年人总被情绪或情感困扰，一定是第一个台阶即情感抚养有缺失。如果一个人总在行为上失态或失控，一定是第二个台阶即性格教养有缺失。如果一个人在学习、生活和工作上经常受挫，一定是第二个和第三个台阶存在缺陷。如果一个人自身问题很明显，可就是从来不改变，则前三个台阶都存在缺陷。

在心理发展四个重要的台阶中，18 岁之前就占了三个，这 18 年可谓奠定了人生的根基。其中，最重要的是前两个台阶。这让我们知道，父母早年认认真真地养育孩子可以收到事半功倍的效果，会影响孩子的一生。因此，我不赞同父母对孩子的成长完全放手。在孩子还不懂什么是未来的年纪时，父母应以智慧的方式对孩子有所约束和要求，而不是任其无知无畏地错过人生某些关键的环节。

养育的最佳时期是依恋期

父母与孩子的亲缘，最浓时分就在依恋期。好好珍惜孩子的依恋，这是父母教育孩子的一种心理资本。

在人生十个心理发展时期中，18 岁之前就占了六个，重要性可见一斑。其实，在人生长河中，这 18 年是很短暂的，占 70 岁寿命不足三分之一，占 80 岁寿命不足四分之一，占 100 岁寿命不足五分之一。

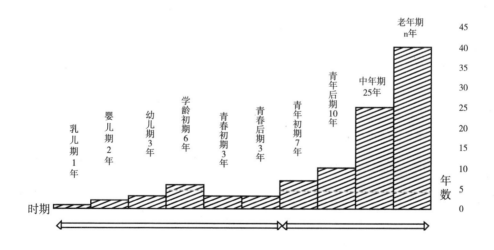

人生各个心理期及年数

如果把这18年平均分成三段，即0～6岁、6～12岁和12～18岁，哪个年龄段包含的时期最多？答案显而易见：6岁之前排第一，包含乳儿期、婴儿期和幼儿期三个时期；青春期排第二，包含青春初期和青春后期两个时期；只有第二个六年即学龄初期仅一个时期，弗洛伊德称之为"潜伏期"。

每个年龄段的时期多与少意味着什么？时期多意味着这个年龄段的变化多，变化多意味着可塑性强，而可塑性强意味着这是育人的最佳时期。

许多父母向我诉说孩子在青春期如何失控、成年后如何失能时，我脑海里闪现的判断是，他们的孩子一定是六岁之前的养育出现了不可逆性的缺失。因为人生的第一个六年占了三个时期，变化最多，意味着这是塑造人的最佳时期和最关键时期。人生的前四个时期不管有没有问题，在潜伏期内看不出差别，可是一进入青春期，立刻就暴露无遗。

18岁之前处于未成年阶段，是人从出生时的"自然人"逐渐成长为"社会人"的基本社会化过程。我把这个阶段划分为两大时期，0～12岁为依恋期，12～18岁为青春期。

教育心理学一直有"青春期"的称谓，但对于青春期之前的时期，则没有心理意义上的统称。这个时期具有明显的心理特性，即人初生时完全无能无助，在12岁之前因身高低于一般人而很弱小，无法独自面对有风险的陌生环境和陌生人，因而很依赖养育者，无论何时都希望自己信赖的这个人能陪在他身边，并随时帮助他和保护他。在这个时期，孩子因为弱小，无论是在生活中还是在心理上都非常依恋养育者，故我将其命名为"依恋期"。

"依恋"与"青春"都是心理特性的形容词，而非表示年龄的名词。这两个时期既有连续性，又有可比性，因存在一个转折点而具有显著差异。这个转折点就是人进入青春期以后，性功能开始发育，由此带来的心理变化是，从对养育者的依赖变为追求独立的自我。

这两个时期发展的心理内容有所不同。依恋期主要发展情感、言语、社会性、认知方式、观念、性格、能力等，青春期则在自身能力往纵深发展和横向扩展的同时，更多地追求自我发展，包括自我独立意识、性意识、自我价值感、自我同一性等，还有向群性和结交密友，最后追求自我实现。

青春期最需要父母的智慧

人生也有转型期，青春期就是人从依恋到独立的一个重要转型期。对这个时期孩子的各种挣脱表现，养育者"不急"是唯一的破解之道。

划分依恋期与青春期的一个外部客观标准是身高。人在依恋期的生长速度比较缓慢，从出生时的几十厘米慢慢地长，每年长六七厘米。人一旦进入青春期，身高就迅速增长，很快地，女孩就与母亲齐肩了，男孩就与父母齐肩了。所以，青春期发育的突出特征之一就是身高迅速达到成年人的高度。有的孩子小学毕业时比老师还矮很多，上中学一年半载后回来看望老师，身高就已超过老师了，开始与老师平视，有的甚至是俯视了。

这种身高的变化会带来心理的变化。人在 12 岁之前身材比较矮小，心理也就比较脆弱。当一个孩子身高不及成年人，看谁都要仰视时，难免会胆怯、隐忍甚至服从，想要他依恋的大人能陪伴他和保护他。但是，当孩子的身高接近成年人时，就会觉得我也是大人了，我跟你们是平等的。

我们设想一下：8 岁以下的孩子和 14 岁的孩子同样被领到一个陌生的空旷公园里，然后大人们藏起来，半天不露面，哪个孩子更容易被吓哭呢？虽然 14 岁的孩子心里也会害怕，但是不好意思放声大哭，而 8 岁以下的孩子很可能会号啕大哭。

随着独立意识和自我意识的不断增长，青春期的孩子一般比较叛逆，有些以前很乖的孩子也会出现行为问题或心理问题。所以，青春期是最容易出事的一个时期，也是最难管的，最考验父母的养育智慧。

青春期一旦出问题，可能会影响人的一生。当然，有些问题仅限于青春期，可以不用管，等孩子度过这个时期，自然就会恢复正常。但是，有些孩子的问题比较严重，比如参与抢劫、伤人致死等，人生就会留下污点。所以，一旦发现孩子有问题，成年人尤其是抚养人有责任和义务去帮助他。

若是孩子在依恋期出现问题，重点由家庭来处理。只要孩子六岁之前是父母亲自带大的，就会对父母有依恋之情，父母仍有机会教育好他。依恋期是教育孩子最关键的时期，孩子的依恋就是父母最大的教育资本。

若是孩子在青春期出现敌对情绪，父母一定要耐心和坚忍，记住"和善而坚定"的原则，更要有"船急不可猛掉头"的意识。若与孩子发生冲突，父母切记只表达自己的看法，不要用要求、命令、强制等方式，那样会激发孩子的青春冲动。

青春期的孩子一旦出现违法甚至犯罪的行为，往往意味着家庭养育已经失败，这时就需要外部的干预了。最好的干预是由专业人员进入家庭进行一对一的指导，其次是把孩子送到特殊学校。有些孩子的问题是在家里形成的，若要矫正，必须让孩子暂时离开原生家庭。但是，家长也不能随随便便就把孩子送出去，必须寻找有教育资质的学校，由一批专门从事特殊教育的老师进行教育。

对成年子女要学会放手与接受

有人说，放手的爱，是母鹰亲手将雏鹰推下悬崖那一刻的痛心与坚定。

18 岁以后，人的生理发育逐渐停止。从生理成熟开始，心理也逐渐成熟。这种成熟表现在情感、性格、能力及自我几个方面，人格开始趋于稳定，体现在言谈举止、待人处事等方方面面。这一时期，聪明的父母要学会放手与接受。

有一次，我在妇联做完讲座后，陪同人员拉着我往前走，后面有位中年女性追着我问："李老师，我儿子找一女朋友，我认为她不适合我们家，可我怎么说他都不听，您说我该怎么办？"

我一扭头看见她的年龄，就问她："你儿子已经过 20 岁了吧？"

她说："是的，已经 28 岁了。"

我说："28 岁的人在法律上拥有所有权利和义务，你儿子应该有他自己的生活，需要他自己去选择、决定并承担后果。你作为母亲，现在不应该替儿子做主，只能表达你的想法并说明原因。你若不满意他的做法，你们可以分开过。"

在我国，像她这样的父母很多，完全没有子女"未成年"与"成年"的界限意识。父母要明白，孩子虽是你生的、你养的，但他们是"人"而不是"物"，他们有独立的意识，有自己的认识，有属于自己的情感，有自己的需求。父母要把孩子养育成"人"，而不是使之成为自己手中的一个"物件"。

父母应该学会在子女成年后及时放手。放飞，是让孩子过他们想要的生活，做他们自己。血缘关系是割不断的，但父母不能因此就把孩子困在自己的人生意志范围内。如果父母不能认识到这一点，心理也是不成熟的，还会造就很多家庭矛盾和亲情冲突，甚至酿成严重的悲剧。许多灭门案就有这样的背景。

在成年阶段，人的心理发展共分四个时期，即青年初期、青年后期、中年期和老年期。其中，青年初期（18～25岁）又称成年初期，是四个时期中最短的一个，约持续七年。

青年初期相当于我们常说的"社会转型期"。何谓转型期？即新旧交替期。在青年初期，旧的依赖型的生活模式已经不再适用，新的自立模式还没建立起来。

18岁之前依靠父母是有法律依据的，可是18岁之后，个人的事情皆应由自己来选择和决定了。如果父母还在替子女做选择和决策，包办子女的婚姻大事，干涉子女的事业或职业选择，说得轻一点，子女是"巨婴"，说得重一点，是父母糊涂。父母这时候已经不是监护人了，不知道自己已成为子女不需要的拐棍了，却还在做子女的大脑。结果是，子女自己无脑，或者在做父母的手脚。

不过，18岁至25岁期间，很多人还在上大学、读研究生，不能工作，没有收入，无法自立。这是一个很现实的问题，怎么办呢？

1999年，我去美国访问时了解到，美国孩子一旦读大学，虽然可以从父母那里拿到学费，但不能白拿。比如，家里的房子一年一度要粉刷外墙，这是一项不小的工程，他们要去干。他们还要定期（一般是每个月一次）修剪草坪，清理庭院里的杂草。也就是说，他们从父母那里拿到的是劳务费。此外，国外很多餐馆能给他们提供短期打工挣学费的机会。

我认为，中国可以借鉴这种方式。如果子女成年后还花父母的钱，心里应该有一份愧疚，在以后的岁月里要尽可能弥补父母的这份情意，绝不能认为这是父母应该做的。那种认为父母的付出理所应当的人，只能说他虽然已经成年了，但还不是一个"成人"。

值得注意的是，青年初期是人生风险最大的时期。因为这个时期充满各种不确定性，人要面临很多重要的选择，还有因经济独立带来的巨大压力。人这时候要选择与未来职业相关的专业，要选择能解决生存与发展问题的工作，要寻找人生伴侣，要成家就要置业……其中任何一种选择都像在赌博，选对了就一顺百顺，选错了则可能遗憾终身。人不仅在职业选择和择偶上有压力，为了组建家庭，经济压力也随之而来。于是，一些年轻气盛、心理不够成熟、急于求成的青年就会不择手段。

我们研究犯罪年龄时发现，18～25岁是犯罪率最高的年龄段，该年龄段人群占人口的比例不到20%，但该年龄段犯罪的人数占犯罪人群将近40%。所以，这是值得社会关注的人群。我国不仅有共青团组织，还有中华全国学生联合会等，都在为青年提供各种机会和帮助。父母也应该用智慧的方式让子女成长，而不是包办一切。

人过了25岁以后，就进入青年后期，约有十年光景。许多人生活已步入正轨，但无论在家里还是在职场，都还处于起步阶段。他们刚工作不久，一般处于被领导的地位，又初为人父母，体会到了上一辈人的不易，所以里外都得夹着尾巴做人，即谦虚为人。许多单位爱给这个年龄段的人安排最多的工作。这十年是肯吃苦、爱拼搏的人从"菜鸟"磨炼成"老司机"的过程，做好了会进步很快。所以，这是痛并快乐着的十年。

35岁以后，人就步入中年期。经过前两个时期的洗涤、磨炼，许多人愈发稳重，有经验，有见解，开始独当一面。中年人的最大价值体现在社会性的成熟上，具体表现为在谋生的同时会担负更多的社会责任，比如成为某个部门的负责人，在专业上成为一名骨干，在科研领域成为某个项目的领军人物……中年人的成熟感并非体现在能挣多少钱上，而是体现在社会责任感上，比如对家庭、对工作有责任感，甚至对社会也有一份责任感。社会责任感愈强，人成熟的味道就愈浓。

为老不尊者早就存在个性缺陷

一个好人不会突然变成坏人，反之亦然。为老不尊者以前做事也是没有规矩或底线的。

人一生少则几十年，多则百年，只要活过 60 岁，就过完人生的十个时期了。老年期是人生的最后一个时期，也应该是最美好的时期。

老年期能持续多久，完全取决于个人的努力。如果你不在乎自己最亲密的"伙伴"——身体，经常抽烟、喝酒、打麻将、不睡觉、饮食无度，可能很快就会离开人世。相反，如果你认真对待自己，拥有健康的生活方式，活到 100 岁也不是什么神话。

不管你活到 60 岁还是 100 岁，都处于人生同一个时期。尽管 100 岁时与 60 岁时从生理上看差别很大，比如皮肤更松弛了，腰更佝偻了，走路更不稳了，但心理风格是不会变的，不会突然变成另一个人。也就是说，人的心理没有生理变化那么大。

现在有些人为老不尊，自己在路上摔倒了，却去讹诈好心扶他的人。网上经常有人说，这种老人挺可恨的，都这么大岁数了，还这么坏。还有人说，怎么人老了就变坏了？有网友回答道，不是人老变坏了，而是坏人变老了。

我觉得这个回答很有道理。这种会讹人的老人，以前做事也是没有规矩或底线的。60 岁以上的人心理风格是稳定的，以前是什么样的人，现在还是什么样的人。一个坏人不会突然变成好人，一个好人也不会突然变成坏人，除非患精神病才有可能。

我极少看到 55 岁以上的人犯罪，只遇到两三个这样的案例，结果发现他们到这个年纪犯罪乃事出有因。例如，云南某地有个 57 岁的人杀了十几个青少年。这个人以前被判过无期徒刑，在监狱里关了 25 年，后获减刑出狱。监禁有一个重要的作用就是隔离犯罪风险。25 年的监禁延迟了这个人继续犯罪，但无法改变他的人格，所以他出狱后仍然干坏事。

当然，大家不要以为这个社会全是坏老人，只不过那些讹人、打人、骂人的坏老人更经常被曝光而已。其实，社会上还有很多好老人，只是我们不知道而已。

有一年，我在医院陪父亲时，就在急诊室遇见一位好老人。老人上午出去买菜时，被一个骑电动车的快递小哥撞了。我们知道快递小哥挣钱不容易，但他们也要注意安全啊，不仅他们自身的安全很重要，别人的安全同样也很重要。

不慎撞倒老人后，快递小哥诚惶诚恐，唯恐老人没完没了地纠缠。老人一看他那样，自己就站起来了，觉得没什么大碍，就让他走了。老人回家吃完饭就说要睡觉，结果一躺下就昏迷了。家人赶紧送他去医院，医生发现是脑出血，最终没抢救过来。这家人都特别好，没有在医院闹，也没有找人索赔。

第四章　心理抚养重在养心

绝大多数父母都非常爱自己的孩子，为了孩子可以倾其所有，辛苦照顾，投入钱财等。可就是这样，有些孩子稍大一点就"不认账"，对父母不但不感恩，还一肚子不满。这让许多父母非常痛苦，不明白为什么。其实，这是因为有一件重要的事情被忽略了，即他们只养大了孩子的身躯，却没有认真地养育孩子的心灵。

养人，养身容易养心难

人是天生的"心理囚徒"，在生命初期完全无能无助，不仅需要他人提供物质营养，还需要获得心理营养。

很多年前，我参加过一个家庭教育宣讲活动。当时他们选定的宣讲对象是家有 3 ~ 18 岁孩子的父母，我就纳闷地问："为什么没有三岁以下孩子的父母呢？"

他们告诉我："三岁以下的孩子太小了，还谈不上教育呢，主要是喂奶。"

我听了很惊讶，直率地指出："三岁之前的'育'更为重要啊！那是心理抚养的关键期。"

人们很容易提出质疑：一岁内的婴儿不是哭闹、吃奶就是睡觉，这种状态下怎么能教育他呢？其实，这是个误区。人们一直以为"育"只能用嘴给孩子讲道理，忽略了还可以通过动作和各种接触来进行，即"养"的过程本身就是育。

人类自诩万物之灵，对这么聪明的物种，上天怎么可能让人一出生就傻吃傻睡呢？在人出生后的每一天，给他任何的"接触"都是心理营养，是他未来的心理资本。

那么，人是通过什么来接触这个世界呢？眼、耳、鼻、舌、身。也就是说，人与外界发生联系是通过视觉、听觉、嗅觉、味觉和触觉。这些感觉有什么用呢？它们就是用来接收心理营养的。这种营养直通大脑，积攒下来就是人的心理内容。

那么，什么是心理营养呢？心理学上有个著名的实验，叫感觉剥夺实验，让人一看就明白什么是心理营养。

这个实验是加拿大学者在1954年做的。科学家有一种重要的素质就是喜欢"胡思乱想"。有一天，加拿大学者想到一个问题：如果让一个人吃饱喝足睡够，在基本的物质保障方面得到满足，但不给他任何与心理活动有关的刺激，会出现什么情况呢？

国外的心理学者特别注重实证研究，他们就设计了一个感觉剥夺实验室，里面按日常生活所需布置好了，有床可以休息，有椅子可以坐，有洗手间可以用。至于吃的，被试想吃什么都可以点，有人从窗口递进来。也就是说，被试待在实验室里，吃喝拉撒睡都没问题，但有个条件是要戴上半透明的护目镜，还要戴上手套，把所有能引起感觉的外部刺激都降至最低限度。实验室里没有声音，没有色彩，没有文字，被试只能一个人待着，不能跟人交流，也不能看书或电视。

他们在大学里招募被试，谁来做实验就可以挣钱，不但白吃白喝，而且在实验室里待的时间越长，拿到的钱就越多，超过100个小时还能翻倍。在国外读大学的人经常勤工俭学，作为被试来赚钱可比刷盘子轻松多了，于是很多人就来报名。

先做一个简单的心理测试后，被试就进入实验室了，把门一关，就在里头待着。很多人进去以后先要吃的，吃饱了就睡觉。反正无事可做，有的能睡一天，醒来接着吃，吃完又睡。到第三天，他们吃饱睡足了，觉得有点寂寞了，躺在床上胡思乱想，睡不着就起来在屋里转悠，一会儿坐下，一会儿躺下，一会儿又起来，就这么来回折腾。真难熬啊，那简直是度时如年、度分如年，最后是度秒如年！

很多人有过类似的体验，比如坐长途火车或汽车，长时间坐着，如果没有报纸、杂志或书籍，也没有手机或手机没电了，就会觉得旅途漫长且难熬，无聊到除了睡觉外，只能找人聊天或打牌了。这是什么需求呢？这不是物质需要，而是心理需要。如果一个人特别内向，不愿或不会与人聊天，那就很麻烦。20世纪80年代，从新疆到北京的火车要开四天，这趟车上的乘客经常出现"旅行性精神病"，也称"旅途精神病"。

当然，做实验比乘火车自在多了，而且结束痛苦的主动权掌握在被试手中。如果被试不想继续实验了，就可以主动终止，床头有一个按钮，只要一摁，门就开了，实验就结束了。当然，钱数也出来了。谁想多挣点钱，就得在里面多熬时间。

实验的大致结果是，被试平均待76个小时就出来了，熬过100个小时的人极少。也就是说，一般人四天左右就不想再待下去了，弄不好真会憋出精神病来。

当被试出来以后，实验人员马上对他们进行心理检测，发现他们对光、声音等的刺激变得非常敏感，但在四五天之后能恢复正常。实验人员问他们为什么不在里面多待一会儿，潜台词是那样可以多挣些钱，但他们说："我们刚进去时挺好的，吃饱了就躺着休息，睡醒了又接着吃，但两三天后就不行了，莫名感到烦躁，心神不宁，坐卧不安，注意力不能集中，感觉再待下去就要疯了，不得不出来。"

如果一个活生生的人长期缺乏视觉、听觉和触觉的刺激，大脑就缺乏必需的心理营养，其结果从这个实验可知：人会无法忍受，会感到痛苦，最后出现精神异常。

关于这一点，还有真实的生活事件可补充证明。20世纪六七十年代，有位外交官不知什么原因被关进监狱，很长时间既没有报纸可看，也没有广播可听，每天除了有人定时送饭、检查他的身体状况外，几乎没人理他。他担心自己的大脑会退化，就经常训练大脑，比如回忆中国驻世界各国大使的名单。能当外交官的人当然很聪明，记忆力也很好，可当他回忆出110多位大使的姓名后，有一个名字却怎么也想不起来了。他不服气，一直努力地想，但直到被释放出狱也没想出那个名字。他那时候已经跟祥林嫂差不多了，整天喃喃自语："不要告诉我，我肯定能想起来！我就不信我想不起来……"后来，他在回忆录中说，如果当时再不被放出来，他一定会成为精神病人。这就是缺乏新鲜的心理刺激所导致的心理异常。

感觉剥夺实验说明，人不是吃饱喝足就能满足的。大家想想，一个不能说话、不能表达自己的诉求、不能翻身也不能移动身体的婴儿，像不像困在实验室里的被试？其实，婴儿还远不如这些被试呢，因为他不能由自己来结束这种窘境，只能哭喊着乞求别人过来帮他。

人是天生的"心理囚徒"，在生命初期完全无能无助，不仅要依赖他人给予物质上的满足，还需要获得心理上的满足，即看到人脸、听到人声、被人拥抱和爱抚。抚养人的关心和照顾，是婴幼儿心理营养的重要来源。如果一个孩子从小没人管，就相当于在感觉被剥夺的情况下成长。

可惜的是，很多人没有意识到婴幼儿有这种心理上的需要。如果以为早年的抚养只是喂喂奶而已，那就大错特错了。

成年后的心理困扰源于心理抚养的匮乏

人最初接触这个世界时，若身边缺乏来自人的情感陪伴，只有一片寂静和一堆无生命的玩具相伴，怎么能发展出人性？

很多人成年后发现自己经常被某种心理问题困扰，甚至已经影响到生活或工作。经常有人问我，为什么我不喜欢接触人？为什么我明明能做某事，却总在推托？为什么我不能与人很好地相处，遇到矛盾时总是不知该怎么办？为什么我总在焦虑或担心一些事情？

在我看来，这些心理困扰往往与他们过去乃至早年的经历有关。有些经历，我们似乎已经忘了，但我们的身体仍有记忆。

曾有人私下告诉我："尽管我每天可以和各种人正常交往，但在我心里，没有一个人可以走近我，我也不想与任何人亲近，有时甚至会讨厌每一个接近我的人。"

我就跟他聊到这个话题，说人早年的经历会变成潜意识，可能自己并不知道，但它会影响到成年后的心理活动。

他就跟我说起母亲告诉过他的一些早年往事：他出生不到两个月就被送去幼儿园的托幼班。因为父母经常加班，他在那里有时要待十几个小时。由于班里的孩子很多，又都是初生的婴儿，老师们根本照顾不过来。孩子们被包在棉被里，长时间不能变换体位，很不舒服，于是哭喊声一片。母亲每次赶来给他喂奶时，刚走到幼儿园大门口就能听见孩子们的哭喊声。许多孩子因眼泪流入耳内而患上中耳炎，他母亲很担心，就把棉花球塞进他的耳朵里……

听他讲完这段经历，我立刻明白他对人愤恨的根源了。虽然这段经历发生在他似乎还没有记忆的一岁之内，但事实上他内心深处还是有这段记忆的。他长大后讨厌所有人，是因为在他最幼小、最需要人照顾的时候，过来的人并没有让他感受到温暖、舒服和快乐，相反，他们过来只是短暂的停留，还留下束缚甚至是远去的声音。也就是说，他内心深处对人的拒绝与厌恶是有由头的。

我在研究犯罪心理时发现，许多犯罪人之所以出现心理异常，也有这类心理抚养匮乏的背景。尤其是变态犯罪人，即心理异常的犯罪人，大多有早年抚养中缺乏情感和依恋的背景。

一般情况下，人之所以犯罪，动机大多是想通过犯罪行为来让自己从中受益，比如得到钱财、性满足，或是报复仇人等。可是，有的犯罪人并没有这类常见的动机，实施犯罪行为对他自己一点好处都没有。你问他为什么这么干，他自己也回答不上来。比如，有的跟我说："我睡不着觉就想出去干这事。"有的说："我心里烦就想出去干这事。"

这是动机异常的犯罪，还有一种是行为异常的犯罪。曾有一位记者打电话问我："有一个杀人现场，被害女性的上身被刀划了一百多下。犯罪人与被害人并不认识，这种行为是出于什么心理呢？"还有一名28岁的犯罪人告诉我，他没事时脑海里就想着如何碎尸，听着就令人毛骨悚然。

出于研究的需要，我必须弄明白这种变态动机和变态行为是怎么产生的。人的心理现象虽然变化多端，但如前所述，皆有迹可循。

后来，我在网上看到一篇英文论文，其中谈到变态杀人狂往往把被害人看成"猎物"，当他们控制住被害人进行加害时，会把被害人看成是一个"物件"。在他们眼里，人就是一个可以随意被拆卸和摆弄的"物件"。

我明白了，人最初接触这个世界时，如果身边缺乏来自人的情感陪伴，陪伴他的只有一堆玩具，而且是可拆卸的玩具，那他就会认为能带来快乐的就是没有感情的物件。当他们面对被害人时就不会感受到任何情感，比如被害人的家属失去亲人的痛苦等，只会冷酷地摧残他们。

　　其实，任何成年期显现的变态心理都不是在成年后才形成的。我通过查阅大量资料，包括访谈犯罪人、调查犯罪行为与成长背景的关系等，发现变态犯罪人在早年被抚养时期往往有过孤独成长的经历。

　　试想，一个婴儿刚刚来到这个世上，面对如此陌生的环境，而他又如此无能无助，在他最需要温暖的怀抱、可依偎的肩膀、轻柔的抚慰、令人心安的哼唱时，却经常发现身边没人。更可怕的是，无论他如何哭喊，空旷中除了自己的声音外，只有死一般的寂静。他就像一个感觉被剥夺的人，身边缺乏人的身影和声音，他的视觉、听觉乃至嗅觉、味觉都是匮乏的，剩下的只有一双可以自主移动的手了，手里抓到任何一个物件都可以形成触觉。于是，手感就成为他快乐的唯一来源，他手里绝不能再空无，抓住任何"物件"都不会轻易放手，要慢慢地消磨它。这大概是一些变态犯罪人将被害人控制后慢慢折磨的心理及表现的原因。

　　我曾见过一个 17 岁的男孩，他把一个 16 岁的女孩肢解成一百多块，然后抛尸。我去见他就是想了解他的早年经历，果然不出我所料。

　　从身材看，他已经接近成年，但从他的心理表现看，又完全不成熟，像一个知道闯了大祸却不知所措的孩子。他一直深深地低着头，恨不得把脑袋低到桌底下，还一直抽泣着。

　　我见他这种状态，就没有像审讯犯人那样坐在他对面，而是挨着他坐下，想让他感受一下家里大人对孩子说话时的样子。

　　我问他："你叫什么名字？"

　　他低着头嘟囔了一句，我没听清，就跟他说："你抬起头来说话，要不我听不清。"

他稍微抬了一下头，我接着问："给我讲讲你小时候的经历好吗？小时候谁带你？谁陪你的时间最多？"

他嘟囔了一句，我听不清他说的是"叔叔"还是"姑姑"，旁边的警察说："他说的是姑姑。"

我问："姑姑是亲的吗？"

他摇了摇头，表示不知道。

我又问："姑姑带你多长时间呢？"

他又摇了摇头。

警察告诉我，他一生下来就被送人了，父母是谁不知道。他被人领养后又几经转手，凡是带过他的女性，他都叫姑姑。

后来，通过当地警方的介绍，我进一步了解到他的成长背景。当时可能家家都不富裕吧，自家已有几个孩子的都不想多养一个，最后就把他送到一家饭店，大概是因为那里总有一口剩饭喂他吧。不过，饭店也没让他白吃白喝，见他年龄太小，很多工作干不了，就给他派了个剥兔子的活。于是，他从小就在饭店里剥兔子。

从他不爱说话、不敢说话来看，他在饭店肯定过得很可怜。他显然不会花言巧语讨人欢心，做错事挨骂也不吭声、不会道歉，那会更让人生气，更不招人喜欢了。所以，他刚16岁就离开饭店自谋生路，在一家卖铝合金门窗的店里做小工。

到了17岁这个年纪，他的身体已经发育成熟，似乎知道男女之事了。有一天，他在门口看店，有个16岁的女孩来找同学。这附近的房子都是临时搭起来的三层简易楼房，大概有六排，每排有两三个门。因为没有门牌号，女孩不知该敲哪个门，就向他询问。他没吭声，指了指自己站的这个门。女孩就往里走，然后上楼。从这个门进去一共三层，一层是店面，二层是老板夫妇的住处，三层是他和老板儿子的住处。他知道现在楼上没人，就悄悄拿了一根棍子尾随其后，到了三楼就把女孩堵住，一棍把她打得昏死过去，然后拖到自己房间。那一宿具体做了些什么，他不肯说。警方找到他抛的尸袋后，发现里面有一百多块碎尸。刑警告诉我，他碎尸的方式就像剥兔子。

我们后来分析，他对这个女孩最初的想法就是好奇，想接触异性，或看看女性是什么样子。然而，他的成长经历缺乏人性的抚养和爱的滋养，甚至在幼年时都没有太多接触女性身体的记忆，以致他对女性的好奇或喜欢无法用正常的方式表达，最后就用简单粗暴的手段做出极其变态的行为。

类似这样的残忍犯罪，我还见过多起，也见过那些作案人。通过这些大家极少知道的犯罪心理调查结果，我想告诉所有人：心理抚养可以决定人性，还会影响人的情感、脾气、言语表达、认知方式、亲社会性等方面的发展。

情感的心理抚养必须是无假的爱

如果你真的爱孩子，就要"衣带渐宽终不悔，为伊消得人憔悴"。

说到"爱"，这真是人世间最复杂的一种现象，不亚于幽微的人性。爱，给人们的印象是美好无瑕的。可是，大家想过吗？美好，有时像绚丽绽放的花朵，只是表面的。当我们见到绚丽多彩的鲜花时，往往会驻足观赏，流连忘返。但是，我们不要以为美丽的鲜花都是沁人心脾的，有些花在绽放时会让人过敏甚至中毒。唯有接触才能知其假象，爱亦如此。

在众多类型的爱中，有一种爱叫虚情假意。这种虚情假意的爱不仅在成年人的爱情中经常见到，在对孩子的抚养中亦可见到。那是出于某种需要而表演的爱。

孩子刚来到世上时，没有任何自我保护能力，看护他是一个非常辛苦、磨人的过程，需要抚养人付出极大的耐心和真心。否则，谁能忍受孩子不分白天黑夜一声乍起，哭天喊地？谁能在半夜熟睡时因其需要，抱着他喂奶一个多小时？

我为什么在许多场合公开呼吁给母亲三年的养育期呢？因为上天设计的最佳抚养人就是母亲。都说孩子是母亲身上掉下来的肉，因为孩子毕竟在母亲肚子里生活过十个月，两人早已血肉相连，心心相印。一位同窗好友生完孩子后，我去看她。他们夫妇跟我说，孩子生下三四天都没睁过眼，以致医生怀疑这是个盲婴。当医生把这个怀疑告诉他们时，孩子的妈妈立刻毫不犹豫地喊道："就是瞎子我也要！"有趣的是，在妈妈喊出这句话的第二天，孩子就睁开眼睛了。

人类的幼子在头三年需要一对一的稳定而又让人放心的抚养关系，那么，大家在选择"最佳抚养人"时会选谁呢？是妈妈、爸爸、奶奶或姥姥、爷爷或姥爷、其他亲属、保姆还是社会机构呢？我想，绝大多数人会首选妈妈。为什么？除非妈妈有精神疾病，或是生活上有特殊情况，不然妈妈就是最具抚养资格、最让亲人放心的人选，也是孩子最熟悉且愿意贴身的人。但这些年，这么一个基本的自然之理却被越来越"聪明"、越来越现实的人类抛在一边。现状是，谁承诺"我能看护孩子"，谁说"给我钱，我来帮你看护孩子"，很多父母就把不满一周岁的婴儿交给谁抚养。

我从 20 世纪 80 年代初就开始研究新中国成立以来的犯罪现象，结果发现：50 年代的犯罪多有政治斗争的背景，以被镇压的子女报复社会的居多；60 年代因天灾、饥饿等，导致盗窃粮食、偷窃耕牛等犯罪增多；70 年代因动乱，导致打砸抢等伤害、破坏、抢劫类犯罪居多；从 80 年代开始，青少年犯罪日益增多，这一现象持续至今，甚至越来越严重。

通过研究大量个案和深度调查访谈，我找到的原因既不是贫穷，也不是动乱。因为若说"穷"，现在的生活穷不过 20 世纪五六十年代；若说"乱"，现在的社会乱不过 20 世纪六七十年代。在最穷的年代，杀父弑母的案件极少。在最乱的年代，拿着刀跑到幼儿园和小学乱砍乱杀孩子的案件也较少。

这就涉及人性的话题，那时候至少在亲子之间还能保持正常的人性。为什么？那时候父母一般是不离开家的，一张粮票把一家人绑在了一起，谁想离家外出，要先到单位、街道办事处或村委会说明理由，拿到介绍信才能兑换全国粮票，然后才能在外面买到吃的。也就是说，那时候的父母是不会随便离开家的，不会轻易离开孩子的。对孩子来说，有爸爸妈妈在，这个家就有屋顶，能为他遮风挡雨，让他睡安稳觉。日子再苦，只要爸爸妈妈在家，就是有情意的家。在这种背景下，父母打孩子再凶，也没见孩子砍杀父母。

后来，随着社会的变迁，人员可以自由流动，许多孩子开始失去家庭的一片天。许多父母因生活所需，或为了改变命运，就外出打工，把孩子留给老人养。农村大量青壮年涌入城市后，留守儿童就成为一个社会问题。

随着大量人口涌向城市，城市的生活成本日益增加。许多母亲生完孩子两三个月就去上班，因为怕失去工作，因为要还房贷……孩子怎么办？如前所述，谁说"给我钱，我来帮你看护孩子"，孩子就交给谁养。可是，没有血缘关系，钱能换来真心实意吗？

有一次，我要去电视台录制节目，一位女记者来接我。因为她的孩子刚出生没多久，我们一路聊的都是如何带孩子的话题。她告诉我，邻居有一对夫妇是名牌大学毕业的博士，都在外企工作，赚钱很多。那个妈妈生完孩子三个月就去上班了，因为双方父母都还没退休，不能过来帮忙，就请保姆带孩子。他们半年内换了三个保姆，而现在这个保姆，周围的人都看不下去了，劝他们赶紧换人。为什么？这个保姆整天把孩子往胳肢窝一夹，然后拿着塑料袋到外面捡瓶子。周围的人说："这哪是看孩子呀？这等于是拎着一个孩子去捡破烂啊！"

记者讲完这件事就问我："我发现那个孩子和我的孩子在一起时，我的孩子活蹦乱跳，而那个孩子极蔫，坐在那儿不动。李老师，这是为什么？"

我不能直接回答这个孩子为什么犯蔫，因为我没有做具体的调查和验证。但我们发现过真实的个案：保姆在孩子的父母面前表现得非常有爱心且耐心，但孩子的父母发现孩子不分白天黑夜总在睡觉，后来通过一些方法发现保姆竟然在孩子的奶水中添加了静心口服液！

有一次，女儿跟我说："妈妈，我今天带孩子去游泳，看见一个女的长得挺漂亮，她和保姆一起带孩子来。我发现咱家的孩子一直在水里扑腾，可她的孩子一直扒着泳池边沿不肯撒手。"这个孩子的状态与那个记者邻居家孩子的表现非常相似。

花钱雇人看护孩子，并非雇来的人都不好，但这真的要看运气。因为这种选择大多是双向盲选，雇主很难考察这个保姆之前的品行。如果遇到人品好的保姆，那是父母与孩子的幸运。否则的话，孩子就很可怜，甚至处境很危险。

当你把孩子交给一个并不了解的陌生人时，不要指望多付钱就能让他对你的孩子好。这在成年人的婚姻中早已得到验证。有的人为了钱跟某人结婚，却为情人生孩子。相信花钱能获得真情？这是自欺欺人。凡是为钱而缔结的婚姻关系，风险系数都很高，最典型的就是为得到钱财而杀害配偶。2020年，浙江某地发生了一起骇人听闻的案件，妻子在家中睡觉时居然消失了……警方侦查后发现，她在睡梦中被丈夫杀害了，原因是丈夫想得到她名下的一套房。

谁不知带孩子多辛苦啊？谁愿意天天睡得正香时被哭声吵醒呀？像我在女儿出生后的一年半里就没睡过一个整宿觉。孩子经常不管三七二十一哇哇大哭，哭得惊天动地，连邻居都能听见。不管你当时睡得多香，都得起来折腾好半天。孩子玩命哭时确实很烦人，尤其是在飞机或火车上时。在旅途中，一旦遇到一直哭个不停的孩子，周围的人会觉得闹心。但是，无论是在半夜还是旅途中，亲人总会不厌其烦地变法哄孩子，不会为了省事省心而给孩子喂安眠药，这就是真爱。

联合国儿童基金会早就指出，孩子在一周岁之前如何被抚养和照料，会影响他们后半生大脑的功能。而且，早期抚养对人后来的社会化、行为方式等都会产生影响，甚至可成为预测其成年后行为倾向的因子。

现在的孩子为什么会得一些稀奇古怪的病？除遗传因素外，还有一个很大的可能性是，孩子出生后第一年的抚养存在异常现象。孩子出生后，神经系统还在发育中，一旦服用抑制性的药物，就会受影响，导致孩子兴奋性弱，没有爆发力，平时显得特别乖，青春期后期则出现抑郁症状。有的孩子早年脱离过亲人的视线，受过他人表情或动作的惊吓，导致后来目光回避他人，不关注他人，注意力完全退缩回自己的世界，越来越封闭。

　　一个人的情感发展得好不好，取决于出生后第一年抚养人是否出于真正的爱而给予他足够的耐心、细心和宽容，甚至是小小的纵容。对一岁内的婴儿，父母大可放开地爱他，给他足够的情感营养，用自己的身体、拥抱、抚慰、笑容和声音去表达爱，而不是用钱或借他人之手间接地表达爱，那是被偷工减料的心理营养。

母爱不可戒断，也不可替代

对人类而言，一对一的亲自抚养、满足孩子依恋需求的过程不可简化，不可或缺，也不宜替代。人类繁衍应遵循自然之道。

人类通过自己的聪明才智创造了无数奇迹，改变了原始粗陋的生活方式，让自己的生活越来越精致，越来越美好：从农村发展到城市，从泥瓦房发展到高楼大厦，从马车发展到汽车、飞机……聪明的人类也想过把养育过程加以简化，用替代抚养、集体抚养等方式把母亲解放出来。

就像感觉剥夺实验一样，"戒断母爱"这种异想天开的念头也需要研究和实证。于是，在不同历史时期，"戒断母爱"的尝试也多次发生过。

最早进行这方面探索的是心理学家。美国有一位研究者叫哈洛，曾以猴子为实验对象。尽管很多人包括我在内会引用他的研究成果，但由于他的研究过程及结果过于残酷，他从未获得任何奖励，而且一直饱受道德抨击。

哈洛于 1958 年当选美国心理学会主席，上任后做过一场"爱的本性"的演讲。他认为美国女性正在职场上取代男性，为了让女性从养育孩子的任务中解放出来，可以尝试用一些辅助设备来帮助女性完成对后代的哺乳和照顾，用科学技术来替代母亲的抚育过程。不久，威斯康星大学麦迪逊分校发表了一篇报道，宣称"为母之道已经改变"。

哈洛之所以这么讲，是因为他已经在做这方面的实验了，研究对象是猴子。当时正巧发生瘟疫，为了防止猴子生病互相传染，他将刚出生不久的小猴与母猴分开，实行一猴一笼隔离喂养。这种饲养方式也叫产妇剥夺，意在让灵长类动物早日适应独立生存的环境。哈洛认为，在这种环境下成长的幼猴应该比在自然条件下更健壮，因为一猴一笼，吃住无忧嘛。但后来人们发现，这些小家伙不对劲，经常眼神不聚焦，神情呆滞，喜欢吮手指。

有些家长问我："我的孩子老吮吸大拇指或其他手指，这是为什么？"

我一般这样回答："你的孩子有分离焦虑，一定是你在依恋初期经常不在他身边，或者在他很希望你在他身边时恰恰离开了。"

当哈洛重新把小猴聚在一起时，它们竟然手足无措，不知如何相处。这是他最初发现的问题。后来，他有意把刚出生的幼猴从母猴身边带走，关在一个单独的房间里，里面有两只人工制作的假母猴，一只是用铁丝缠绕而成的，胸前安装了一个奶瓶，可以24小时供幼猴吃奶；另一只则在铁架外面套上了柔软的绒毛布，但不能供奶。显然，前一只人工母猴解决的是幼猴的生理需要，后一只解决的则是触感的心理需要。

若按"有奶便是娘"来推理，幼猴应该更喜欢能供奶的"铁丝妈妈"，但实验结果恰恰相反。幼猴大部分时间都黏在"绒布妈妈"身上，只有饥饿难耐时才跑到"铁丝妈妈"那里吃奶，有的甚至饿了也不愿离开"绒布妈妈"的怀抱，只把头伸过去吃奶。

哈洛由此得出一个结论：爱源于接触，而非食物，只有奶水而没有爱的孩子绝对活不好。这个结论推翻了行为主义心理学家华生的育儿观。华生认为，孩子对爱的需求源于对食物的需求，只要满足了他们的食物需求，也就间接满足了他们爱的需求，所以母亲只要给孩子提供足够的食物就行了，不要和孩子过分亲密，少亲吻和拥抱孩子，不要轻易满足孩子想抱抱的要求，即使孩子哭泣也不能心软，以免养成依赖母亲的习惯，难以独立成才。

华生曾拿自己的孩子做实验，结果他的三个孩子在成年初期都开始出现心理问题：长子得了重度抑郁症，30岁就自杀身亡；次女多次自杀未遂，生下的孩子也有严重的抑郁；小儿子则四处流浪，要靠他人接济才能维持生活。他的长子在日记中写道："我发现我成长的过程是冰冷的、机械的，缺少正常人生活中的色彩，这或许是我人生痛苦的源头。我的父亲在教育中剥夺了我和弟弟妹妹的所有感情基础，或许他自己也没意识到。"

华生的育儿悲剧说明，戒断母爱的后果很悲惨。那么，哈洛的代母养育实验是否表明母爱可以替代呢？哈洛发现，这些自幼与生母及同伴隔离的猴子，虽然有代母在身边陪伴，长大后却出现了严重的心理问题，它们孤僻、抑郁、自闭，有的还出现自残和攻击行为。回到猴群以后，它们惊慌失措，对周遭一切都怀有敌意，不能和其他猴子一起玩耍，也不愿与异性交配。母猴在被迫怀孕后，几乎没有养育后代的能力，有的对幼猴漠不关心，有的经常殴打和虐待幼猴，甚至残忍地杀死幼猴。

这个实验说明，缺乏真实的母爱，猴子的后代不会拥有正常的心理表现和能力。后来，哈洛又做了一个实验，让"绒布妈妈"可以动起来，比如经常摇晃趴在她身上的幼猴，还让幼猴每天和一只真猴玩耍半小时。结果，这些幼猴长大后比前面那些实验对象正常得多。

对科学研究的执着，有时会让一些科学家变得很疯狂。美国有一位学者叫温思罗普·凯洛格，他想知道如果人的后代没有母亲的抚养和陪伴，只是找一个与人类近亲的灵长类动物来陪伴他，会出现什么结果。于是，他就拿自己的儿子做实验。在儿子十个月大时，他抱回来一只七个月大的雌性黑猩猩，让他们同吃、同住、同睡，一起玩耍和学习。这个实验原本打算做五年，结果仅九个月就提前结束了。因为他和妻子发现，小猩猩的行为举止越来越像人类，而他们的儿子却越来越像猩猩。后来，他的儿子42岁时自杀了。那只小猩猩被送回去以后已不记得母亲了，也很难再适应铁笼生活，三岁时便抑郁离世。

还有一个实验更可怕，发生在第二次世界大战期间。希特勒不仅是一个战争疯子，还是一个种族主义疯子。他在二战期间疯狂屠杀犹太人，认为世界上数日耳曼男人最优秀，而女人则数金发碧眼的雅利安人最优秀。于是，他设计并建造了一个生育农场来繁衍他认为的"优良人种"。

在生育农场里，那些被挑选出来的日耳曼男人与雅利安女人随机发生性关系。由于他们不是一对一的婚姻关系，孩子生下来也不管是谁的，都放在农场里以集体养育的方式进行看护。最终，结果与期待完全相悖。尽管这些孩子的长相不错，但心理出现了各种异常。他们很痛苦，很多人都有心理问题。他们想起诉希特勒，但那时希特勒已经死了。

无论谁想简化人类后代的养育过程，寻找替代养育的技术或戒断母爱，最终都以实验对象感到痛苦、心理异常甚至短命告终。

人类的养育有自然之道，不可以走捷径或旁门左道。尽管人类可上九天揽月，但仍是自然之子，必须遵循自然之道。人类不能太自负，肆意妄为。无论是遗传基因还是养育之道，凡是符合自然之法的，一定是最好的。给予后代母爱是所有哺乳类动物的天性与天职。对人类而言，一对一的、有情感的、能建立依恋关系的心理抚养不可戒断，不可或缺，也不宜替代。

脾气的心理抚养是及时到位的照应

一个成年人脾气暴躁，大致可以判断他在一岁内的心理抚养是匮乏的。

在生活中，如果听到这样的评价——"这个人脾气真好"，你就明白这个人平时不容易起急，性情平和。这话还潜含着褒奖之意，即这个人真有修养。相反，如果有人评价说"这个人惹不起"，话外音则暗示这个人脾气不好，很容易急眼，甚至有暴力倾向，急了不仅会骂人，可能还会暴力攻击。如果找对象时听到这种评价，或者稍一接触就发现对方有这种倾向，大多数人会退避三舍，敬而远之。

脾气，通常指情绪产生的速度、强度、持续时间、转换的灵活度等特性，是人的个性内容之一。人们的情绪各有不同：有的人情绪来得快，消失得也快；有的人则情绪始终如一，平静、温和地面对各种人和事；有的人情绪动辄就是暴风骤雨式的强度；有的人情绪不当场表现出来，而是会延迟表达……所以，人们描述脾气时有各种形容词：牛脾气、驴脾气、倔脾气、大小姐脾气、暴脾气……

脾气与心理学的一个术语意思很接近，那就是气质。心理学所讲的气质，是指人的高级神经活动兴奋与抑制的平衡度、发生时的强弱度、相互转换的灵活度及发生后持续的稳定度。简单来说，气质是指人由遗传决定的高级神经活动类型。大脑皮层里的神经细胞极其丰富，组成了一个强大的"电网"。我们知道导电材料不同，其传导速度、持续时间、电阻或耗电等情况就不同，人的神经细胞也存在这种差异。

根据人的高级神经活动表现出来的不同特点，大致可以分为四种比较典型的气质。当然，人的气质类型并不局限于这四种，即多血质、胆汁质、粘液质和抑郁质。多血质的人神经反应较快，表现为灵活，显得机智或机敏。胆汁质的人神经反应较强烈，表现为直率，不会拐弯抹角。粘液质的人神经稳定度高，心理活动往往不显现于外，有较强的自制力。抑郁质的人神经敏感，内心体验较为丰富。

由于心理学上的气质是指人的心理活动发生时神经类型的特性，所以一般不涉及修养的好坏，不能说哪一种气质好，哪一种气质不好，有哪种气质的人就是好人，没有这种气质的人就是坏人。如果听到有人说"这个人气质真好"，你要明白这是文学意义上的气质，形容一个人从先天遗传、后天教养到自我修养都达到一种最佳状态，而不是说这个人的高级神经活动类型真好。

但是，脾气与气质不同，是有好坏之分的。可以说，脾气是在先天气质的基础上经过后天养育和教养形成的。为何说脾气是在气质的基础上发展的呢？医院的婴儿房是观察人与人天生差异的最佳场所，你若有机会去观察那些被包裹得整齐划一、摆放一致的新生儿，就会发现婴儿们睡醒后的表现各不相同：有的婴儿睡醒了，会眨巴眨巴眼睛，嘬嘬小嘴，不吼不叫，大概是想先观察一下这个世界吧；有的婴儿醒来会寻找什么，发出咿呀咿呀的声音，估计今后爱说话；有的婴儿一睁眼就大哭，不知是做噩梦了，还是肚子不舒服，大嗓门惊天动地，脖子上的小青筋都暴露出来了，估计今后很能闹；旁边被吵醒的那个婴儿也在哭，但那声音相较之下太缺乏气势了，看来今后也不怎么张扬……这就是人天生的气质差异。

人天生的气质差异在不同的抚养方式下会进一步发展。最初的发展就是婴儿对抚养人能否及时出现在眼前而产生的情绪表现。前面提到的认人现象，那是婴儿依恋情感的体现，至少需要四个月才能形成。人的情绪则是从出生第一天就有了，日后在与他人的互动中逐渐形成自己的脾气模式。

有的婴儿刚睡醒一睁眼，眼前就有一张亲切的脸，耳边就听到熟悉的声音："呀，宝宝你醒啦？"很快地，他就被抱了起来，体位的变化让他舒服多了，然后感受到身体被轻轻摇晃，全身随之松快。不一会儿，熟悉的乳头已到他嘴边……这样幸运的宝宝，不需要使劲地哭喊，也不需要在痛苦中漫长地等待。他遇到了一个有爱心、耐心和时间充裕的抚养人，这个人能够准确地判断他醒来的时间，并及时帮他缓解身体的困顿，如肚子胀痛、饥饿难耐等。

有这种体验的孩子会有什么样的情绪感受呢？他一定是舒服的、满足的，不会产生急躁、迫切、痛苦和愤怒的情绪，也不会形成与此相关的动力定型的任何表现。这种及时到位的抚养日复一日，到一两年后，孩子的神经细胞记忆的都是舒服和松快，他有什么理由起急、吼叫或烦躁呢？他的性情怎能不平和呢？

相反，一个初生婴儿醒来后，想翻身翻不了，想放屁放不出来，身体困乏，饥饿难耐，于是还没睁眼就发出迫切的哭喊声。可是，抚养人半天没过来，可能正在地里干活，可能正在忙着处理一大堆家务，也可能是要照看十几个孩子，根本顾不过来……最可怕的是，抚养人对孩子没有爱的情感，只为了钱干活，只要孩子的亲人不在跟前，对孩子的需要能不回应就不回应。

这种婴儿会用身体记忆什么呢？那就是痛苦。他拼命哭喊不但没有减轻痛苦，反而耗尽体力，加重燥热感，浑身更加难受，上气不接下气，甚至因口水倒流而出现哽噎。如果一个孩子在生命最初的日子里天天如此，身体所经受的痛苦会让自主神经系统（主管内脏）形成痛苦的记忆。只要超过三个月，自主神经系统的痛苦感受就会与哭喊建立联结。这完全是后天形成的条件反射，只要内脏一不舒服，伴随的一定是与哭喊类似的吼叫，还有四肢的愤怒表达。

我们身边有这么一些人，动辄就起急，说话很冲，或者爱吼叫，有的人（多见于女性）还忍不住会摔东西，或者爱动手打人。有人说他自己也不想这么冲动，可他就是控制不住自己。现在我们就明白了，这种人往往在生命之初最无助的时候没有得到抚养人温柔、及时的照应，长大后爱吼叫是他早年内脏痛苦时哭喊的再现，爱摔东西与他早年无助地仰面朝天躺着，不能自我解除痛苦，只能挥动四肢来表达愤怒有关。

暴脾气的人多在生命初期被亏待过

从一个国家的国民性情，可观察出这个国家对婴幼儿的抚养是否有过亏欠。

我经常说，暴脾气的人往往在早年被亏待过。有些人会质疑："你这么说有根据吗？你做过实证研究吗？"当然，我不是拍脑袋先想到结论再去找根据的，而是在研究暴力犯罪的个案时，对某些表现于外的心理现象感到不解，通过深度访谈和阅读心理学著作发现这种关联，进而在生活和工作中加以验证。

有一次，我去某省出差，一位领导尽管工作繁忙，仍抽空到机场接我。一路上，他的工作电话连接不断。我们正在聊天时，有一个电话打进来，他想长话短说，但对方不解其意，没完没了地问，他就急了，声音骤大，表情急躁。当他挂断电话，马上意识到刚才的声音过大，自嘲道："唉，我就是个急脾气！"

我就幽默地说了一句："你小时候一定被亏待过，照顾不周。"

他一脸认真地问："你怎么知道？我真的被亏待过呀！"

他告诉我，他有个哥哥，脾气比他好很多。因为哥哥出生时，他们家在城里生活，爸爸是派出所领导，妈妈可以不出去工作，全职照顾孩子。后来因为粮食短缺，政府号召老家在农村的干部把家属送回去，以减轻城市的负担。他爸爸身为领导，就主动把妻儿送回老家。那时他刚出生不久，妈妈回去以后就不能待在家里照顾他了。因为婆婆在干农活，媳妇哪能在屋里待着？妈妈只好把他放在炕上，让刚四岁的大儿子帮忙照看。他说："我哥才四岁，他能干什么？我哭的时候，他就跑出去喊我妈，可我妈不能老回来，何况奶奶还说：'让他哭会儿，长劲！'所以，我妈后来跟我说：'你小时候真的被亏待过，经常哭半天也没人理。'"

我笑着告诉他："你的经历又为我的研究提供了一个证据。"

我是通过一个个的访谈调查和质性研究，发现人的脾气与出生后三年的被照顾程度密切相关的。尽管我没有大规模的统计数据，但这种相关性亦可在更广阔的生活背景中观察到。

我国幅员辽阔，各地的自然条件差别较大，很容易观察到不同地域的人存在差异。在鱼米之乡生活的人，比如四川成都、江苏无锡等地的，性情一般比较平和。因为这种地方自然条件好，水里有鱼虾，地里四季有青菜、野菜，吃的东西不那么匮乏，就不用那么多人天天外出劳作，女性就可以留在家里做些女红，所以孩子一哭喊，除妈妈外，奶奶、姑姑可能也过来搭把手，孩子的痛苦很快就得到解除，长大后性情就较为平和。

再看一些贫瘠的地方，天寒地冻，或沙多水少，人们的生活很艰难，往往全家都要出去干活，妈妈经常喂完奶就把孩子搁在炕上，然后到外面帮忙或给家人做饭。孩子醒了就哭喊，可是妈妈手里的活不能马上停下来，只能等着。有时孩子吃完奶肚子胀，很难受却又不能翻身，只能哇哇大哭，大人们还找理由说哭可以长劲。可是，孩子长出来的全是蛮劲，成为暴脾气的人。

其实，越是内心平和的人就越有内在力量，越有后劲。因为人在平和的状态下，理性才能达到最佳状态。相反，越是急躁甚至暴躁的人，力量只会表现为外在的粗鲁和蛮劲，难以做出理性判断和最好的选择。有句谚语说："脾气像把刀，发脾气就是拿刀捅人，爽了自己，伤了别人。"所以，暴躁和暴戾的人，往往在让别人痛苦的同时也伤害了自己。有些人虽然心眼挺好，可暴脾气一来就惹了麻烦，后悔都来不及。

因为网上可以不用真名，很多网友就肆无忌惮，怎么痛快就怎么说，有时会说些非常粗鲁的话。现在汽车已经走进千家万户，人的修养要是跟不上，任由脾气转为戾气，那更可怕，谁一生气，一踩油门就能把人撞死。现在"路怒族"的问题很突出，比如有的人遇到堵车，脚底下不能放开了踩，怒气就往上走，骂骂咧咧，看见有人想加塞，心里一急，内脏一紧，那股劲立马上来，心里的火就变成了吼叫。有的人吼叫还不解气，还把人家堵在路边揍一顿，甚至一踩油门跟人撞车。

有一次，我去央视录节目，主持人稍微迟到了一会儿。看他急匆匆赶到，脸上还挂着伤痕，大家就问他怎么回事。他说，刚才因为赶时间，车开得有点快，一个男的说他抢道，就把他的车别到路边，把他从车里揪出来，挥拳就打。他一看没机会跟这个人讲道理，就大喊道："你打哪儿都行，别打我脸，我还得主持法治节目呢！"那人认出他来，这才把他放了。

我在派出所实习时，就见过不少因暴脾气导致家庭不和、夫妻离异的，还有因坐车抢座发生冲突导致重伤的案件。

脾气不好，在小范围内可能只是一个人的修养问题，但当一群人都脾气很大时，就很容易形成群氓，像球迷发狂后的破坏力就很大。如果一个国家这样的人多了，就会影响国家形象。所以，心理抚养既需要知识，还需要眼光。今天每个家庭的养育是否到位，可以决定十几年后一个国家的国民教养水准。我们应努力改变以往那种粗放型的养育方式，多养性情平和的人，而不是暴脾气的人。

言语的心理抚养是耳边人声丰富

一个孩子是可爱的小话痨，意味着他从小享受着多人的宠爱。

情感是心理发展的第一个台阶，是基础性的东西，会影响人日后很多方面的发展，如言语表达、社会性、认知方式等。可以说，情感力是情商的基础。

语言表达能力是人在社会生活中非常重要的能力之一。不善言辞的人，往往在人际关系和社会活动中表现较为消极，甚至出现口讷、语迟、自卑等现象。这种人往往在与人交流或沟通时有障碍。

我在研究犯罪心理时发现，行为变态的犯罪人大多有言语木讷的情况。他们往往说话不流畅，与人对话时，经常为选择某些词语而愣半天不吭声。若要求与人讲理，他们会发怵。正是因为在言语表达上有困难，他们更倾向于动手，甚至也不愿别人动嘴，原因是他们说不过人家。

言语木讷的男性若犯罪，多为突然袭击式的硬暴力；而言语木讷的女性若犯罪，则多呈隐蔽的软暴力，比如投毒。

为什么容易发生攻击行为的人不善言辞呢？显然，他们在言语形成的关键期（三岁之内）耳边缺少人声。这种声音的匮乏意味着他们身边的人太少，情感不够丰富，心理抚养不到位。

有爱的抚养一定是有话语的。女性一般比男性更爱说话，想必是上天的用意，因为母亲在养育孩子的过程中担负着更重要的角色，而心理抚养是需要话语的。

人类的爱有相当一部分是通过言语来表达的。比如，家里养了宠物，你一进门，那狗摇头摆尾迎上来了，又蹦又跳，又贴又蹭，你会怎么回应呢？你一般会蹲下来，摸摸它的脑袋，或抱起它，跟它说话："你是不是想我啦？"

养孩子也是这样，有情感的抚养一定是爱语绵绵。拿日常的换尿布来说吧，妈妈见孩子睡醒了，闻着味道不对，马上会弄盆热水，拿上卫生纸和新尿布，再拿一块毛巾，可能还放一盒痱子粉在旁边。当妈妈把孩子的褓褓打开，把小腿一提溜，话就来了："我说咋这么臭呢？哎哟，拉了这么多，臭死了……"妈妈先用纸擦，再用水洗，然后拿毛巾擦干，再扑点痱子粉，垫上干净的尿不湿，一边干活一边唠叨，最后拍拍小屁屁，温柔地问："宝宝，现在舒服了吗？"

你说孩子这么小，能听懂妈妈说的每句话吗？我们猜，这就像初学外语的人听外语一样，能听见声音，却不知所云。所以，妈妈这时候的话语对孩子来说都像废话。可是，这种"废话"传递的正是妈妈绵绵不断的爱意。这种爱的唠叨是婴儿心理发展的重要营养素。婴儿除了吃喝拉撒睡外，特别需要这种心理刺激。

很多妈妈并不知道唠叨对孩子有什么意义，只是脱口而出，情不自禁地表达自己浓浓的爱意。这就是一种有情感的抚养。相反，没有或缺乏情感的抚养是什么样呢？同样是给孩子换尿布，在一些托幼机构里，临时看护者和妈妈的风格就不一样了。因为她们往往一人要照顾多个孩子，换尿布对她们来说是需要尽快完成的一项工作，于是就麻利地抓起一卷卫生纸，拿一块尿布，走到孩子面前，打开褓褓，提起小腿，用纸擦两下，换上干净的尿不湿，包好褓褓就完事，然后去照顾下一个孩子。这叫工作，符合标准即可。我并不是说她们不认真负责，而是说她们可能顾不上爱抚，要是给每个孩子换尿布时都像亲妈那样操作，她们的嘴皮子非磨破了不可。所以，一对一的抚养和一对多的抚养是不同的。

保姆带孩子也和亲妈不一样，一般是把孩子收拾干净后就放在童车里推出去，到外面晒太阳。她们更愿意找其他保姆聊天，而不是和孩子说话。只有亲妈才有那个耐心，在孩子什么都听不懂的时候还唠叨不停。所以说，有情感的抚养一定是有话语的。凡是耳边经常有人声的孩子，一旦开口说话，一定是话多的那种。相反，缺乏情感抚养的孩子耳边是无声的，就不爱说话，言语匮乏。

情感抚养还有一种是多对一的情况，即家里至少有两个以上的亲人在陪伴和照顾孩子。当孩子一哭喊，妈妈就过来了，爸爸也过来了，爷爷、奶奶或姑姑也过来了……孩子哭喊时，身边出现的人越多，意味着他耳边的声音就越丰富，因为大人之间也会说话。这种亲情丰盛的情况意味着爱他的人很多，只要他一呼喊，就会有好几个人出现在他面前。这种孩子一旦张嘴说话，就是个小话痨。

以前学外语时，我听到有个女同学问老师："我学了十几年外语，怎么听说还是不行呀？听力到底怎么才能练好呢？"

那位老师特逗，瞥了她一眼，说："你看美国的傻子会不会说英语？"

大家都乐了。美国的傻子当然会说英语了！虽然他们智商不高，但是耳边天天有人在说英语，他们自然就会说了。所以，老师的意思是说，语言不是光靠看书就能学会的，而是要有语言环境，要多听才行。

孩子学说话也一样，耳边听到的声音越丰富，就越容易张嘴。如果孩子在家里受关注度高，第一次开口说话能被及时发现，然后受到家人的鼓励，其语言技能就会不断提高。当他会叫妈妈了，全家人会围过来验证，让他一遍一遍地叫。爸爸下班回来了，听说孩子今天会叫爸爸了，一定会让他叫来听听。当他很费劲地发出"爸爸"这个音时，爸爸肯定很高兴，抱起来亲一口，让他再叫一次。当他会叫奶奶了，爷爷也凑过来说："再叫爷爷！"孩子看着大人的笑脸就知道，我说话你们特高兴，那我以后就多说。有时候，孩子会突然冒出一句电视上的广告词，大家会意外地大笑。孩子一看大家都乐了，就会重复好几遍。

不同抚养方式带来的语言表达能力的差异，在孩子四五岁时就可观察出来。看见一位大人领着一个小朋友过来，你可以试试，走近他，问道："你叫什么名字？几岁啦？你叫我一声阿姨好吗？"你看他怎么回应。如果他打量你一下，小嘴很甜地叫你，你就知道他从小是有亲人陪伴的，而且家里经常有两个以上的抚养人。

相反，有的孩子一领出来，妈妈让他叫你"阿姨"，他会拽着妈妈的手，抬头看你一眼，马上又低下头，或者旁顾左右，既不看你，也不叫你，只想赶快离开。当他要走的时候，妈妈说："跟阿姨再见。"他会抬起手来跟你拜拜，但就是不张嘴。这种孩子一看就知道来自声音匮乏的抚养背景，可能在他三岁之前除了妈妈外，身边没有太多亲人。家里人少，说话声就少，而孩子听得少，也就说得少。因为是妈妈一手带大的，所以他很依恋妈妈，只要妈妈在身边就行，有没有别人无所谓。这种抚养背景的孩子情感比较单一，容易害羞。

寂寞杀手多有言语匮乏的抚养背景

寂寞杀手几乎都是早年没人疼爱的人，耳边缺乏人声导致他们言语匮乏，最后导致心理扭曲。

2008 年 6 月 8 日中午 12 点半左右，日本东京都千代田区秋叶原车站附近突发街头杀人案，凶犯为 25 岁的男青年加藤智大。这起杀人案持续五分钟，共有 17 人受伤，其中 7 人送医后不治身亡。

这么可怕的凶犯到底是什么人？事后警方发现，此人早在四个月前就不断在网上留言，但几乎没人理睬他。4 月 20 日，他曾写下这样的话："如果可以坦率地说出自己的欲望，我想开卡车冲进闹市的步行街。当然，这种事我是不会做的。"他的留言带有强烈的悲观情绪："我时不时地想，自己干脆就这样死了，倒也快活。""被人诽谤中伤至少说明你的存在还有人认可，然而丑陋的我却总被人忽视，连我的存在都没有人认可。""有人认为摆脱了对网络的依赖就能获得幸福，但若抛弃了我唯一的容身之处，我会幸福吗？"

从他的留言可明显看出，这是一个极其孤独的人。再深究还会发现，此人不善言辞，不会与人交流。

在我研究的个案中，犯罪行为很变态的人说话往往很慢，每句话之间都需要停顿一会儿，有时似乎还在斟酌用哪个词来表达更好。有的则坐在那里不抬头，也不看人。我让他们把头抬起来，他们抬一下又很快低下去，回答问题时只有两三个字。这种人在与人交流时总是想，与其动口，不如动手。若再详细询问就会发现，这种人几乎都是早年没人疼爱的人，问他们"你最亲的人是谁"时，基本答不上来。

我由此知道，不善言辞的人往往早年是耳边无人声的。这意味着他们在最需要人看护的时期，身边几乎无人陪伴，是在冷漠与寂寞中长大的。当他们上小学、中学时，因为一贯很安静，甭管学习好不好，老师都不会把他们视为"问题少年"，也不会过多关注他们。他们不惹是生非，因为惹了事没人护着。

这种人到什么时候会出现行为问题呢？一般在 25 岁之后。

25 岁之前，人有很多事情要忙：要上小学、中学，年年考试，还要考大学，选择专业，毕业后要找工作，找对象，然后成家立业，生孩子……总之，随着人年龄的增长，人生会越来越忙。

可是，有这么一种人，时间在他们面前仿佛停滞了，年龄增长对他们来说没什么意义。他们可能在 10 ～ 17 岁就失学了，因为没人监督他们上学，然后就一直在家待着，说是务农，不如说是荒闲。这种人就是爹不疼娘不爱的人。

人的情感发展是从"家"这个点开始的，先是对抚养人的依恋，然后扩展到对其他家人的亲情，接着是与同龄人相处、交流和玩耍。可是，一旦一个人从小没人疼爱，就会缺乏情感的滋养，进而言语发展缓慢，不爱与人交流和相处，习惯于孤独。这在青春期之前几乎不成问题，可一旦过了 25 岁，发育再迟缓的人也会有性需求了。这种需求来自荷尔蒙，他们有了性冲动，却不会主动找女孩搭讪，不会谈恋爱，这就是麻烦的开始。

自然界中的动物吸引异性各有其招：孔雀会展开美丽的羽毛，百灵鸟会唱出动听的曲调，猛兽会展示强壮的力量……人也如此，有的会给喜欢的异性写诗，有的会给心上人画像，有的会花大把钱给心仪的对象送花、礼品等。总之，人会用自己的本事或财富去满足自己的愿望。可问题是，如果一个人一没财富，二没本事，三没人帮忙，就只能想象自己怎样才能让大家另眼相看，怎样才能让异性喜欢，结果就会产生极端的想法，比如当一名冷酷的杀手。

2012年7月20日，美国奥罗拉市一家电影院正在上映蝙蝠侠系列电影之《蝙蝠侠：黑暗骑士崛起》，有人扮成上一部影片《蝙蝠侠：黑暗骑士》中的反派角色"小丑"，突然出现在银幕前方，向观众席投掷一枚冒烟的爆炸物。观众以为这是一场表演，没想到他接着拿出枪来扫射，死伤惨重。

这个人跑出电影院后，在停车场被警察抓住了。他跟警察说的第一句话是："我就是小丑。"他还告诉警察："我家里还有炸药。"警察通过探头侦查他的住处后发现，屋里有很多装着疑似易爆液体的瓶罐和电线，简直像个兵工厂。

这个人叫霍尔姆斯，1987年生，时年25岁。据认识他的人说，他从小就独往独来，深居简出，基本上不和别人说话，是那种走在街上别人不会看第二眼的人。

从本科到博士，霍尔姆斯一直读的是神经科学。本来他硕士毕业后想找工作，但他不敢去面试，就接着读博士。到了性冲动的年纪，他不会跟人打交道，让他与异性交往简直是天大的难事，比考博士还难。于是，他就筹划做件大事，先是在住处研究炸药，后来发现这不能引起别人的注意，就到电影院制造了一起惊天大案。

我在研究中发现，以爆炸方式作案的多是身边没有女人的男人。一个男人如果有女朋友、老婆或情人，就不会有这份闲心去研究如何用炸药作案了，因为制造爆炸装置太占用时间和精力。有人怀疑用爆炸方式作案的人有精神病，霍尔姆斯就曾被人这样怀疑过。但我可以明确地告诉大家，这种人的确不正常，但他们绝对不是精神病人。因为精神病人无法控制自己的注意力，也不会有计划性。他们精神错乱，行为混乱，可能还没做好爆炸装置就先把自己炸了。

那些能够设计精致的爆炸装置，既不为钱也不为色，只热衷于制造爆炸案的人，内心的痛苦是一种潜意识的呼唤："美人们，你们为什么看不到我的存在？我怎么才能让你们知道我的存在？我也是很有本事的人……"

由此可知，人在生命初期不能没有亲人在身边，因为身边没人就会缺乏人声，缺乏人声就会导致他言语匮乏，而言语匮乏又会导致他成年后难以结交异性，荷尔蒙旺盛却无法获得爱和性满足，便会出现心理扭曲，做出变态行为。这不是精神病，而是心理疾病。

抚养方式会影响孩子亲社会性的发展

> 一个从小没被善待过的人，你不要指望他长大后能善待这个社会。

有一天，我和朋友逛商场，进电梯时看见一个小男孩骑在他爸爸的脖子上。我们刚进去，小男孩就冲我喊："奶奶，你还没摁哪一层呢！"

因为电梯里人很多，我和朋友还顾不上摁楼层。听到小男孩的好心提醒，我笑着对他说："小朋友，你真好！谢谢你！"

这个孩子虽不认识我们，却不怯生，主动搭讪，说明他是个喜欢与人亲近的孩子。这种心理表现，在心理学上有一个专业术语叫"亲社会性"。

"亲社会性"这个概念的含义是大家都熟悉的一个词，即善良。具有亲社会性的人都是善良之人。他们通常待人友好，善于关心和理解别人，常常主动帮助别人且不求回报。善良如果体现在更大的社会范围内，可称为有公德心。有公德心的人做事时尽量不打扰别人，在公共场合尽量小声说话，开车时尽量不按喇叭，主动礼让行人或骑车的人，让生活在同一社会里的人感到舒适。

与善良之人同窗或共事是一种幸运，找对象遇到这样的人是一种福气。所以，心理学家很关注这种人是怎么培养出来的。

社会心理学有很多这方面的研究。例如，国外有研究者观察婴幼儿在出生后的不同月份里对他人痛苦表现的反应有何差异。结果发现，婴儿在一岁内对别人的痛苦表现没什么反应，说明人并非天生就具有同情和理解他人情绪的能力。到了 12 ～ 18 个月时，才有三分之一的幼儿对别人的痛苦表现出关注，有时候会用手指向对方，做出积极的反应。

这一研究与中国古代的"性善说"有所不同。孟子认为，恻隐之心（仁）、羞恶之心（义）、恭敬之心（礼）、是非之心（智），人皆有之，"仁义礼智，非由外铄我也，我固有之也"。他还解释说："谓人皆有不忍人之心者，今人乍见孺子将入于井，皆有怵惕恻隐之心。"

心理学家的实证研究更严谨，用数据告诉我们：不忍之心至少要等人出生一年后才可观察到，即使到那时，仍有三分之二的幼儿没有这种表现。

这项观察说明，对他人亲近、友好和善意的表现可能与人一岁内的情感抚养有关。所以，我特别强调人之初要以情感抚养为主，情感抚养位居心理抚养内容的第一序列。母亲亲自抚养孩子，对年幼孩子的呼喊及时回应，对孩子耐心、友好、平和，让孩子来到世上之初就感受到外界的友好，这样孩子才会形成对他人友好的回应模式。

孩子年龄越小，其外部表现越能反映身边大人的行为模式。所以，一个人具有亲社会性，或者说很善良，其实是一种无声的宣言，说明这个人在生命初期得到了良好的抚养。

善良很重要，在某些时刻可能会救你的命。因为善良的人即使在自己生命面临威胁时还会替别人着想，在危机时刻可能会软化犯罪人的心。

我曾在东北见过一个犯罪人，他两三年内在居民小区的楼道里尾随多名女性，然后用锤子砸她们的头，还抢劫她们的物品，导致多人伤亡。

我问他："你为什么这么干？"

他说他特别恨女性，因为他几次倒霉都是因为女人。

我又问他:"你有过想砸又不忍心的时候吗?"

他说有过一两次。有一次,他正在楼道里徘徊,听到有人下楼,好像是个女的。他说:"我就假装上楼,想在错身时砸她,没想到她跟我说:'你刚下班呀?这么晚,辛苦了!'我随口答了一句,就继续往上走,没忍心转身砸她。"

这位女性虽不认识这个上楼的男人,但她在相遇时能主动开口问候,还体谅他下班晚一定很辛苦,让这个犯罪人瞬间产生了不忍之心。

在2003年破获的河南驻马店男青年黄某杀害青少年系列案件中,最后侥幸生还的男孩在遭到伤害时没有直接斥责与怒骂,而是用"家里只有我一个独子,我上有奶奶、父母和残疾的大伯,要为他们养老"这样的话来向黄某乞怜,这让人从中能看出他内心的善良与责任感。当黄某要对他下狠手时,他又说:"你也有妈妈,如果她回家看不到你,会多难过啊!"他在最危险的关头说的是"母亲见不到儿子会难过"这样能直抵人心的话,心里想到的是母亲的眼泪。当黄某突然大哭并说"我家人才不管我死活呢"时,他竟然安慰道:"别难过,如果你愿意认我做干儿子,等你老了,我就把你接过来一起养老。"这番话一下子打动了黄某,使他终止了杀戮的行为。

当然,这种话能不能打动人心,还要看犯罪人有过什么样的经历。如果犯罪人内心仍有一份情感,与被害人有过类似的经历,比如从小没有母亲,经常挨饿,只是还有一个善待他的奶奶,其人性就比较容易被唤醒。不过,如果不幸遇到一个反社会人格的犯罪人,这种人毫无情感,只有欲望和怪异的兴趣,这种策略可能就不会奏效。但是不管怎样,善良仍是被普遍认可的好品质。就连监狱里的犯人也会衡量自己和他人品质的好坏,那些侵害儿童、作案手段极其残忍的犯人,往往会被挤兑至最孤独的境地。

但是,我还要强调一点:善良的人一定要有智慧,即使是在帮助别人的时候，也要保持一份警觉，不要被人欺骗。例如，前些年，北方某地一个孕妇就假装身体不舒服，骗一位路过的卫校女生扶她回家，目的竟然是给她老公找一个处女，致使这名无辜女孩遇害。

社会上善良之人被骗财或骗色的不少，所以我强调在教导孩子要善待他人、助人为乐的同时，还要多讲讲"狼外婆"的故事。

冷漠、自私的社会谁都不会幸福

社会具有这样一种特性，即任何一个人都身处其中，无论好事还是坏事，落在谁头上都是不确定的。所以，具有公德心不仅仅是为他人好，也是为自己好。

说到亲社会性、善良、公德心，会让人联想起社会上常见的一些冷漠、自私的人或事。从心理学的意义上分析，缺乏亲社会性的人往往表现为冷漠，不善良的人表现为刻薄、暴戾、狠毒，没有公德心的人则极度自私、损人利己。

最常见的冷漠莫过于对他人的痛苦毫无反应。2011 年，广东佛山一个两三岁的女孩在路上先后遭到两辆汽车的碾压，有十几个人从旁边经过，竟无一人施以救助。大家是否想过，如果容忍这种情况一再发生，自己的孩子将来一旦遇到这种情况，后果会怎样？

毫无恻隐之心的无情之人也屡见不鲜。2016 年就发生过一个真实的事件：王某在路上撞伤了谢某，在围观群众的要求下，不得已从车上下来，将伤者抬入车内，佯装送往医院抢救，却在途中将他抛至路边的排水沟内，然后驾车逃逸。结果，谢某因未得到及时抢救而死亡。

没有公德心的人同样会危害社会。现在城市的住房大多为楼房，有些人只认自己的屋里为家，把窗外视为无人管之地，随便往窗外扔垃圾，在阳台往楼下抖墩布。更有甚者，有的夫妻吵架时把生活用具从窗户扔出去，导致伤害他人事件的发生。

上述事件的当事人有一个共性，即他们早年的家庭养育存在严重缺陷。

有些人会说："人善被人欺，马善被人骑。我教自己的孩子善良，教他为别人着想，可他一旦走出家门，踏入社会就会吃亏，被人欺负。"我非常理解这些家长的心情，但我不能接受这种想法。我们不能因为怕吃亏、怕被欺负就不培养孩子的亲社会性，不教孩子善良，不培养孩子的公德心。

但凡称其为"社会"，就具有这么一种特性，即不确定性。我们都生活在社会之中，无论好事还是坏事，落在谁头上都是不确定的。例如，一个危险的犯罪人在社会上行走，犯罪意图往往会随机发生，这时谁在他附近，谁就有可能面临可怕的灾祸。

作为心智成熟的家长，我们应该考虑为孩子"制造"一个什么样的社会，是相互温暖、良性循环的社会，还是只顾眼前不吃亏、只顾既得利益的社会？我们想保护孩子，不让孩子进入学校或社会后吃亏的愿望是好的，但我们不能因此去培养一个只顾自己、对他人和社会冷漠无情的精致利己主义者，否则报应可能最先落到我们自己头上，在晚年得不到应有的尊重和孝敬。

所以，我们应该共同努力，提出更好的法律建议，努力完善法制，营造一种良好的社会氛围，培养出一个亲近社会、具有良善品质和公德心的庞大群体。教育要从娃娃抓起，使之与社会和谐相处，遵守利于公众的规则，做有良知的人。

心理抚养还会影响人的认知方式

如果说认知能力取决于智力，那么，认知方式则主要取决于后天与他人互动所形成的反应方式。

抚养方式会影响孩子情感、言语和亲社会性的发展，而这些方面发展得如何，会深刻影响孩子的认知方式。如果说认知能力取决于智力，那么，认知方式则主要取决于后天与他人互动所形成的反应方式。如前所述，在大家庭里长大的孩子，往往乐于与人接触和交流。相反，在家庭成员少、抚养人单一的背景下长大的孩子往往比较安静，不爱声张。这些看似是性格问题，实则与家庭抚养背景密切相关。

在智力水平相当的情况下，爱说话的孩子与沉默、安静的孩子各有所长，后者适合进入实验室从事科研工作，而前者喜欢与人打交道，口齿伶俐，往往会成为管理者、主持人、经纪人等，活跃于媒体、娱乐等领域。

有中小学老师跟我说，有些学生在校期间爱说好动，学习成绩不如那些不爱吭声、闷头学习的孩子，但他们工作后都混得不错。老师们想知道原因何在。

还有家长问我："我这个孩子，大家都说他挺聪明的，但他的学习成绩怎么就上不去呢？"

我以开玩笑的方式回答道："你不用着急，这个孩子长大后适合当领导。"

为什么？当领导要善于观察人、了解人和会用人，而一个孩子如果言语和亲社会性发展得好，善于跟人打交道，长大后就适合当领导。那种学习很好的安静孩子，长大后一般是技术型人才，业务能力较强。他们当领导会谁都看不上，什么事都觉得别人不如自己干得好，结果把自己累得够呛，还闹得人缘不好。

我有一次给部队的干部讲课，有位学员课后跟我说："李老师，你说得特别对，我身边就有一个实例。"

他们系统有一家通信技术研究所，是知识分子扎堆的地方。以前考虑到这个所专业性强，任命的领导大多是懂业务的知识分子，结果所里矛盾重重，总有人告状，谁也不服谁。后来，他们换了一个非本专业出身且学历不高的人来当领导。这个人上任后在大会上讲："专业方面我不懂，你们放开手脚去研究、创造、发明，如果成功了，我为你们争取奖励。我呢，一定为大家做好服务，创造一个良好的研究环境。"他还亲自抓食堂和住房改造等。

这位学员感慨道："别看这位领导不懂专业，但他懂人心。他来这个研究所以后，所里再也没那么多是非了。"

这让我想起刘邦。刘邦打下天下后，办了一场庆功宴。酒过三巡后，他兴致很高地问众人，你们知道我为什么能得天下吗？手下争相回答是大王英明，能征善战，足智多谋……刘邦听后大笑说，论计谋我不如张良，论打仗我不如韩信，论治国我不如萧何，我之所以能够为王，是因为我会用人。

会用人的前提是识人，而识人的前提是愿意与人接触，对各种人都感兴趣，喜欢跟人打交道。不过，有些人对做事更感兴趣，比如画家专注于画布上的线条、轮廓和色彩，计算机专家关心的是编程和硬件，数据分析专家关注的是要建立一个什么样的分析模型……擅长做事与擅长识人是两种不同的能力，不存在孰高孰低的问题。

人才是多样的，我们的教育仅仅用分数去衡量一个人的智慧是很片面的。很多学习成绩一般的孩子也很有出息，因为他们情商高，擅长解读他人的心意，适合搞管理。了解每个人的特点，把他们放在合适的岗位上，让他们各尽其才，这也是一种能力。这种能力在目前的教育体系中是不考核的，但它在工作中非常有用。所以，我跟很多家长讲，学习成绩不是很重要，最重要的是发现孩子的心理特长，选准今后的发展方向。

为何有人智商很高却被称为书呆子

父母如果只注重学习成绩，不注意发展孩子的其他能力，就可能培养出书呆子。

心理现象的复杂性经常让人困惑。打开网页搜索一下"开学季大学生被骗"的资讯，可看到几十万条相关新闻。曾有一位主持人问我："这些人的智商都可以进入大学学习了，为什么那么轻易地上当受骗呢？他们的智商干什么去了？"这也是很多人想不明白的事。

在我看来，绝大多数智商较高的人被骗，不是智力的问题，而是心理抚养不完整造成的。换句话说，是家庭对他们的心理抚养过于单一的问题。

智力，主要用来认识外界并做出反应，包括感知、理解、记忆、专注、推理等能力。一个人的智力水平即智商的高低，主要取决于父母的遗传基因和两人配型。这种智力水平几乎是天生的，后天若想改变，除非患病或机械性脑损伤，否则是基本稳定且伴随终身的。

智力在人的早年更多地用于学习知识，成年后用于处理各种事务。智商高的人往往理解能力强，学东西快，记忆力好，推理严密，更容易拥有获取知识和处理复杂难题的能力。很多父母发现孩子智商高会窃喜，认为孩子只要认真学习，以后获得高学历、谋求高收入的概率就很大，养育这样的孩子相对省心。就像人的长相是一白遮百丑，父母以为孩子学习能力强就能一招鲜，吃遍天。其实，这是父母认知上存在的一个误区。

很多父母以为孩子刻苦读书就能提高智商，从而更好地实现人生目标，所以最看重的是让孩子早日进入爱学习的状态。他们不愿孩子出去玩，也不愿让孩子跟别的孩子一起玩耍，以免把心玩野了。于是，孩子只能宅在家里，独自安安静静地长大。由于刺激源太少，这种孩子的智力只能沿着一条道路发展——看书、学习、练习，十几年间一直处于单纯的学习状态中。高智商伴随着单一情境，孩子的专注力自然高，学习成绩是"一路绿灯"或"节节高升"。

但是，人毕竟是社会性动物，长大后必须进入社会工作和生活，与人打交道必不可少。社会复杂，人心更复杂，所以人的心理发展不能过度单一和专注，否则容易出问题。例如，过度专注的人一旦谈恋爱，可能就会认准一个人，如果对方不愿意，就会觉得自己受到严重伤害，甚至想跟对方同归于尽。现实中，大学生因谈恋爱闹出的悲剧时有发生。

人早年的学习时间一般要持续 12 年，学历越高，则持续的时间越长。在学校待很久的人，天天面对的是诲人不倦的老师，或是与自己年龄相仿的同学，怎么可能识别出看上去像一般人却心怀叵测、另有算计的江湖骗子呢？结果，有的就被骗进传销团伙，有的遭遇网络诈骗，甚至被拐卖。

与此相反，那些从小失学，到处游走，没有家庭生活，没有亲人相伴的流浪儿，却极少上当受骗。他们从小就在社会上混，见多识广，不轻易相信别人，也不轻易说实话，骗子骗不了他们。

2004 年，一架从昆明飞往重庆的飞机起落架舱内居然藏着一个 14 岁的男孩。他和一个男孩爬上飞机玩，当飞机起飞时，那个男孩掉下去了，他侥幸生还。人们想知道他为什么会做出这么危险的事。记者采访他时，他说自己是因为父母离婚而离家出走的。当记者给他母亲打电话时，却被告知根本没有离婚这回事。

记者疑惑不解，去请教一位专家："这两个人谁在说谎？"那位专家说，应该是大人在说谎。但我当时就判断是这个小孩在说谎，后来事实证明我是对的。我的根据是这种流浪的孩子出于自我保护，在回答外人的问题时，第一句基本上不会是真话。

学历越高的人，成长经历往往越简单，大部分时间都是在与书本、作业、试卷打交道。书本上的东西是可以用逻辑讲通的，可是与人打交道时就会知道，人是千差万别的，不会按同一逻辑出牌。聪明的孩子虽然在认知能力上占优势，但决定人如何与外界互动的心理内容却很复杂，除了前面提到的脾气、言语、亲社会性外，还有共情能力、识人能力、性格等。因此，并不是学历高就能事事通达的。

父母如果只注重学习成绩，不注意发展孩子的其他能力，就可能培养出书呆子。书呆子是指非常聪明的人只在某一专业领域里发展，可能成为业界翘楚，但在自己熟悉的领域外却什么都不懂，比较单纯，容易上当受骗，有时甚至会干傻事。

2002 年，北京动物园发生一起用硫酸泼熊的事件，肇事者是某名牌大学的学生刘某某。当事情被报道出来后，民众非常气愤，尤其是那些经常带孩子去动物园的家长更觉得难以理解：那些狗熊憨厚可爱，你一个名牌大学的学生怎么忍心用硫酸泼它们呢？

警方就把这名大学生抓了，但不明白他的心理。当时还没有伤害动物罪，警方不知道怎么处理他，就打电话问我。因为除了看危害结果外，最重要的是要确定行为人有无主观恶意，即他做这件事的动机是什么。我在看过案件的相关报道，尤其是媒体对他母亲的采访和家庭情况的调查后，便明白了他的问题所在。

在刘某某出生 56 天后，父母就分居了，在他三岁时就离婚了。此后，他再没见过父亲。母亲是一名公交车司机，非常自立、坚强，有时凌晨就要去上早班，晚班又常常到半夜才能回家。他家里只有因中风腿脚不便的姥姥，母亲就让姥姥陪伴他，让他也帮助姥姥。因担心他跑出去玩，姥姥管不了，母亲每次上班前就将他们反锁在家里，连窗户都钉死了。他只能在家待着，陪伴他的除姥姥外，就是一篮子积木和塑料拼板。

如此单纯的环境养成他对母亲非常依赖，从小就很听她的话，几乎所有事情都按照她的要求去做。正如母亲所说："我不去做的，他就不知道。我不去引导的，他就不去做。我说朝东，他就朝东走。我说苹果是甜的，他就不知道苹果是酸的。"

他就在几乎与世隔绝的背景下度过童年，直到五岁才开始接触外面的世界。上学后，他被人欺负都不懂得还手，被人骂也听不出来是脏话，只是学习成绩一直很优异。

在他被关在家里的那几年，姥姥经常唠叨不能出去玩的理由："外面有熊瞎子，鼻子可灵了！熊瞎子专爱吃小孩，小孩一出去，它就能闻到。"大概他儿时的记忆里除了玩积木外，就是姥姥一再重复的这些话。

他从小就喜欢动物，高考时想报生物系，但母亲不让，就报了机电系。但是，他对动物的热爱并没有消失。他说："我曾经从书中看到过熊的嗅觉灵敏，分辨东西的能力特别强。但人们又总说'笨狗熊'，所以我就想验证一下熊到底笨不笨。"他想到硫酸的气味大，如果熊闻到刺鼻的味道，会不会躲开呢？在北京这样的大城市，哪儿能找到熊来做实验呢？当然只有动物园了。于是，他就去了北京动物园熊山，泼硫酸验证熊的嗅觉灵不灵敏。结果，那些熊天天接游客从上面扔下来的食物，以为人类都很友好，哪知这回泼下来的是硫酸，脸部被严重灼伤。

了解这些情况后，我认为刘某某并不是故意泄愤，也不是恶作剧或故意伤害熊，而是在做实验的幼稚想法驱使下干了坏事。他脑子里除了做实验外，根本没有意识到后果有多严重。他没有想到这是一种伤害生命的行为，动物园是家长们带孩子去认识各种动物的重要场所，那里涉及公共秩序与行为规范的问题。他的行为既直接导致对动物的严重伤害，还间接伤害了那些爱动物人士的感情。

当然，像刘某某这么严重缺乏常识的书呆子并不多，但不可否认的是，现在许多著名学府里学习优秀的年轻学子步入社会后感到彷徨，包括前面提到的那个美国电影院枪击案制造者霍尔姆斯都已经读到博士了，却不知如何融入社会。如果一个高智商的人被培养成这样，那他基本上就废了。所以，家长千万不要以为孩子学习成绩好就万事大吉了。让孩子在幼年时多走出家门，去接触人与社会，是一种非常有益的心理培养。

观念的心理抚养是为孩子注入心象

观念是由生活情景形成的，而不是由推理形成的。

何谓观念？若从字面理解：观，就是看，也可扩展为即刻的感知觉；念，拆解字面是"今天的心"，就是经常在眼前冒出来的曾经历过的"观"。例如，你看过一部墨西哥电影，以后有人在你面前提到这个国家时，你脑海里会闪现这部电影的画面。你有关墨西哥的印象、观念，就来自这部电影给你留下的画面。

观念不同于知识：知识是理性的，且有逻辑，而观念只是记忆的一幅画面，常常表现为一闪而过的想法，也称念头。我对"观念"的解释很简单，它就是观到的同时形成的念，看到的同时形成的想法。我们常说"有个念头一闪而过""错误的选择就在一念之间"，说明观念不是理性的连续推理，而是瞬间的反应。这种反应看似没有理由，但它一定与这个人过去看到的、听到的东西有关。所以，观念是由生活情景形成的，而不是由推理形成的。

学习语言的例子有助于我们理解观念的形成。为什么中国人看见球会发出"qiú"音，而英国人会发出"ball"音？当你第一次见到皮球时，爸爸说"球球"，你下次再见到皮球，脑海里的声音就是"qiú qiú"。如果你第一次见到皮球时，爸爸说"ball"，你以后脑海里的声音就是"ball"。所以，中国孩子只要听到"qiú"，脑海里就会出现球的形状，突然看到一个球，脑海里冒出来的声音就是"qiú qiú"。同理，英国孩子对"ball"的反应也是如此。

由此可知，一个人的观念来自哪儿？那一定是他从小耳闻目睹的东西，是他见得最多的情景、听得最多的声音，是经常在他眼前晃来晃去、一遇事就唠唠叨叨的抚养人。对绝大多数家庭来说，那些人就是妈妈、爸爸，还有爷爷、奶奶，或者姥爷、姥姥。

一个孩子如果长期眼前无人影，耳边无人声，就不会拥有太多观念。大家知道孩子刚开始有自主能力时喜欢抓东西，如果身边一直有人看护，就经常会呵斥和制止他。这时，聪明的孩子会怎样？他一旦想去抓一件曾被禁止拿的东西时，会扭头观察看护人的面部表情。如果看护人一笑，他就会去抓这个东西。相反，如果看护人拉下脸来，再哼上一声，他马上会把手缩回去。在这个过程中，看护人的脸色就是孩子做与不做的观念来源。

当孩子再大些，和父母共同面对同一情景时，父母的表现、态度和行为举止会在他心里留下一幅幅画面。当他以后遇到类似的情景时，那些画面会让他知道如何去做。例如，父亲带儿子出门，在路上看到一位老人正费力地拉一平板车的货物上坡，就立即走上前去帮老人推车。儿子看到这一幕以后，就会留下这幅心象，以后哪怕他已经成年，遇到类似的情景也会冲上去帮助老人。我们不要看孩子小，以为他不懂事。其实，正是因为年纪小，孩子遇到的每一件事都可能会深深地印刻在脑海里。我认为，观念几乎可以说是人的世界观、人生观和价值观的起点。

我小时候住在工厂大院里，谁家做饭尤其是肉菜时，香气就会飘进邻居家。在我的邻居中，有位老人经常在这个时候拿着碗，带着孙子或孙女走到做饭的人跟前说："给我们盛一碗吧！都说吃百家饭的孩子长得壮。"尽管别人家里也有好几个孩子，这一小锅美食并不多，但还是会勉为其难地给这位老人盛上两勺。

　　我记得父母在家里说起这种行为时很不以为然。我母亲就说:"如果人人都这样做,谁家还敢做肉菜呀?"我赞同母亲的说法,而且父母这种态度也成了我的观念。我这辈子看见别人有什么好东西,都不会去要或借。但是,我在生活中多次遇到这样的人,他们见到别人刚得到什么好东西,就毫不客气地说"借给我用用",拿走后再也没还回来。这种喜欢占便宜的人,我们基本上可以判断,他们的家人或抚养人一定也喜欢占人便宜。

　　观念往往体现人内心和行为的界限甚至底线。缺乏好观念的人,为人处世往往是没有界限或底线的。所以说,观念决定人行为的好坏,有时还涉及人品的优劣。

父母在意并强调的东西会成为孩子的观念

　　每天的生活连续起来就像一条潺潺流淌的小河，观念就是这条河流不同场景的抓拍，每一帧画面都是这条河流的标记。

　　既然观念涉及三观，还涉及人品，父母就要特别重视在早年培养孩子一系列好的观念。这首先需要父母不离开孩子，一直陪伴在他身边，及时发现问题，随事而教，随时纠正。观念形成的时间越早，就越恒久。早年的观念甚至可以进入潜意识，成为人瞬间不用思考就做出反应的根据。

　　孩子来到这个世上以后，每天所见所闻形成的看法就是观念。如果说每天的生活连续起来就像一条潺潺流淌的小河，那么，观念就是这条河流不同场景的抓拍，每一帧画面都是这条河流的标记。在日常生活中，父母对某些事情特别在意、坚持和强调，就会成为孩子的观念。

　　例如，在楼房居住的人家，当孩子在屋里玩耍时动静太大，有的父母会制止道："你在家里不能这样！你玩得开心，可楼下邻居受不了。如果楼下邻居家里有老人，心脏还不太好，你这么玩会给人家带来很大痛苦。你做事时要想到别人的感受。假如楼上邻居天天在我们头顶拍皮球、跳绳，你会有什么感受？"这就是父母所在意、坚持和强调的。这种随事而教的话会让孩子形成一种观念，即在自己开心的时候，还要考虑是否会影响别人。

再如，有时邻居做了好吃的饭菜会主动送来一大碗，父母的不同做法会让孩子形成不同的观念。一种做法是，即使孩子在家，父母也只是接过邻居的饭菜后表示感谢，直到吃饭时才告诉孩子。另一种做法是，父母接到饭菜后会特意告诉全家人尤其是孩子，并让孩子当面谢谢邻居。这种随事而提的要求，会让孩子形成一种观念，即在接受别人的美意时应该真诚致谢。有这种观念的孩子就不会只顾自己，不在乎别人的付出。

又如，社区里有个孩子偷拿东西，街坊邻居知道后都在议论，一家人吃饭时可能就会说起这件事。有的父母会说："这个孩子这么小不懂事，拿了也就拿了，不要太当回事。"他们的孩子就会认为这种事其实没什么。相反，有的父母会说："这是他爸妈没教育好，怎么能偷拿人家的东西呢？"他们还转过头来对自己的孩子说："你可得记住了，这种事绝对不能干！这是丢人现眼，也是违法的，你长大了这么干是要坐牢的！"这些话就会让孩子形成一个重要的观念，即偷东西不管多少，都是不道德的、违法的。

我就见过一位妈妈对儿子这么唠叨。那是很早以前的事了，我当时还住在工厂大院里。那时候的房子是十几家挨成排，每家没有独立的洗手间，洗衣服都要去路边的水龙头那儿洗。有一天，我坐在那里洗衣服，看见一位妈妈抱着孩子从北往南走，只听她一路对怀里的孩子说："以后咱到别人家不能随便拿东西，更不能带走，因为那是人家的。你要是想要，就悄悄告诉妈妈，妈妈回来一定给你买，还给你买更好的，记住了吗？"

我一边听一边乐，心想："这位妈妈一定是刚才带孩子去谁家串门，孩子看见人家的玩具喜欢得不肯撒手，想带走，但被妈妈坚决制止了。在回家的路上，妈妈还一直在跟孩子唠叨这件事。"

这位妈妈唠叨的重点不在于承诺给孩子买东西，而是在给孩子灌输一个重要的观念："拿人家的东西是不行的！东西是有你我之分的，别人的东西咱不能要。"

最后，我还要强调非常重要的一点，那就是电子产品已经走进千家万户，电视和手机里的画面活生生地扑入幼儿的眼帘，可能在不经意间成为人早年观念的来源。

前两年，我经常陪外孙一起看动画片。这一看让我心里发紧，因为里面的情节不是你杀我就是我杀你，人被杀死后又蹦起来复活了。看了这种画面，孩子怎么可能正确理解人生最重要的生死大事呢？难怪现在有些未成年人对大人稍有不满就喊道："我要杀了你！"他们大概以为杀完人后，那个人还能活过来。

有些动作片里逼真的杀人动作和充满暴力的口头禅等，也让人瞠目结舌。我曾访谈过一个杀害亲生母亲的女孩，问她杀人的方式是怎么想到的，她说："我是从动漫里看到的。很简单，从背后用漂亮的丝带勒住她的脖子，拉着她在屋里走几圈就行了。"动漫画面看似很简单，甚至还很"美好"，却给孩子留下这样可怕的观念，即杀人不过如此简单。

当然，这种事情的发生与有关部门对媒体的监管不力有关，还与动漫制作商缺乏良知和社会责任感有关。在要求社会加大监管力度的同时，我想提醒家长们要把好动画片的选择这一关，有条件的话，还要和孩子一起观看，可以及早发现问题。

第五章　人性由情感唤醒

谈到心理养育，重点是探讨如何养育一个心性健全的人。那么，"心性健全"最基本的要求是什么？很多人恐怕没有在意或思考过这个问题。我的答案是，养育一个心性健全的孩子，首先要让他具有人性。

那么，何为人性？人性是不是人生下来就应该具有的属性呢？是不是每个人都天生具有人性呢？果真如此的话，我们的社会就会美好得多。

不幸遇到毫无人性的人会怎样

小到与人交往，大到社会管理，人性的体现几乎无处不在。何为人性？这不仅仅是哲学家的话题，更是每个人的人生追问。

2018 年 5 月 5 日晚，一位空姐为赶次日凌晨从郑州开往济南的列车去参加亲戚的婚礼，通过某打车软件叫车前往郑州火车站。然而，这个年轻美丽的生命就在这天夜里戛然而止……当亲人联系不上她报警后，警方发现她已被司机杀害。很难想象一个男人面对一个柔弱无助的女子时，为何没有一点内疚与不忍？

2019 年 6 月 9 日，已有三个月身孕的王女士在泰国一个公园里被丈夫俞某某推下 34 米高的悬崖。回忆起那个坠崖的早晨，王女士一直无法释怀。因俞某某提议去看日出，两人清晨便抵达公园。俞某某突然问她："你这辈子有没有什么遗憾的事？"她觉得有些莫名其妙。等其他游客散去后，俞某某又提议去看壁画。走到岩壁边时，她觉得危险，不肯再往前走。但俞某某坚持要走过去，还一直盯着悬崖往下看，这让她觉得十分诡异。随后，俞某某从背后抱着她，还亲了一下，然后用力推开她，并恶狠狠地说："你去死吧！"她整个人便腾空摔下悬崖。可能是命不该绝，她在坠落过程中被大树拦了一下，后被过路游客发现并及时送医，才得以侥幸生还。她至今仍记得俞某某说那句话时凶狠的语气，那个前一秒还被自己称为老公的人，下一秒就毫不犹豫地想杀死她，尽管她已经怀了他的骨肉。

善良的人们恐怕永远想象不到现实生活中会有这样毫无人性的人。有些人做出这类毫无人性的事情是为了满足自己的某种欲望，但还有一类人对襁褓中的婴儿或幼小的孩子也下狠手，简直让人找不到理由来解释。

2013 年 3 月 4 日早晨，长春一对夫妇带着两个月大的儿子，开车去自家超市忙活。春节刚过不久，东北的天气还很寒冷，他们担心室内太冷会冻坏孩子，就先进屋去生炉子，把孩子放在没有熄火的车里。大约 10 分钟后，他们发现车被人盗走了，孩子也不见了，就立即报警。警方迅速在全城展开搜寻失窃汽车的行动，并通过当地交通台滚动播报一条消息："如果你发现后车座上的婴儿，请把他放下。"很多出租车司机和私家车车主也自发加入到寻找孩子的行动中来。母亲通过媒体泣不成声地向偷车贼喊话："我求求你了，你把孩子给我就行，我啥也不追究。"结果，第二天发现孩子已被人勒死，埋在积雪中……两天后，警方抓获 49 岁的犯罪人周某某。

2013 年 8 月 4 日，黑龙江一名男子因怀疑女儿不是亲生的，便在满月当天往她体内扎了一根缝衣针，数日后又分两次扎入三根针，想悄悄把她杀死。

同年 8 月 24 日，山西有个伯母把六岁的侄子带到山上，竟然将他的双眼挖掉，并将他放在离山崖几步远的地方。

更令人震惊的是，还有母亲将自己的孩子虐待致死。2013 年 6 月 21 日，南京一社区民警上门走访时发现，一名女性自 4 月下旬就把两个幼女锁在家中，一直外出未归。事后发现，她曾在家门外的街上徘徊，似乎有意不归，以致两个年幼的孩子被活活饿死。

还有一类让人触目惊心的案件，那就是还不满 14 周岁而无刑事责任能力的孩子弑母。例如，2017 年四川省大竹县 13 岁的男孩袁某某，2018 年湖南省沅江市 12 岁的吴某某和衡南县 13 岁的罗某，2019 年江苏省建湖县 13 岁的邵某，皆因不满母亲管教太严，便残忍地将其杀害。其中一位少年被警方带走时，村民问他为什么要杀害自己的母亲，他镇静地说："我就是恨她。"

网上有父母说道："这一届父母战战兢兢，承受着莫大的精神压力、身体压力与经济压力，除了心累还是心累。"许多父母想不明白，自己一手养大的孩子为什么会做出这种丧尽天良的事？

上述案件只是真实犯罪的一部分。尽管这种案件发生率极低，但足以引起整个社会的警惕，谁能保证自己一辈子不会遇到这样的人和事？

在同为"人"的社会里，有的看上去就是一个普通的路人，有的看似好闺密、好哥们，有的还成为一家人并有了共同的孩子……这些人平时礼貌得体，甚至憨厚老实，可他们有一天走近你，却可能让你命悬一线。有的母亲更想不到自己怀胎十月辛苦生下来的孩子，有一天竟会置她于绝境。

这就是我们探讨"何为人性"的意义。就像我们不想患上某种可怕的疾病，必须事先尽可能多地了解发病的原因一样，我们要想不被这种可怕的人盯上并受到伤害，就必须了解这种毫无人性的人是怎么长成的。我们还要从根源上防范，避免自己辛辛苦苦养育出来的竟是这样一个白眼狼。

情感是上天为人设计的紧箍咒

《西游记》的故事不仅仅告知人生取经之难，还揭示出人类在自然界中就像那只"孙猴子"，修行之前要先加以束缚。

我上大学时读的是哲学，对一位哲学家的观点印象极深。他认为，万物之中存在着大自然的智慧，因为万物的运行并非来自人类的意志，相反，人类的所谓"智慧"恰恰来自大自然，人类只是逐渐发现并认识自然界本身拥有的智慧而已。就这点而言，大自然的智慧远远超出人类的智慧。

每当人类想要改造或征服大自然时，就会遭到无情的报复。例如，疯牛病就起源于英国 1981 年开始允许使用牛、羊等动物的内脏和骨粉作为牛饲料，结果使得一种蛋白质进入牛的体内，发生神经元相噬现象。再如，四环素被发明后，人们惊喜于其疗效，却未想到几十年后，服用这种药的人生下的孩子会出现严重的牙齿缺陷。人类对自己的发明创造往往只看到一时的益处，只有经历更长的时间和更多的实践后，才会发现其副作用。

2018 年 11 月，某大学副教授宣布一对经过基因编辑的双胞胎女婴在中国诞生，她们生来就对艾滋病具有免疫力。这一消息震惊中外科学界，在全球引起轩然大波，大家一致谴责这一行为有违科学精神和伦理道德，被修改过的基因将通过这对双胞胎融入人类的基因池，使人类面临未知的风险。后来，这位副教授以非法行医罪被判处有期徒刑三年。为什么科学界对这起事件反应如此强烈？因为人类在对基因的认识还很有限的情况下，就人为改造自身基因，后果难料，可能会带来不可控的风险。

大自然的智慧可以在许多事物中被发现，比如农历就不是被发明的，只是大自然的运行规律被人记录下来而已。同样，在人类幼子的出生和养育过程中，我们也会发现大自然的诸多精心设计。

我们知道地球上存在着千万种生物，人只是其中一类。若论天生的本事，人在许多方面不及其他动物，比如视觉不及鹰，听觉不及狗，嗅觉不及蚊子，味觉不及猪，触觉不及一身毛发的动物。此外，人的体型、肌肉力量、奔跑速度、弹跳高度等，也不及某些动物。然而，人为什么能成为万物之首呢？因为人拥有高超的智能和技能。智能以人的认识为核心，以遗传为主；技能则靠重复训练而成，乃后天获得的能力。当人面对老虎、狮子等凶猛的动物时，用自己发明的麻醉药或制造的麻醉枪就足以对付。

自然界中有这么聪明能干的人类，就存在一种危险：假如有人肆意妄为，就像那位倚仗科技擅自修改人类基因的副教授一样不知天高地厚，违背自然规律，触犯天条怎么办？

聪明能干的人类像极了《西游记》里的孙悟空。孙悟空自恃本领高强大闹天宫，玉皇大帝手下的天兵天将都拿他没办法，后被如来佛压在五行山下。鉴于孙悟空有一身本事，为了让他变成有用之才，如来佛就让唐僧去解救他，并带他去西天取经。

漫漫取经路就是修行的过程，但自恃神通广大的孙悟空根本不服从唐僧的约束。那么，如何让这只聪明但顽劣的猴子既能发挥才能，又能在历经磨砺后学会自我管理呢？实现这一步的前提是要先通过外部的控制，让他听师父的话。于是，观音菩萨来了，送给他一顶好看的帽子。他在不知情的情况下戴上帽子，原来那是个一念咒就会收缩的紧箍。从此，他不得不接受师父的管理，最终修成正果。

自然界中没有比人更聪明能干的动物了，那么，谁来约束这个万物之首呢？老天也给人类准备了一个"紧箍咒"，那就是让人相互制约。

老天的设计是，让每个人刚来到世上时完全无能无助，所有的生命需求都要通过哭喊来表达，乞求另一个人过来帮他。在生命初期，天生的需求给孩子带来的是痛苦，只有他人及时出现并出手相助，才能消除这种痛苦。这种状态不是持续一两天、一周或几个月，而是将近三年。在孩子痛苦的时候，那个及时出现的人就是他快乐的来源，所以他会记住这个人，眷恋这个人，离不开这个人。正是对他人的这种依恋之情启动了人的社会属性，而后这种属性逐渐渗入人的自然属性中，一同构成人性。

由此，我们明白何为人性，即一个人有情感就有人性，无情感就无人性。我们还明白，老天对人性是有制约的，好的抚养才能养出好的人性。

一个人尚有情感就尚有人性

对人最有力、最无价的控制力就是情感。越是弱者，越是一无所有的人，有时越需要一种柔软的情感去唤醒其人性。

我认为，情感是人性的核心。为什么？我在调查研究中发现，有些犯罪人非常残忍，但在最后时刻能停手，就是因为内心还有一点情感，他们在乎这份情感。

2016 年落网的甘肃白银连环杀手高某某，从 1988 年开始在白银市、包头市连续作案 14 年，犯下抢劫、故意杀人、强奸、侮辱尸体等罪，共致 11 名女性死亡，造成巨大的社会恐慌。令人费解的是，为什么他到 2002 年突然停手了？原来，那一年他的儿子考上重点中学，他不想影响孩子的前途。这让我们看到，这个人们眼中的"变态狂魔"心里还有一点柔软的地方，那就是他对儿子的一份亲情。

20 世纪 90 年代，北京有个特别有名的犯罪人叫白某某。此人早年因盗窃、抢劫罪被判有期徒刑十几年，服刑期间还悄悄杀了两名狱友。1996 年出狱后，他在北京三次袭击哨兵，还用抢来的半自动步枪打伤了三名巡警。后来，他又闯进河北一个弹药库，抢了一支自动步枪。年底，他在北京德胜门枪杀一名女摊贩，抢劫六万余元，还打伤三名路人。这笔钱在当时已算巨款，可他还不满足。

1997 年，白某某跑到曾经服过刑的新疆石河子市，与以前的狱友吴某某合伙作案。两人枪杀警员并抢了一把手枪，后来跑到乌鲁木齐做了一起惊天大案，在一家宾馆门口抢了大约 140 万元现金，并开枪打死七人、打伤五人。这起案件当时被称为"中国刑侦一号案"，还被国际刑警组织列为 1997 年世界第三要案。

做完这起创纪录的抢劫大案后，吴某某急于分赃，但白某某不想给他钱，就想杀人灭口。白某某说："现在风声太紧，咱们要离开新疆，不知道什么时候才能回来，走前一起到天池玩两天吧。"为了麻痹吴某某，他还带着女朋友一起去天池。

吴某某知道他心狠手辣，但觉得他不至于当着女朋友的面下手，于是就去了。不过，吴某某还是多了个心眼，临走前跟堂弟说："我要是一个月不回来，可能就不在人世了，你就去报警。我家里有个蓝皮笔记本，你好好翻翻，那里边有他俩的地址。"

几天后，吴某某果然在天池被杀了。新疆警方根据他堂弟提供的线索，马上就把白某某的信息通报给北京警方。北京警方知道他手里有枪，就派了四个警察去逮捕他。

白某某做完这起大案后，心想这辈子钱够花了，再也不用作案了，就把长枪处理掉了，只留了一把手枪。他知道万一东窗事发，警察来抓他，那就是死路一条，必须拼个鱼死网破。所以，他把手枪装上子弹，放在家里一个柜子的抽屉里，用胶带倒贴在抽屉顶部，一伸手就能拔出来射击。

警察已料到他会拼死抵抗，上门时就找了一个借口，说："我们正好路过这儿，通知你户口已经批下来了。你跟我们去趟派出所，把表格填一下。"

20 世纪 80 年代"严打"的时候，有一项规定是被判刑五年以上的人要被吊销城市户口。后来这个政策改了，允许犯罪人回城重新落户，但要有一个审查阶段。白某某 1983 年因盗窃罪被判入狱，服刑后回到北京，户口一直没上成。那时北京要恢复户口是很难的，所以警察想用这个好消息来安抚他，然后把他带走。

俗话说："会叫的狗不咬人，会咬人的狗不叫。"白某某有点结巴，但他心思缜密，极其狡猾。他看了四个警察一眼，马上就知道是来抓他的。他心想："办户口有晚上来叫的吗？需要来四个警察吗？"但他不说破，只是说："好吧，你们等我穿件衣服。"然后，他就转身朝柜子走去……

正在这时，他母亲从隔壁房间走出来，站在警察身边问："儿啊，警察找你什么事？"

他回头看了母亲一眼，安慰说："没什么事儿，我的户口批下来了，民警同志要我跟他们去办户口，完事就回来。"然后，他就跟着警察走了。

一上车，警察就给他戴上手铐，而他说的第一句话是："你们应该好好谢谢我妈，要不是她，就不是这个结果了。"

审讯时问他为什么这么说，他回答道："我本来想拿枪打死他们，可是，我母亲进来了，我就不能打了。我不忍心当着我母亲的面杀人，我做不到……"

这个杀人不眨眼的人，连女朋友都不放过，早就挖好了一个坑，随时准备把她干掉。可是，他对母亲竟然有些不忍心。"我不忍心当着我母亲的面杀人"，这句话说明他内心对母亲有着一份真实的情感，正是这份情感救了那四位警察。

虽然高某某和白某某残忍到那种程度，但当他们心里尚有一份情感时，还是能停手的，一个是为了儿子，一个是为了母亲。所以，对人最有力、最无价的控制力就是情感。不管一个人多么可怕，但凡他还有一点情感，就还有人性。

在现实生活中，情感不仅能体现人性的光辉，有时还能触动良知未泯的犯罪人的内心，改变他的犯罪意图。其实，越是弱者，越是一无所有的人，有时越需要一种柔软的情感去唤醒其人性。

有些犯罪人最后没对被害人下手，就是被一份情意打动了。北京就有这样一个案例，有个男人本想抢劫一位女出租车司机，最后却由抢劫者变成了照顾者。

这个男人一上车就说："把钱拿出来，跟我走，不许喊，不许叫。"

女司机说："钱我可以给你，但你不要伤害我。我是单亲家庭，就我一人带孩子，孩子现在还生病了，正在住院。"

男人说："你甭骗我了。"

女司机说："我没骗你。"然后，她就把孩子住的医院、病房和床号告诉他。

男人说："真的？那你带我去看看。"

女司机说："你敢去吗？"

男人说："有什么不敢的？走！"

女司机就把男人拉到医院去了。一进病房，儿子就冲她喊："妈妈。"

男人看了一愣，不说话了，而后居然对女司机说："你没有骗我。原来你比我还不容易，我真不是个东西，居然还想抢你的钱！"

最后，男人主动提出要帮助女司机，说："我能帮你做点什么吗？我要赎罪。"

在女司机的劝说下，男人去自首了，并得到宽大处理。

这个真实的事件发生在北京通州。我记得贵州也有这样一个案例，犯罪人的心也是被情感触动了。

贵州有个男孩从小就没见过爸爸，后来妈妈也去世了。爷爷一天到晚骂骂咧咧，还老打他，他就跑到一个山洞里独自生活。多年后，他身体发育成熟了，有性冲动了，就跑到山下去劫持女孩，强行与之发生性行为。女孩若是反抗，他就把她杀了，然后下山再找一个。

杀了两三个女孩后，他有一天又绑了一个女孩上山。这个女孩没有激烈反抗，而是告诉他："你千万别杀我！我家特别穷，我从小就没了爸爸，妈妈有病，还等着我放学回家给她做饭呢。我要是死了，妈妈怎么活呀？"

这段话触动了男孩，他想起自己已经去世的母亲，想到之后的痛苦，就没有杀害这个女孩，还把她送下山。这个女孩成了唯一在他手中幸存的被害人。

人性中的情感由养育而来

冥冥之中自有天意，人在生命初期无能无助正是上天的精心设计。

大自然的智慧还显现在这个现象里：越低等的动物，在生命初期自立能力越强；而越高等的动物，在生命初期自立能力则越弱。

见过蟑螂的人都知道，蟑螂一生就是一窝，密密麻麻的，不用照顾，小蟑螂第二天就满屋爬了。许多低等动物都很容易繁殖，因为它们作为低端生物，要为食物链上游提供充足的食物。所以，它们一出生就能自我生存。例如，小鸡破壳而出后，就能摇摇晃晃地站起来行走了，就能点头吃米了，就能自己找谷子和虫子来吃了，不用母鸡来喂它。

再高级一点的动物，比如猫、狗、狼等哺乳动物，它们的幼崽自立能力就弱得多。我看过一部科教片，讲一只母狼生了好几只幼崽，可能是因为奶水有限，没办法都养活，就把一只羸弱的幼崽叼到水沟边，任其自生自灭。后来，有位爱心人士把这只狼崽捡走了，用牛奶喂它，把它养大了。当它成年后，为了让它拥有朋友和伴侣，人就把它送回狼群。结果发现，它没有能力保护自己，在与别的狼发生冲突时被咬伤致死。

我们看那些在母狼身边长大的幼崽，它们身上还没长毛，四肢还不能站立，眼睛也睁不开时，就会靠嗅觉来寻找母亲的乳头。还有猫、狗等哺乳动物，它们的幼崽也有一定自理能力。只要母亲躺在那里，它们就会挪动身体去寻找乳头。当一个乳头被吸到没奶了，它们会用嘴去探索另一个乳头。

可是，身为最高级的动物，人刚出生时连挪动身体的本事都没有。你把奶瓶送到婴儿嘴边，他只会张开嘴，却无法将奶嘴放进嘴里，必须有人帮忙才行。妈妈第一次喂奶时，须将婴儿的脑袋按到乳房上，否则他只会张着嘴哇哇地哭，不会主动去寻找乳头。吃上奶后，他还会含着乳头睡着了，你必须不断地轻轻拍打他，变换一下体位来唤醒他，让他继续吃奶。当他吃饱后，你若不把他抱起来立着，让他搭在你肩上，帮他把吃奶时吸进去的气拍出来的话，奶水就会通过打嗝吐出来，那你就白喂了。

人在生命初期能笨到这种程度，与生存有关的所有需求，包括吃、喝、拉、撒、睡、翻身、保暖、打嗝等，没有一项能自己解决。婴儿非常脆弱，如果没人悉心照料，几乎连一个月都活不了。如果有人不小心把被子压在婴儿脸上，他自己没办法挪开，就会憋死。婴儿要是吐奶了，又仰面躺着，未被及时发现的话，就会因吸入奶水而呛死。所以，我们要把婴儿斜放在床上，后背还要垫枕头，以防口水被倒吸进鼻腔里。

每年都有一些婴幼儿因意外窒息而夭折。例如，有个妈妈嫌孩子爱哭，一生气就把被子往他脑袋上一捂，后来发现他被闷死了。2020 年也发生过一起婴儿闷死事件：有个妈妈加入一个"睡眠训练付费群"，把三个月大的女儿单独留在房间里，想训练她独立睡觉的能力。孩子入睡后突然翻身，变成趴着睡觉，然后开始哭泣。妈妈在房间外面看监控，问群友要不要进去帮孩子翻身。因为指导老师不在，妈妈虽然着急，却没有采取行动，任由孩子大哭。结果，妈妈两个小时后进去喂奶，发现孩子已被活活闷死了。

由此可见，人在生命初期连最基本的生存技能都没有。这种状态要持续多久呢？不是一个星期或一个月，而是一年啊！心理学家曾把一个刚出生的婴儿和一只刚出生的大猩猩放在一起养，想看看在同样的抚养背景下，二者有何区别。结果发现，在一岁内，大猩猩比婴儿聪明，能跟人有很好的互动，而婴儿刚开始只会吃喝拉撒睡，半岁后才对人有了一点反应，而且很多时候并不是自主反应，只是被动反应。直到一岁后，人的发展才开始突飞猛进，而大猩猩却几乎没什么变化了。

人在生命初期完全无能无助，一切都要靠别人帮助，这是上天的精心设计。正是在这种日复一日、年复一年的抚养中，人的情感就慢慢培养出来了，也就有了人性。

孩子最早是靠气味来认人的

孩子吃奶时记住谁的气味，谁就是他的依恋对象。所以，怀孩子十个月，不如"耳鬓厮磨"地养他十个月。

上天还有第二个设计，让人刚生下来时脖子是软的，必须抱在怀里喂养。抱过孩子的人都知道，新生儿的身长大概是成年人的胳膊肘到手掌的距离。喂奶时，哺乳者的胳膊肘正是婴儿脑袋枕着的位置。婴儿躺在这里吃奶时，哺乳者的鼻孔和嘴巴是朝下的，呼出来的气息自然全扑在他脸上。

每个人都是有气味的，从身上有孔的地方排出来。所以，鼻孔和嘴巴都是有味道的，尤其口气最重。哺乳者的气味好闻一点还好，如果很难闻，孩子也只能忍着。不过，这个气味给他的记忆是舒服的、温暖的。

大家不要以为心理活动都是在大脑进行的思维活动。其实，人早期很多的心理反应都在感官和身体上。人体的五种感官在人不同的发展阶段所起的作用是不同的。在孕期，胎儿最先发育的是听觉。在初生阶段，婴儿的嗅觉先于视觉发展。养过孩子的人都知道，婴儿初期吃奶时都是闭着眼睛吮吸乳头的。

嗅觉判断是婴儿最早的认人方法。其实，孩子早在胎中就记得母亲的心律和体味了，所以母亲抱他时就不爱哭闹。如果孩子一生下来就被送走了，交给别人抚养，在四个月到半年后，依恋的对象就会变成那个抚养人。

时间再久一些，孩子对母亲气味的记忆就会逐渐消退。

如果一直是母亲亲自喂养孩子，每隔三四个小时就喂一次奶，孩子会一边吃着奶，一边闻着母亲的气味。因为孩子每次最舒服的时候闻到的就是这个气味，这样闻了四个月到半年，就会出现认人现象，甚至闭着眼睛都知道抱他的人是不是母亲。

孩子会认人之前，谁抱他都行，谁喂他都行。但是，孩子会认人以后就要挑人了，如果来的不是他想要的那个人，就会抗拒。如果你听见邻居家的婴儿玩命地哭，一哭就是大半天，不用问都知道平时老带他的那个人不在家。

有的母亲带了孩子半年，然后要去上班，就把孩子的奶奶从老家请来帮忙。奶奶第一次接手的时候，孩子的反抗是非常激烈的，把奶瓶塞到他嘴里就是不吃，会用嘴往外拱。看他闹得又困又累了，奶奶想哄他睡觉，一直在那儿摇呀晃呀，可他就是不睡。为什么？他一闻这个人的气味不对，一听声音也不对，一看相貌也不对，就一直哭闹。

女儿生完孩子是在我家坐月子的，我照顾了她两个月，也天天帮忙抱孩子，可四个月刚过，孩子就不认我了。有一天，女儿出去买东西，孩子就扯着嗓子大哭。我把他抱起来，怎么哄都不行，奶嘴也塞不进去。孩子哭得可惨了，我担心邻居听见会怀疑他是不是被虐待了。等女儿一回来，我把孩子往她怀里一放，不到一分钟就安静下来了。

后来，我就想了一个办法。当孩子要找妈妈了，闻到我的气味不对要闹时，我就把他妈妈的枕巾拿过来垫在胳膊上，然后用他妈妈的睡衣包着他。因为枕巾和睡衣有他妈妈的味道，他一闻到那个气味就安静了。所以，我建议大家哄孩子时，先把他妈妈气味最足的东西找来，比如枕巾、睡衣等。

我经常出差，有个习惯是每次出门都要携带一块自己的头巾，睡觉时把它铺在枕头上。别人以为我这是为了干净，其实这只是一个原因，最主要是因为上面有我平时留下的气味，我在陌生的床上闻到自己的气味就会放松，有助于尽快入睡。

如果你早年有过良好的抚养背景和美好的感受，成年后因紧张忙碌生病了，有条件的话，就回小时候生活的地方去休养。如果老房子还在，你熟悉的老人还住在里面，那就更好了。你回去跟他们住一段时间，病会好得特别快。因为你在那个地方生活时，身体的记忆是最放松的，那里熟悉的气味可以唤醒你肌体的记忆，让你身心放松。

从气味识人这个角度来说，母亲亲自喂养孩子就非常有意义，有助于形成良好的亲子关系。可问题是，在现实生活中，很多家庭经济条件不好的母亲要外出打工，就把孩子丢给老人养；而家庭经济条件很好的母亲喜欢雇月嫂，有的甚至一雇就是两个。

我问一位母亲为什么雇两个月嫂，她说："一个管白天，一个管晚上。"

这意味着这位母亲甩手不管，完全把孩子交给别人喂养。我就劝她："你能不能把晚上那个月嫂辞掉，让孩子跟你一块睡？"

她说："李老师，我就是想睡个整宿觉啊！"

我说："你错了。睡觉时恰恰是人体排味最浓的时候，孩子晚上在你屋里睡，就会记住你的气味，以后就跟你亲。"

我想起公安部门经常打击拐卖儿童的犯罪。孩子被拐是父母莫大的人生悲剧，要经历漫长的心理煎熬，可当警察费尽周折把孩子找回来时，那个场面更让人心碎：亲生母亲哭成泪人，可孩子只是怯生生地看着她，甚至往后退，想退回他熟悉的养母怀抱中。所以，我常说一句话：怀孩子十个月，不如"耳鬓厮磨"地养他一个月。

谈恋爱也存在气味相投的现象

气味无意间会影响人的选择。当你靠近一个人时觉察不出他有体味，并不意味着他身上没味，而是你俩的气味相近。

气味这个东西很有意思，是潜意识的内容之一。人的潜意识里有很多内容，大家不要以为潜意识都是性，那是很庸俗的理解。气味的记忆，实际上就是一种潜意识。人在半岁内靠气味来认人，到成年后，气味仍然在生活中起着很重要的作用，只不过它已经被潜化了，人往往意识不到它的存在。

嗅觉识别是动物重要的生存本领之一。养过狗的人都知道，狗狗见面时都是先凑过去闻一闻对方。我住在北方，一到下雪天就看得特别清楚，狗冲过去的那个地方，一定有别的狗撒过一泡尿了。不下雪的时候，虽然狗看不到这种痕迹，也会挑一个地点去闻。为什么挑这个地点呢？狗不是凭视觉，而是凭嗅觉。

以前有一部科教片讲广州动物园有一只雌性白老虎，已经到了可以生育的年龄。因为白老虎很珍贵，园方想给这只母虎配对，让它繁衍后代，于是遍寻国内各大动物园的公虎。他们先后借来好多只公虎，但它们都被这只母虎咬伤了。大家知道老虎发起威来，母的更狠。

动物园工作人员就很纳闷：这只母虎明明到了发情期，为什么看见公虎不发情呢？最后，他们去请教北京动物园的专家。专家说："你们得查一查它的出身。"

这好办，老虎都有登记出处。他们一查这只母虎的品种，发现它的老家在欧洲。专家说："那你们就到老家去给它找伴儿。"

他们就从欧洲一家动物园借来一只公虎，跟对方商量好了："如果配对成功，母虎生下两只小老虎的话，你们一只，我们一只。"然后，他们就用飞机把公虎空运过来。

因为有前车之鉴，他们这次可谨慎了，担心再给人家咬伤了。他们就在动物园里拉了一张铁丝网，网的两侧放着铁桶，里面挂上鞭炮，旁边还架上大鼓。他们还准备了长的钩子、铁棍、竹竿，要是两只老虎一见面打起来了，就拿这些东西把它们挑开，用鞭炮声和鼓声把它们吓跑。

这一系列准备工作做好了，他们才把公虎放进去。两只老虎从不同的洞里出来，一望见对方，马上就站住了。以前这只母虎见到别的公虎都暴跳如雷，冲上去就咬，这次却一改往常。站了一会儿，它们开始往前走。走到铁丝网那儿时，它们四目相对，非常安静，尾巴摇来摆去。

有人说："这次有戏，要不要拉开网试试？"

有人谨慎一点，说："再观察一下。"

两只老虎就在那儿踱步，隔网对望。人们觉得这次真有希望，就慢慢把网拉开了。旁边有人拿着棍子，准备好了鞭炮，以防万一。结果，只见两只老虎错过身，互相闻了一下，然后扭头并肩走了。

这次配对成功了。母虎凭什么知道这个配偶行呢？就凭嗅觉，因为它身上没有异味。人择偶也是这样，只不过人已经进化到比较高级了，有很多认知的干预，往往意识不到嗅觉也起了作用。

已故心理专家李子勋在讲爱情心理学时说过，找对象很多时候靠气味就知道适合自己的那个人是谁。他现场做过一个实验，让男的站成一排，女的蒙着眼睛走到每个男的面前站一会儿，然后选择哪个是自己的配偶，结果她们基本上都找对了。

有个词叫"臭味相投"，找对象就要两人气味相投才行。如果别人给你介绍一个对象，你今天去跟他约会，老闻到他身上有一股异味，还会跟他谈恋爱吗？肯定不会。你想，以后的日子怎么跟他过啊？

其实，每个人身上都有气味。但是，为什么有的人一接触，你觉得他没味呢？不是他没味，而是你们的气味是一样的，这就叫缘分。所以，臭味相投才能走到一起。父母和孩子的气味有时候是不一样的，但夫妻之间肯定是一样的。

事实上，气味会左右人的很多选择，只不过我们意识不到罢了。当你觉得一个人没味时，只是你闻不出来而已，并不等于它不存在。

举个例子，北方人爱吃炸酱面，里面有葱姜蒜，尤其是大蒜和酱绝配，吃起来很香。可问题是，吃蒜的人很幸福，没吃的人在他身边会很痛苦。你一走到他跟前，他一张嘴，扑面而来一股蒜味，很呛人。在拥挤的公交车上遇到一个刚吃过蒜的人，他的脸正好冲着你，蒜气一口一口地喷过来，你肯定很难受。

有时上班也会遇到这种情况，有同事中午吃了大蒜，你在他对面坐一下午，被熏得头疼。怎么办？最好的办法就是，你赶快找一瓣大蒜来吃，哪怕就嚼一口也行，然后喝点水吞下去。过一会儿再跟他说话，你会发现他没味了。和同事们一起吃饭时，你一看谁在掰蒜，赶紧也拿一瓣过来吃。当你嘴里也有蒜味的时候，你就不觉得难闻了。

这个办法是母亲教我的。所以，我们家有个习惯，只要谁打算吃蒜，都要喊一声："我要吃蒜。"其他人会说："那好，我们也吃点。"全家人都吃了，就闻不出谁有味了。不是蒜味不存在了，而是大家的气味都一样了。

你有时候进别人家会闻到一股味，进自己家则觉得没味。其实，不是你们家没味，而是你和你们家的气味是一致的。

依恋是人生的第一次"恋爱"

依恋是人生的第一次"恋爱"，也是人来到世上的第一份安全感。成年人的情绪困扰大多来自依恋期的情感缺失。

人类幼子出生时，对外界几乎没有任何选择能力。有句俗语叫"有奶便是娘"，说的就是这种情况，谁养孩子，孩子就跟谁亲。这个养的过程大概经历一百多天，一般在四个月到半年内，孩子会出现第一个主观表现，即"认人"。

许多具有情感的动物都有认人的表现，比如常见的宠物猫、狗甚至鸟，都会认准主人并跟随主人。但它们的情感并没有强烈的排他性，比如我牵着别人家的狗，这只狗也会跟我走。人类幼子会认人以后则具有明显的排他性，当他困了、饿了或不舒服时，只要那个他认准的人来照顾他，如果来的是别人，就会出现强烈的抗拒。这种一对一、不可分的情感可称为"恋情"，只不过这种恋情乃出于依赖，在心理学上称为"依恋"。

依恋是一种非常重要的心理现象，在 20 世纪四五十年代开始引起心理学家的关注。第二次世界大战期间，有很多孤儿由保育院和宗教慈善团体抚养，长大后出现各种各样的心理困扰，比如特别敏感、自卑、焦虑、抑郁等。像英国小说《简·爱》的女主角就是从孤儿院出来的，她就非常敏感。

二战孤儿来做心理咨询的特别多，心理学家就怀疑是不是当年养育机构存在虐待行为，于是展开调查，结果发现没有。当时很多工作人员是献身于上帝的修女，对孩子非常有爱心，不存在任何物质上的匮乏和身体上的虐待。

心理学家感到困惑不解，研究到最后发现，问题出在这些机构的抚养方式与家庭不同。养育机构采用的是轮班制，每天由不同的人值班，孩子不停地更换看护者，无法形成一对一的依恋关系。当孩子的依恋情感得不到满足时，就会出现焦虑、苦恼、烦躁等情绪，为成年后的心理问题埋下了祸根。

依恋的形成，需要一个稳定的抚养人。每当孩子有需要，这个人能马上出现在他身边，就会身心愉悦。相反，孩子每次一睁眼，眼前晃悠的都是不熟悉的人，心里就会害怕："你是谁呀？我不要你！"孩子就会以哭闹来反抗，大人愣是把他抱过去，他的身心还是紧张的。所以，人早年缺少一对一的抚养就容易烦躁。

有的家长不懂这个道理，因为跟医院闹别扭，就把刚出生的婴儿扔在医院里，说："你们不解决这个问题，我就不把孩子领回家。"这种家长真是愚蠢透顶！因为护士都是轮班制，今天这个护士来喂奶，明天那个护士来喂奶，孩子一年后会怎样？只要是穿白大褂的，谁来喂都行，但孩子跟谁都不亲，因为他对谁都没有形成依恋。

依恋一般在半岁左右出现，一直持续到12岁。孩子年龄越小，依恋就越强烈。有一种情况是家里人太少，孩子只形成对某个人的依恋。如果这个抚养人在孩子幼年去世，依恋关系突然中断，会对孩子的心理产生很大影响。

依恋为什么对孩子的心理健康很重要呢？一是因为孩子见到熟悉的面孔会高兴，情绪很快就稳定下来。二是因为孩子跟这个人在一起有安全感。安全感与熟悉度是相关的，如果孩子没有安全感，就会出现惊恐，对人保持警惕，不愿轻易表现自己。依恋期的小孩过马路时会拉着妈妈的手，如果被独自撂在半路上，会感到恐惧。

在著名心理学家马斯洛提出的"需要层次理论"中，第一层次是生理需要，第二层次就是安全需要。我最初看到这个结论时，不明白他为什么把"安全需要"放在"生理需要"之后和"归属与爱的需要"之前，研究多年才明白，安全感是人社会性发展的基本保障，有安全感才会有信任感，有信任感才愿意融入群体、与人亲近。

设想一下，你独自来到一座陌生的山上，那里杂草丛生，没有任何参照物，心里会不会紧张？当然会，因为你不知这里是否藏着蛇，或者哪里有深坑。遇见陌生人与身处陌生环境一样，因为你不了解那个人，无法预判结果，就难以信任他，紧张也是必然的。人在紧张状态下，对外界的反应是疑虑、不信任甚至抗拒。所以，安全感是紧跟在生理满足之后的第二种重要需求。

当孩子开始认人时，表明他已经信任这个人，这个人的存在和出现会给他带来可预知的愉悦感，因而对这个人产生强烈的依恋之情。

"恋"是一对一的情感，如果是一对多，则叫"爱"。比如，你从15岁就开始喜欢一个人，到20岁还是喜欢他，到25岁还等着他求婚，如果他跟别人结婚了，你就一辈子不婚，这就叫"恋"。如果是张三也行，李四也行，只要他符合条件，你就跟他结婚，这叫"爱"，不叫"恋"。所以，我们听说过"博爱"，却没有听说过"博恋"。

人一生在正常情况下有两次"恋"：一次是生命初期对抚养人的依恋，另一次是成年初期对愿意相伴一生之人的爱恋。

依恋是人生的第一次"恋爱"，表现为对抚养人依依不舍，不想与之分开。孩子与抚养人分离时会紧张不安，重逢时则轻松愉快。即使两人没有近距离接触，孩子也喜欢朝向抚养人，听其声，观其形。

我从小就非常爱母亲，只要她一出现，就觉得生活中充满阳光。因为她是一个比较外向的人，非常活泼，说话很爽朗。我记得小时候最盼望的就是她早点回来。如果是父亲在家，我倒觉得有一搭没一搭的，因为他比较沉闷，不爱说话。

所以，我们依恋一个人，缘于这个人给我们带来美好、舒服、快乐的记忆和感受。这是一种潜意识，我们在这个人身边会没来由地觉得舒服。如果你从小是母亲带大的，在生活中遇到一点难处了，回家就在她身边坐着，哪怕只是看她做针线活，跟她聊几句，心里也会有一种说不出的宁静。这种舒服的感觉源自你从小与母亲相处的美好感觉被唤醒了。

依恋情感是教养孩子的心理资本

钱能生钱即资本，早年抚养就是在积累教养孩子的心理资本。抚养人用辛苦付出换来孩子的依恋，才能拥有对孩子的心理影响力和心理控制力。

有一对父母发现女儿越长越不像自己，就去医院追查，发现当年抱错了孩子。他们最后找到了亲生女儿，想把十岁左右的女儿接回来，可是女儿死活不愿意，非要在养父母家生活。由此可见，依恋情感不是发乎天然，而是源于抚养过程。

如果说人在孕育过程中与母亲身体的连接是通过生理脐带，没有这根生理脐带的话，胎儿就无法生存，那么，依恋就是人在离开母亲的身体后与抚养人形成的心理脐带，没有这种心理脐带的话，孩子的心理就无法正常发展。

当孩子依恋一个人时，这个人说什么他都愿意听，心甘情愿地接受这个人的要求。尤其当他接触陌生人或陌生环境时，只要他依恋的这个人在身边，就有勇气去尝试。这种依恋不仅仅是孩子的需要，也是抚养人积累教养孩子的心理资本。资本，在经济学上是指可以增值的投入。只有真正付出辛苦的抚养过程，抚养人才能获得这种心理资本，即对孩子的心理影响力和心理控制力。

有人曾对我提出的"心理控制力"表示怀疑。其实，毋庸置疑，控制

213

是人类在这个世界上生存必不可缺的一种力量。就像刀一样，尽管刀可以砍断人的肢体，甚至被用来杀人，但谁在日常生活中离得了刀？这不是刀本身有错，而是使用刀的人要学会合理使用这种力量。

在孩子的成长过程中，其天性既有善的一面，也有恶的一面，家庭养育的智慧之一就是要扬善抑恶。那么，如何抑制孩子天性中"恶"的一面呢？比如，当孩子因妒忌、记恨而出现报复、算计、攻击等行为，或产生与社会规范格格不入的心理倾向时，家长该如何制止呢？很多家长在气头上会通过吼叫、吓唬、打骂、剥夺等暴力手段去教育或训诫孩子，但这些手段动用的是肌肉力量，而非心理力量，只会让孩子更加愤怒，甚至会模仿这种暴力相向的方式。

试想，一个陌生人对六岁以下的孩子会如何进行心理控制呢？除了欺骗外，要么恐吓、命令，要么生拉硬拽。小孩会有什么表现呢？要么紧张到不能动弹，要么拔腿就跑。如果被生拉硬拽的话，小孩会号啕大哭，激烈反抗。陌生人对孩子没有真正意义上的心理影响力和心理控制力，只能用纯粹的生理力量和外部的强制手段去控制他。

有些父母也存在这种现象。他们在孩子出生后并没有亲自抚养，而是交给别人养，等孩子长大要上学了，才从老家接到身边来。孩子见到父母如同见到陌生人，会感到紧张、害怕。这种心理距离会持续相当长一段时间，父母此时对孩子的管教可以有外部控制力，即命令或硬性要求，但绝无心理控制力，即一声叹息或温柔的请求就足矣。

所以，父母对孩子的心理控制力，并非借助外部的强制命令、动作或钱财等物质资源的力量所施加的控制，而是通过良好的亲自抚养，让孩子眷恋、依赖和信任他们，对他们形成依恋情感，从而心甘情愿地接受他们的要求，愿意听他们的话。

许多控制人的方法，比如企事业单位的规章制度、法律的强制规定等，都是对人具体行为的控制，而非心理的控制。只有因爱而生的心甘情愿被控制的情感，包括未成年时对抚养人的依恋和成年后对心仪对象的爱恋等，才具有真正意义上的心理控制力。

中国末代皇帝溥仪三岁登基，在新中国成立后成为一个普通公民，还写了一本回忆录叫《我的前半生》。他在书中回忆了早年的经历，还专门用一章写他的乳母，说明乳母是他早年生活中非常重要的一个人。重要在哪儿？用他自己的话来说就是："乳母使我通人性。"

溥仪自幼就成为皇帝，大臣见到他都要下跪，那些服侍他的太监更是低眉顺眼，对他百般忍耐、迁就。这是一种非常糟糕的养育方式。我曾说过，如果你想养一个逆子，即犯上、欺负父母或老人的人，你就在他生下来后像对皇上那样供着养，他要什么就给什么，永远不说一个"不"字，只要十年就足矣。供着养，也就是宠养。当孩子成长过程中出现不好的表现时，你从不制止，从不表明态度，他脑海中就不会形成是非观念，做事就没有底线，完全凭自己的欲望行事，变得没规没矩、无法无天。你不仅对他没有任何约束力和控制力，还随时有被他欺负的危险，因为他觉得你很贱，你怕他，你拿他没办法。所以，我们在家庭生活中经常见到一个现象：孩子往往会欺负那个对他百般顺从的亲人。

溥仪早年就有这样的经历。他在书中回忆道："到我十一周岁的时候，责打太监已成家常便饭，我的冷酷无情、惯发威风的性格已经形成，劝也劝不过来了。""我每逢发脾气，不高兴的时候，太监就要遭殃，如果我忽然高兴，想开心取乐的时候，太监也可能要倒霉。我在童年，有许多稀奇古怪的嗜好，除了玩骆驼、喂蚂蚁、养蚯蚓、看狗牛打架之外，更大的乐趣是恶作剧。早在我懂得利用敬事房打人之前，太监们已吃过不少我恶作剧的苦头。有一次，大约是八九岁的时候，我对那些百依百顺的太监们忽然异想天开，要试一试他们是否对于我这个'圣天子'真的听话，我挑出一个太监，对他指着地上一块脏东西说：'你给我吃下去！'他真的趴在地上吃下去了。"他觉得这种事很好玩，就经常恶作剧。他说，在人们多方逢迎和百般依顺的情形下，很容易养成一个人作威作福、从别人受罪上取乐的恶习。

伺候他的奴仆非常可怜，因为有些东西是吃不得的，比如树根、石头等。他身边的人心知肚明，小皇帝有这样的品性，长大后会滥用权力，于国于民将是灾难。所以，他们也在考虑如何教育他。他们首先想到的是小皇帝的老师，想让老师来教育他和改变他。我们想象得到，皇家给皇帝挑选的老师自然是人品好，学识渊博，能言善辩。老师通常爱讲道理，于是就开始教育他，说百姓爱戴的好皇帝是仁恕的，爱民的，有怜悯之心的……怕他听不懂，老师还给他讲了许多仁君的故事。

可是，溥仪也有他的道理，质问老师道："你们说，皇帝是不是要说一不二？我让他们这样做，也是为了检验他们是否听话，这有什么不对？"老师哪敢说皇帝不对呀？老师发现他自有一套歪理，跟他讲道理根本就讲不通，只能摇摇头走了。他在书中写道："承认我的这种权威，给我这种权威教育的也正是他们。不管他们用了多少历史上的英主圣君的故事来教育我，说来说去我还是个'与凡人殊'的皇帝。所以，他们的劝导并没有多大效力。"

那么，该如何约束和制止小皇帝的恶行呢？后来，周围的人发现有一个人对他说话特别管用，那就是他的乳母王焦氏。当他再一次让人吃地上的东西，而太监实在吃不下去时，他就大发雷霆，身边的人就悄悄把乳母找来了。看见乳母来了，他知道她是小脚走不快，就主动迎上去，然后扑到她怀里。那是他最快乐的时候。

乳母不会讲什么大道理，只是悄悄地跟他说："听说你让他们吃地上的东西，可他们也是人啊，怎么能吃那种东西？"

他说："我只是觉得好玩。"

乳母说："可我见不得这种事，如果你再这么玩，以后我也不敢来了。"

聪明的乳母言外之意是："你要是哪天不高兴，让我也吃地上的东西，我可受不了，那我就不来了。"

没想到小皇帝急了，连忙说："那不行，你得来！我以后再也不让他们吃地上的东西了。"

这让我们看到什么？第一，乳母对小皇帝拥有独一无二的约束力和控制力，这源于她曾经给他哺乳和抚养他，他对她具有强烈的依恋之情。第二，这份能约束他、控制他的力量不是物质性的，不是强制命令式的，也不是滔滔不绝地讲道理式的，而是情感性的。所以，心理控制力实质是一种情感的力量。

但须强调的是，这种心理控制力的形成具有时间性和背景的要求。只有在孩子早年完全无能无助，处于不能自主和自助的痛苦之中时，抚养人耐心陪伴他，及时回应他的需求，不辞辛苦地帮他解除痛苦，才有可能积累这种情感力量，形成这种心理控制力。

我认为，这就是天意。这是上天的精心设计，让父母在孩子出生后必须付出千辛万苦，睡不了整宿觉，抱在怀里放不下，在孩子刚会爬时不敢移开视线，在孩子蹒跚学步时扶到直不起腰来……父母早年辛苦的抚养积累的是一种心理资本，养出的依恋情感可以唤醒孩子的人性。像溥仪对乳母怀有深深的依恋之情，乳母寥寥数语就可让他感知他人的情感，也就有了人性。

人的情感越丰富，人性就越丰满

人性始于情感。一个人情感越丰富，人性就越丰满；情感越单一，人性就越单薄。

溥仪在《我的前半生》中写道："乳母是宫中唯一告诉过我别人是和我同样的人的人，是唯一曾使我想起了别人也是人的人。不但我有牙，别人也有牙；不但我的牙不能咬铁砂，别人也不能咬；不但我要吃饭，别人也同样不吃饭要饿肚子；别人也有感觉，别人肉皮打了铅弹会一样地痛。这些用不着讲的常识，我并非不懂，但在那样的环境里，我是不容易想到这些的，因为我根本就想不起别人，更不会把自己和别人相提并论，别人在我心里，只不过是奴才、阿哈、庶民。我在宫里从小长到大，只有乳母在的时候，才由于她的朴素的发自心底的言语，使我想到过别人也是人这个简单的道理。"

一个人能够感知他人的情感，一定是体验过这种感受，或者被告知过这种感受。比如，得过胃病的人在发现别人胃痛时更能体谅并给予帮助，而没得过胃病的人往往对别人的胃痛无感。有位男同事有一次聊起生孩子的事，说："我老婆生孩子的时候，我曾陪在她身边，听到她还生不出来而疼得嘶哑的喊叫声时，我就想绝不让她再生第二个孩子，我要一辈子善待她！"可是，有多少丈夫曾亲临老婆的产程？他们怎知女性在十几个小时

218

的分娩过程中是何等疼痛？

作为人性的核心，情感是怎么形成的？这不仅需要在抚养互动中形成依恋关系，还需要孩子在成长过程中经历很多事情，学会感知他人的感受。这种感受来自孩子与家庭成员、同龄人、密友（幼时最好的伙伴）的接触和交往，还包括初恋，当他第一次爱一个人时那种全心全意的付出……

孩子最初只依恋一个人，也就是抚养人，一般是妈妈。再大一点的时候，他就把情感扩展到爸爸、奶奶、爷爷等亲人身上，发展出了亲情。亲情越丰富的孩子，社会性发展就会越好。我们发现，情商高的人往往来自大家庭，来自生活中人员丰富的背景。赵本山就说过他是吃村里百家饭长大的，对人性的了解使他对各种人的模仿惟妙惟肖。相反，如果家庭成员很少，比如就妈妈一人养孩子，孩子的性格往往会比较安静，对人的认知往往比较简单，也就是我们常说的"单纯"。

当孩子走出家门和同龄人接触、玩耍时，就开始发展横向的友情。朋友越多，孩子就越快乐，就越愿意出去玩。可是，城市化的居住方式让现在的孩子陷入一种隔离性的孤独，如果父母或其他亲人没有特意带他们走出家门，这方面的发展就会受影响。

同龄朋友刚开始是中性的，即男孩和女孩不分性别地在一起玩；然后是同性的，即男孩喜欢找男孩玩，女孩找女孩玩，这一般从 10 岁左右开始；再往后则是异性的发展，一般在 16 岁左右，也称花季。当人开始谈恋爱了，意味着情感再次进入一对一的关系，具有排他性。这时候的恋不同于依恋时期的恋，以前是被动的，现在则是主动的，甚至是疯狂的。这种情感是另一个循坏的开始，即谈完恋爱就要组建家庭，然后生孩了，抚养下一代。

到这个时候，人的情感就发展得比较立体、完整了，上有与父母的关系，下有与孩子的关系，左右既有与爱人的关系，还有与同事、朋友的关系。当人生这几种重要情感、纵横情感都有时，人的感受就异常丰富。

情感让你的人生变得丰富，让爱你的人增多，但情感也是很累心的，情感越丰富，心就会越累。如果你不想对不起父母，不想对不起爱人，不想对不起孩子，也不想对不起朋友，就要付出很多，会非常辛苦。所以，当一个人经历各种情感后就会知道，丰富多彩的人生也是万般辛苦，生活实属不易。这时候再看别人，哪怕是不认识的陌生人，也就更有同理心。

就像人们常说的"养儿方知父母恩"，经历过生活艰辛的人，看到别人辛苦更容易产生理解、悲悯等比较高级的情感。比如，当你某一天因特殊原因早起时，一出门看见许多凌晨就开始工作的人们，如环卫工人、公交车司机等，内心就会被触动。周末刮大风或下暴雨时，你庆幸自己能在家休息，当你看到快递小哥的身影或想到马路上的交警，就会心生敬意。2008年汶川地震后，许多志愿者就来自唐山，因为他们有过同样的经历，对灾民更容易感同身受，知道对方多么需要帮助。所以，良好的情感来自丰富的经历。

我上学时乃至工作后有相当长一段时间买东西喜欢砍价，只要能砍下价来就很开心。可是，不知从什么时候开始，面对那些摆摊的个体户，我会想到他们要交摊位费、进货、看摊、卖货，一天不出摊就没有收入，背后还有一家人要养，不免生出恻隐之心。所以，我现在买东西只问可以便宜多少，然后不再砍价。想到菜贩们凌晨两三点就起床，先去上菜，再运到市场来卖，在外面一站就是七八个小时，我偶尔遇到缺斤少两也不再愤怒地回头去找了，心想这个菜贩多挣一点钱，他们家生活就会好过一点。

我想，这大概是年龄增长让我知道生活不易所带来的变化，我的情感变得越来越宽厚。当然，也有人并未随着年龄增长而变得宽厚，反而更加斤斤计较和苛刻。想必这种人从小经历的大多是负面情感，如被亲人抛弃，被周围的人歧视，被人算计等。这些不良的经历造成他们性格偏执，情感很难再恢复到健康状态。

所以，要想一个人有健全的人性，一定要在幼年给予优质的情感抚养，小心呵护其社会情感的发展。经商者就应该童叟无欺，医者就应该一视同仁……若想达到这种理想状态，大家就要从心理抚养开始，通过用心养育孩子，养出一个个有情有义、侠肝义胆、心怀仁慈的人。

当一个人能对陌生人也有一份理解、关爱并愿意伸出援手时，其情感就发展到了博爱。博爱是人类情感中的最高水准，超出了个人功利性，可以让社会充满温暖。德国一位法官就对曾打死翻墙越境者的守卫说："你可以履行你的职责，但你同时可以将枪口抬高一厘米。"

总之，人性始于情感。一个人情感越丰富，人性就越丰满；情感越单一，人性就越单薄。只要一个人内心尚有部分情感，无论是哪一种情感，就尚有人性。如果毫无情感表现，这个人就毫无人性。

未成年人弑母多有幼年脱离母亲的背景

父母早年没有亲自抚养孩子，之后严管具有极高的风险性。因为孩子缺乏在父母怀抱里的记忆，对他们没有依恋之情。

近几年有一类新闻屡屡刺痛父母的心，那就是未成年人弑亲。我在研究人的心理发展与犯罪行为的关系时发现，弑母的孩子与母亲不存在依恋关系，早年一般不是母亲亲自带大的。如果孩子依恋母亲的怀抱，就下不了这种狠手。

十二三岁弑母与进入青春期后弑母的情况有些不同，后者往往缘于青春期的冲动特性，而前者更多地缘于缺乏依恋关系。例如，湖南省沅江市12岁男孩吴某某在解释弑母原因时说"我就是恨她"，后来有记者报道了调查结果：吴某某刚出生几个月，母亲就外出打工，他从小跟着爷爷奶奶长大。老人管教比较宽松，他就养成了一些不良嗜好，比如抽烟、偷钱、爱玩手机、逃学等。直到案发前两年，他母亲生了二胎，才回老家专门照顾两个孩子。母亲对他管教比较严，两人经常吵架甚至动手。他认为母亲不爱自己，就非常恨她。

这并非个案。我发现，凡是恨母亲的孩子，一般都是母亲在他出生后三年没有亲自抚养他。很多年轻的母亲刚生完孩子，就把他送回老家给爷爷奶奶抚养，等他要上学时才接回来。老人一般比较宠孩子，所以父母把孩子接到身边后，会发现孩子有懒散、任性等很多毛病，就想严加管教。可是，孩子缺乏对母亲的情感记忆，依恋的人也不是母亲，就会对天天数落他的母亲不满，恨就是这么来的。有的母亲在管教孩子时还会动手，因为不是她从小带大的，往往下手比较重。

母亲早年不亲自带孩子，看到孩子身上的毛病感到扎心，就想方设法要通过严管来矫正，这是非常糟糕的养育方式。当孩子进入青春叛逆期，如果母亲的管教再粗暴些，对母亲就真的是毫不留情。

所以，我想告诉所有恋爱中或初入婚姻的年轻女性：无论你生活美好还是艰难，都要想清楚了，你有没有时间和耐心去陪伴一个弱小的生命？若没有，我建议你慎重，不要轻易怀孕。

如果孩子在早年对谁都没有形成依恋，发生心理异常的可能性就会增加。这种孩子容易出现冷漠、无情、残酷等表现。他们的智力发展可能完全正常，但社会性发展容易出现问题，在与人交往等方面出现异常。犯罪心理学研究发现，许多杀人恶魔冷酷无情的心态，往往源于他们在幼年没有对抚养人形成依恋，或者在十岁左右失去依恋对象。

由上述可见，母亲亲自抚养孩子有多重要！如果孩子早年所有的快乐都和母亲联系在一起，不管他今后变成什么样，都会对母亲有情有义，心里还有一个空间是留给母亲的。我们看到一些犯罪人那么坏，但他们在母亲面前却不一样。所以，母亲付出的每一分辛苦都是值得的。我有时候开玩笑说："这是给孩子一个今后不杀你的理由。"对未成年人弑母案，我们更应该关注父母是否尽到了职责，而不是如何刑罚这些孩子。

生活总有些无奈，如果母亲确实有难处，非得把孩子送到祖辈家去养，那也要等到一岁半以后再送。否则，孩子依恋的就是祖辈，祖辈是他最亲的人。每当心里难受的时候，他第一个想见的就是祖辈。如果母亲和祖辈发生冲突，他就会恨母亲，心里向着祖辈。

有些比较特殊的职业，比如军人常年要驻守边疆，外交官经常要外派，不能把孩子带在身边抚养，怎么办？我建议他们选择祖辈中相对年轻的人，比如爷爷奶奶或者姥姥姥爷，把孩子交给他们抚养，让他们一直带到16岁至18岁。这样，孩子的依恋情感是连贯的。在青春期前期，孩子的叛逆是非常严重的，这个阶段一定要有他依恋的人来陪伴，才能安全度过。在青春期前更换抚养人，是最糟糕的抚养方式。所以，我特别反对父母早年把孩子送回老家，要上初中再接回来。

在孩子早年的成长过程中，亲自抚养和稳定抚养是非常重要的，可以影响人格的形成。人格是一个人整体的、稳定的、独特的心理活动倾向和心理征象，其形成一直要持续到18岁，所以需要连续的、稳定的抚养。就拿转学来说吧，如果一个孩子从小学到高中不断地转学，就会有苦恼。因为他需要不断地适应不同老师的教学风格和班风，还要不断地结交新朋友，如果这一切进展得不顺利，就会影响他的情绪和学习态度。

依恋母亲并不等于父爱就不重要

母爱如水，父爱如山。一个人若性情温润、待人友善，大多来自一个父母恩爱的家庭。

我强调母亲在抚养孩子的过程中特别重要，有些母亲就觉得特别委屈，说："李老师，难道养孩子只是妈妈一个人的事情吗？"

近年来，全国各地发生了多起十二三岁孩子杀害母亲的案件，网上就有人质问道："为什么孩子们杀害的都是母亲？"这个问题极有价值。这种现象在某种程度上也表明父亲在家庭养育中缺席。

现在有一种说法叫丧偶式育儿。在许多家庭中，似乎男人只要在外挣钱就行了，可以不管养育孩子的事。有的父亲从未抱过襁褓中的婴儿，有的从未与孩子趴在地上玩耍过，有的一听孩子半夜哭喊就烦到不愿回家住，有的甚至在妻子生育、哺乳期间去外面花天酒地。

在某沿海城市，有一个由单亲妈妈带大的 15 岁女孩，在一天晚上突然对母亲下狠手，杀害了这个与她相依为命｜几年的亲人。这个案件违背了一般弑亲案的规律，即绝大多数杀害母亲的是男孩，他们多是因为早年由老人抚养，与母亲没有依恋情感。可是，这个女孩是母亲一手带大的，为什么会出现这种反常的表现呢？

带着这个疑惑，我去见了这个女孩。女孩说，母亲对她并没有特别严厉，经常与她一起逛超市，还在家里一起唱卡拉OK。当然，母亲对她的学习是有要求的，而她的学习成绩一直还不错。后来因为新冠疫情，她不用去学校上课，改在家里上网课。因为母亲工作较忙，经常让她自己管自己，她就在家偷偷上网打游戏，甚至连杀害母亲的方法也是从游戏里学来的。

难道是网络游戏、学习掉队害了她？但我调查发现，这只是导火索，再进一步追问就发现事情绝非这么简单。

在杀害母亲前不久，她去见了多年未谋面的父亲。我了解她的成长经历后才知道，她父母是大学同学，在校期间开始相爱。婚后，父亲辞去稳定的公务员工作去创业，但几经折腾，赔得倾家荡产。母亲气坏了，为了避免债务缠身，就和他离婚了。母亲考了律师资格证，从事律师职业，独自抚养她。十几年来，父亲一分抚养费都没给过，自强自立的母亲也从来不去要。

父亲后来有了新家，还生了一个儿子，这几年生活才好过了。他心里一直惦记着女儿，2020年就来找她。为了补偿女儿，他还陪她去爬泰山。仅仅这一次与父亲出游，她就感受到了与母亲在一起时完全不同的新鲜体验。不知是不是恋父情结的缘故，她的心理天平一下子倾斜到父亲那边。她想和父亲一起生活，在杀了母亲后还对警察说："等你们处理完这件事，我就可以跟我爸和小妈一起生活了。"这竟然是她内心的向往！

我综合分析后发现，这个身在福中不知福的女儿，早已厌倦了与母亲相处的感觉，又因为上网课没有好好学习，怕母亲知道了会责怪她，再加上她每天沉溺于网络游戏，里面杀人是易如反掌的事情，这几个因素的组合导致了悲剧的发生。仔细想想，这是不是一个丧偶式育儿的悲剧结果？

人类幼子初始的抚养极为特殊，尽管这一时期以母亲哺乳为主，但绝不是说父亲就可以缺席。在家庭养育中，父亲缺席会让孩子的情感出现缺失。上天设计的家庭是，既有母亲，又有父亲。母亲负责照顾孩子基本的吃喝拉撒睡等，父亲则要分担拍嗝、哄睡、陪孩子玩耍等事务。最重要的是，在早期养育中，哺乳是件非常辛苦的事，母亲常常睡不好觉，这时父亲如果使不上劲，就应该当着孩子的面好好爱妻子，帮她揉揉肩、端杯水……这是家庭中最和谐、最温馨的情景。

我有一个学生当妈妈后，带着她的爱人来看我。她的爱人对她很好，还问了我一个问题："李老师，您说我作为爸爸，在这期间应该做些什么？在哺育期间，爸爸难道不重要吗？"我就跟他聊了我的看法。

首先，在哺乳期，母亲应该全力以赴地照顾孩子，父亲则要细心体贴地照顾妻子。比如，在妻子坐月子时，丈夫往往还要上班，最体贴的方式就是把丈母娘请来照顾妻子，因为丈母娘更清楚自己的女儿需要什么、喜欢什么。所以，在我带的男研究生毕业后，我会跟他们说："将来你媳妇生完孩子了，你尽量把丈母娘接来。因为她跟你媳妇比较容易沟通，两人在一块打架也不记仇，这样你回家就比较消停，你媳妇也愉快，孩子的成长也健康。"我有好几个学生都是这么做的，现在都很幸福。当然，如果丈母娘确实有困难不能来，你可以让自己的母亲或月嫂来帮忙。

其次，在哺乳期，父亲可以多做些力量性的事情，比如抱着孩子哄睡，给孩子洗澡，帮孩子拍嗝，给孩子哼哼歌，让孩子骑在脖子上玩一玩。有了这种身体上的接触，孩子见到父亲就很亲，以后父亲生气打他一两下，他也不会记恨父亲。如果父亲从来没有抱过他，也没有带他去过医院，对他没有什么爱的表现，管教他时总是一副严厉的表情，那他早年会跟父亲有陌生感和距离感，懂事后就会出现强烈的逆反心态。

再次，在孩子面前，父亲要好好爱妻子。因为妻子是爱孩子的，孩子也爱她，一看父亲这么爱她，也会爱父亲，这叫爱屋及乌。还要注意的是，家庭成员不要都集中关注孩子，否则容易让孩子觉得"我是家庭的中心，你们都要关注我"。在妻子照顾孩子的时候，丈夫要照顾妻子，然后妻子要告诉孩子："爸爸在外挣钱很辛苦，咱们也要爱爸爸。"家庭应该形成这样一种爱的循环关系。

有些男人觉得女人就应该在家养孩子，自己则对家里的事不闻不问，甚至在外面花心。这种男人不明白，你对妻子好，她肯定会善待你们的孩子。相反，她在家养孩子，你在外面不回家，甚至拈花惹草，她知道后肯定很生气，而她一情绪不好，就会表现在对孩子的态度上。孩子在母亲冷热无常的情绪下，不是紧张就是恐惧。试想，你希望孩子在这种不良情绪中长大吗？

还有男人认为，自己的职责就是在外挣足够多的钱，让老婆、孩子有钱花。家庭生活用钱的地方很多，老婆确实需要钱，但孩子的成长可不是用钱就能打发的。尤其是孩子对父亲的情感，是需要长时间相处才能煨出来的。许多孩子成年后一直与父亲有隔阂，几乎无法用言语交流，更别提交心了。在孩子接近成年的时候，父亲本应是孩子重要的人生导师，却彼此有口难开，其中重要的原因就是在孩子情感发展的阶段缺乏父爱。钱确实能解决很多问题，但它永远无法替代父母与孩子在日常接触、玩耍互动中形成的亲近感。

我国似乎一直有个不成文的做法，即父母在家庭里的角色是"慈母严父"，但我更主张"严母慈父"。因为早期哺乳的需要，母亲与孩子的接触更多些，有时在不知不觉中就会替孩子做很多事情，过分宠溺孩子。同时，因为母亲总在孩子身边，有些话说多了，孩子就不在乎了。所以，聪明的母亲应该学会放手，力所能及的事就让孩子自己去做，让他尽早学会生活自理。另一方面，母亲要有意在孩子面前展示坚定的一面，对一些重要的事情提出要求后，必须坚持到孩子接受了，不能轻易放弃自己的主张，但态度要温和。母亲的严格应该是"和善而坚定"。

父亲与孩子的接触一般少于母亲，这使得有些孩子在父亲面前有点紧张。父亲又比较有力量，有时母亲管教不了，就让父亲来管孩子，这时父亲不要以为就是要揍他一顿。父亲应该明白，你与孩子的关系，更多时候是要为孩子树立一个榜样，比如怎样处理分歧、分清事理、调解关系等，那是孩子将来在社会生活中处理问题时能用得上的行为方式。正是因为父亲有力量，就更不能轻易动用暴力。父亲要给孩子传达这样一个信息："我有力量，但我从不滥用。"父亲跟孩子讲理、探讨，就是解决问题的最好方式。

其实，真正有教育力量的是来自心理上的力量。无论父亲还是母亲，能让孩子发自内心地尊重、敬佩和爱戴自己，就是最成功的教育。在孩子最为难时，不知道怎么办时，见多识广的父亲要给他一些建议和指导。当孩子遇到挫折时，心胸开阔的父亲要告诉他："这件事搁眼前是件大事，但你以后回过头来看就不大了。"这就是在培养孩子的胸襟。父亲要给孩子朋友般的感觉，做孩子人生的指路人。

总之，母爱很重要，但父爱在孩子的成长中同样不可或缺。凡是人性丰满、情感良好的人，一定有一对恩爱有加、相敬如宾的父母。

养不出情感的人是反社会人格者

有一种人尽管是父母亲自抚养的，却对人没有显现出情感，这就是反社会人格者。

一般而言，人在生命初期若能得到良好的抚养，就会在他人与自己之间建立友善的关系，从而接纳、信任、眷恋他人，形成能够感知他人情感的人性。但不可否认的是，有一种人天生缺乏情感，无法被养育出情感，也就无法完善其人性中的社会属性。这种人被称为反社会人格者，但人数极少。

具有反社会人格的人，尽管出生在正常的家庭里，从小由父母亲自养育，父亲不暴戾，母亲也很贤惠，家庭经济条件良好，兄弟姐妹都很好，唯独他表现另类。这种人最明显的特点是，别人对他多好都没用，即使是把他养大的母亲，他也可以不在乎。这种人是情感上的白痴，也被称为"道德白痴"。

反社会人格是一种人格障碍。这里的"反社会"并不是"反对社会"之意，而是指与人的社会属性相反，缺乏社会情感力，无法感受他人的情谊并予以回报。这种人虽然在情感方面是白痴，但他们通常在智力方面并非白痴，大多数人还很聪明。

轻度的反社会人格者，在高等院校师生或具有艺术天赋的人群中很常见。他们喜欢独处，喜欢宅在家里。他们与人交往时极少投入真正的情感，跟家人也不太亲近，几乎没有知心朋友。有些男性可以跟很多女性发生关系，但从不想承担责任。他们外表极有教养，对人很有礼貌，但在内心深处从不认真待人，甚至会利用自己的狡诈心思或善于伪装的外表去哄骗他人。

其实，具有反社会人格的人绝大多数不会犯罪，因为他们在自己擅长的领域很容易取得成功。但是，这种人一旦作案，一般都是独狼，而且是高智商犯罪。

2017年6月，一名中国女学者在美国伊利诺伊大学厄巴纳－香槟分校交流学习时突然失踪，警方调查后发现她已遇害。凶犯是该校一名博士生，还在物理系担任助教，以欺骗的方式取得被害人的信任后将其残忍杀害。

当时就有人问我："这是高智商犯罪吗？此人有反社会人格吗？"

我的回答是："此人犯罪并不表现为高智商犯罪，只是用普通的欺骗手段。至于他有无反社会人格，还需进一步了解他的人生经历才能确定。"

同年10月，美国拉斯维加斯市发生一起大规模枪击事件，那就是比较典型的反社会人格者干的。此人叫史蒂芬·帕多克，选择在一家高级酒店作案。为此，他提前入住酒店套房，分多次将枪支零部件带进来，然后自行组装并改进发射机制。然后，他站在32层向楼下正在观看露天音乐会的观众开枪扫射十几分钟，导致数百人伤亡，制造了美国历史上最为惨烈的大规模枪击案。最后，在警察进入房间逮捕他之前，他饮弹自尽。

美国警方公布了此人很多信息：爱赌博，曾投资房地产，很有钱，交往过几个女性，至少离过两次婚，作案前将同居女友打发回母国……至于他的作案动机，则一直是个谜。最值得关注的一点是，他父亲从前抢劫过多家银行，曾是美国联邦调查局通缉的十大要犯之一。所以，反社会人格是不是具有遗传基因呢？这个问题现在还难有定论。

如果家长发现自己的孩子具有反社会人格特征，可以先去医院的心理科进行诊断。家长也不必太紧张，因为具有这种人格的孩子通常智商很高，或许还有一些特殊才能，如果找对了他的兴趣点并加以培养，或许长大后是位怪才，甚至在某个领域能取得很大成就。

第六章　心理教养重在品行

心理抚养是心理发生和发展的第一个台阶，即人性的唤醒与情感关系的建立。心理教养是心理发展的第二个台阶，是在初级情感的基础上，让情感发展得更为完整。

父母千万不要以为，只要向孩子充分表达爱就够了。在孩子出生后的两三年里，当他哭喊时要尽快抱起来，帮他解除痛苦，可他三岁以后还动不动就放声大哭，甚至躺在地上打滚，就不是把他抱起来那么简单了。

世上所有的事物都是成双成对存在着，然后相互转换，甚至以相反的方式并存和互补地运行。爱也是如此。在孩子成长的不同时期，父母对孩子爱的表达也应有所不同。

我把"舐犊之爱"也分为阴阳两种：一种是阳性的爱，即充分表露于外的爱，从表情到动作；另一种则是阴性的爱，是不表露出来的，而是藏在心底，收敛且节制。前者显现为恩，后者表现为威。

从本章开始，我要谈的是第二种爱。这种爱的寓意更深。这是一种约束的爱，甚至是让孩子痛哭一次的爱，但这部分的爱会让孩子形成良好的性格和品行。

教养的最佳时机是人的社会行为初始时期

> 行为界限和行为规矩，要在六岁之前的养育过程中随事而教，让孩子成为有教养的人。

父母不要看到襁褓中那张可爱的小脸和天真无邪的眼神，就觉得孩子永远是天使。孩子在一天天长大的过程中，随着自主性的增强，行为也在随着他的欲望向外扩张。有些欲望可能是出于好奇，有些欲望则可能是为了占有。无论是哪一种欲望，当孩子开始会爬、抓握、行走时，父母就要有所制止，警告他什么东西不能触碰，什么事情不能做。这种制止与警告，就是给孩子立规矩，告知行为的界限。

《孟子》里有句话叫"离娄之明、公输子之巧，不以规矩，不能成方圆；师旷之聪，不以六律，不能正五音"，意思是说：即使有离娄那样好的视力，有公输子那样好的技巧，如果不用圆规和曲尺，也不能准确画出方形和圆形；即使有师旷那样好的审音力，如果不用六律，也不能校正五音。

设立行为界限和行为规矩，最初可能只是为了保护孩子，让他别触碰危险物品，同时也让他明白什么事情不能做。随着孩子日渐长大，接触到更多的人和事，父母就要随事而教，及时制止或允许。因为这会影响孩子今后社会行为方式的建立。

例如，妈妈喂饭时，孩子不好好吃，一次次吐出来。当妈妈一边帮他擦嘴，一边大声呵斥他时，孩子可能有些不高兴，抬手就朝她脸上打一巴掌。这时，妈妈大致有两种反应：一种是不呵斥，只躲避；另一种是即刻呵斥并制止。妈妈的不同反应会决定孩子未来的社会行为方式是什么。

持第一种反应的妈妈，可能是觉得孩子还小，打她并不是故意的行为，或是因为她太爱孩子了，舍不得为"这点事"让孩子不高兴，所以只是躲闪开来，没做任何制止。

持第二种反应的妈妈，则会立即抓住孩子的手，以严肃的表情注视着他，或大声呵斥他。如果这个孩子天天在妈妈身边，完全看得懂妈妈的表情，就知道刚才的行为已经惹妈妈生气了。

妈妈哪一种反应会让孩子的行为重复发生，最后成为常见的行为方式或习惯呢？哪一种反应不会让类似行为再次发生，不会成为孩子日后的行为方式呢？答案不言而喻。

其实，父母不要以为孩子小，还不懂事，就放任不管。父母要知道，社会行为是人出生后在与他人的互动中开始形成并逐渐定型的，决定某种社会行为形成的关键就是"第一次"，就像孩子出生后第一口喝的是什么奶会决定他以后的口味一样。对孩子某种不当行为要不要马上制止，父母当时的反应就是孩子建立社会行为方式之始。

例如，父母第一次带孩子去别人家玩，有的孩子到了新环境很兴奋，见到抽屉就拉开，见到柜门就打开，甚至直接上人家的大床又蹦又跳。这是比打妈妈更涉及"社会"的行为，因为这是在别人家里做的事。这时父母作何反应，会影响孩子对"界限"的理解。

我记得小时候母亲跟我说得最多的一句话是："咱们做事要有规矩。"

那么，什么是规矩？

大概在我三四岁时，母亲第一次带我串门，去对门邻居家玩。当邻居阿姨拿出水果后，我立即冲上去抢了一个最大的。母亲马上把我抱起来，把那个水果放回去，然后握着我的手说："你这样做是不对的！别的小朋友还没拿，你怎么能先抢呢？"

阿姨马上拿起那个最大的水果，把它送到我面前，说："拿着吧！"

这时，母亲看着我，我却不敢拿了，只听她说："我们应该把最大的让给这位小朋友。"

我似懂非懂地点点头，但阿姨还是把这个水果塞到我手里，并对她自己的孩子说："妹妹是客人，你让她吃这个大的，好吗？"

她的孩子大声地说："好呀！"

母亲这才跟我说："那你先谢谢阿姨和这位小朋友！"

回家后，母亲又说起刚才的事，告诉我："以后到别人家里，你要记住别人家不同于自己家，你在别人家里要有礼貌。"

那时我还不懂"礼貌"是什么意思，母亲就告诉我："阿姨拿出水果时，你不能先抢，要等她拿给你才行，还要看妈妈同不同意。等妈妈同意后，你接过阿姨的水果时还要说'谢谢'，明白了吗？"母亲这话使我明白了"礼貌"的含义。

这就是我第一次串门后母亲教给我的规矩。说实话，我当时还不懂为什么要这样做，直到长大后才明白母亲给我立规矩的意义在于：

第一，有他人在场时，我不能只顾自己，这是做人最基本的道理；

第二，在别人家里不应该无视双方的关系，即我是客人，而人家是主人，有主动权。这是要让我明白社会上人与人之间的关系和位置；

第三，小孩子可以不懂事，但他身边的大人看到他不懂事的行为要及时制止，让他知道什么是正确的做法。

父母告知这些规矩，就是在教养孩子。

教养不同于抚养。教养孩子虽然也是发生在养育的早期，即牵着孩子的手、把他抱在怀里的阶段，但孩子已经开始有接触他人的机会了，有自主的动作了，父母需要在这种涉及他人的社会行为开始之时随事而教。

教养的"教"不同于学校的教学，后者是按照知识体系进行系统的教育，而教养不需要系统地进行，是在生活中进行的。这就要求在教养的年龄段，即从三岁起，父母要与孩子生活在一起，还要花时间带他参加各种社会活动，比如走出家门、遇见陌生人、串门、去公共场所等，创造与他人接触的机会。在这个过程中，父母要告诉孩子相关的规则、恰当的行为表现，比如在公共场所说话要小声等。父母这种有意而为的告知、制止、指导等，都是在培养孩子的性格，奠定孩子未来行为教养的基础。

记得我稍大一点后，母亲带我串门时会补充一些嘱咐：到别人家里不能随便打开抽屉和柜门，那叫不礼貌；不能因为喜欢就偷偷带走人家的东西，那叫偷；如果人家给你什么东西，你不能随便接受，若妈妈在身边，要得到允许才能收下，这叫有规矩。

尤其是最后一条嘱咐，现在想想还有保护小孩的含义。我们知道有些别有用心的成年人，经常会用一些小点心、糖果等把孩子骗走或侵害。而我家的规矩是，别人要给我东西，如果大人不在身边，我就绝对不能接受，而且要赶快离开。

一个"串门"的社会行为，母亲就对我提出如此多的"不能"，涉及许多社会行为规范。讲规矩体现的就是一种教养。有教养的"有"字，意味着这个人曾经被教导过，有过被制止和被告知的经历；而"教养"二字，意味着父母在养他的同时也在教他。如果父母这个环节做得很好，孩子就会成为一个有教养的人，进入社会后是个不给别人添麻烦、不让别人感到困扰的人。如果家家都这样养育孩子，整个国家的国民就很有教养。

如果一个人在外面表现得没有规矩，没有教养，说明父母只养育了他的身体，却没有培养他的性格，没有教导他在社会生活中应该有何规矩、如何行事，同时也说明他父母本身修养就不够。所以，我们看一个孩子的行为，就知道他的家庭和父母的教养如何。不管一个孩子将来走得多远，社会地位升到多高，其教养总能显现父母的人品和修为。

心理养育需要恩威并施

无论你的孩子多么可爱，也无论你多么爱他，终有一天他会走出你呵护的范围，所以心理营养要多样化。

人性永远是立体的，不要因为看到某些丑恶而丧失对人性的期待，也不要因为看到某些表现极佳的人，就认为人性可以很完美。事实上，任何一个人的本性都含有阴阳、善恶二性，有时可以表现得非常美好，有时又让人难以接受。

在养育中，无论你的孩子多么可爱，也无论你多么爱他，终有一天他会走出你呵护的范围，独立地面对这个复杂的社会。所以，你的养育一定要在爱他的基础上，考虑他还会遇到不被爱的环境。父母如果有大智慧，就应该体现出养育方式的多样化。

我在讲述"心理抚养"时，多次提到要给孩子心理营养。早期对孩子出于生理需要的哭喊及时给予回应，解除他的痛苦，这就是一种心理给予，是甜的心理营养；而对孩子有心理目的的哭喊不予以响应，只是看着他，让他哭个痛快，这也是一种心理给予，是咸的心理营养，要让他知道哭闹不可滥用。

人的心理发展必然要经过从不成熟到成熟的过程。孩子幼年时心理是不成熟的，如果抚养人只给他提供浓浓的单一心理营养，就会出现某一种营养过剩的问题，还伴有其他营养不良的麻烦。

如果生理上营养不良，正在发育的孩子会出现健康问题。同理，心理上营养不良，孩子也会出现心理不健康的情况。尤其是单一的心理给予，容易导致心理不成熟的孩子误解父母的表达，从而做出无法挽回的选择和行为。

有一年，我与央视的一个法制栏目连线。这期节目讲述了一个 12 岁的男孩晚上与同伴跑到网吧玩，整宿没有回家，妈妈因为找不到他而焦急万分。第二天早上，孩子从外面回来后，妈妈就愤怒地斥责了他，还抄起院子里的扫帚打了他两下。后来，孩子进屋睡觉去了。妈妈做好饭，进屋叫他吃饭时，发现他已经死了。原来，孩子进屋后就找了一瓶农药喝下去。

痛苦万分的妈妈说："我平时从不舍得骂他、打他，昨晚他一宿不回家，我急坏了，怕他被人拐走了，怕他被坏人欺负，我管他是为他好……可咋就说了这么几句，他就喝了农药呢？"

主持人也问我："是不是因为妈妈的管教方式过于简单粗暴，导致孩子出现自杀之心呢？"

我知道，主持人提的疑问一定代表许多人的想法。类似的案例还有很多，比如 2019 年，一对母子在高架桥上发生争吵，母亲把车停下来后，儿子突然拉开车门径直跳桥。绝大多数人会认为，一定是这位母亲简单粗暴的管教方式导致儿子自杀。

我并不否认，这两位母亲的教育方式确实不是最佳的方式。但我认为，母亲对孩子发个脾气是再正常不过的家庭生活现象。尤其当孩子做错事时，绝大多数父母都会生气，只有深谙教育学原理、有着极好修养的父母才能做到遇事波澜不惊、平静如水，管教得当。

要知道，一个人成长过程中不可能不经历来自他人的粗暴对待，不可能不经历各种想象不到的委屈，即使他在家里从未遇到过，走上社会后也会遇到。

一个人成长的过程，随着年龄的增长，上天就设计了多道"劫难"：小时候要应付同伴的欺负，上学后要应对老师的严格要求，做错事要做好挨骂的准备，出门在外要小心陌生人的算计，工作后还要天天应付上司的挑剔、同事的挤兑或排斥等。

我们不能让社会所有人都像亲人那般亲切呵护你的孩子。所以，倘若家长不舍得大声呵斥孩子，从不舍得拉下脸来对孩子怒吼，最终只能养出一个玻璃心、脸皮薄的孩子，这是心理脆弱、容易夭折的基础。不仅男孩如此，女孩也一样。

出于这样的观点，我当时就这样回答那位孩子喝农药自杀的母亲的疑问："导致孩子自杀的真正原因应该是在这之前，你们的家庭对他从未严厉要求过，不舍得责骂他，甚至打他几下。这说明你们的家庭对这个孩子几乎没有严格的管教，只有一味顺着他的宠爱。"

这位母亲立即在电话那头说："是这样！家里就这么一个男孩，爷爷奶奶都护着他，平时不让说他，更不能碰他一下。"

我说："正是这种家庭养育方式给孩子形成一种错觉：'我在这个家里很稀罕，我对你们每一个人都非常重要！'当有一天妈妈因为他做错事，突然严厉训斥他，还揍了他，他的反应一定是强烈的，想到的就是报复：'我要让妈妈知道我的愤怒，我要死给你看！'"

一个心理不成熟的孩子虽然知道什么是死，但他绝不明白死的代价，结果他赌一时之气的行为断送了自己的一生。孩子已经养成"说不得"的骄横性格，这才是他做出这一决绝行为的关键。

在我的生活经历和专业研究中，我见过许多说不得的人。他们即使知道你说的是对的，也不允许你说出来，更有甚者，还要报复。这在报复性犯罪人的性格中表现非常明显。即使没有出现犯罪行为，这种人通常也不会有真心朋友。

人生是需要诤友的。在早年，一般扮演批评角色的大多是父母或长辈。

上学后，好老师会随时指出学生的不当之处。但当人走上工作岗位后，如果出现行为不当的问题，同事因为不愿得罪人，大多不会说出来，而领导又未能及时发现，自己又完全没有意识到，最后吃亏的只能是自己。

所以，我始终提倡这样一种教养理念：既不能总斥责、训斥孩子，也不能总夸他、表扬他。当孩子反复出现同类错误时，不能再简单地加以训斥，而是要找出他某次做对了的情况，予以充分表扬和肯定。但是，也不能总表扬孩子，尤其当某类事情是他应该做的时，过度表扬反而多余，以后他做同类事情没听到表扬会若有所失。

当孩子渐渐长大，就要在之前有恩于他的基础上，补充反面的内容，立威于他，训练他的心理承受力。不能娇惯或放纵孩子，不能让他养成明明做错了还不能说的"说不得"心态，因为良药苦口利于病，忠言逆耳利于行。

最重要的是，要让孩子知道，即使自己没有做错，在被别人冤枉时，要有坚信自己、慢慢证明自己的心理勇气。这是大智慧养育的结果。

性格取决于后天养成

人在生命早期，与身边人互动且不断重复的行为模式，就是他未来的社会行为方式的雏形。这种社会行为方式就是性格。

什么是性格？简单说，性格是一个人后天形成的社会行为方式。其中有三个关键点：后天形成、社会行为和行为方式。

解数学题时，老师经常要求我们学会逆向推理，即从最后一个"问"开始解题。解析性格的含义也可以如此。

首先，关于"行为方式"的解释。如果某人偶尔出现一种行为，以前极少出现，比如发脾气了，这就不是他的行为风格。相反，如果某人的脾气随时爆发，一贯如此，甚至人们一听到吼叫声，立即猜出是他在发脾气，这就是较为固定的行为方式。

性格所表现的行为一定是一个人经常出现的行为，是习惯性的行为模式，甚至可以说是他的行为风格。比如，一个不爱干净整洁的人，所到之处从不收拾东西，也不注意维护整洁，离开时这个地方一定乱七八糟，熟悉他的人一看到这种场面，马上就会判断一定是他来过这里。

其次，关于"社会行为"的含义。社会行为是指此种行为只会发生在与他人有关的活动中。

生活中，人的行为有很多种，但不是所有行为都是社会行为。比如，有人说话快、走路快、做事快，甚至吃饭都快，这种快速的行为表现就不是社会行为，而是由他个人的高级神经活动类型决定的。高级神经活动类型决定了人心理活动发生的快慢，与他人无关，这类行为就不属于社会行为。类似的还有智力行为，比如老师讲完数学题，有的学生马上就理解了，还能做同类的题，可有的学生一节课都没听明白，做题就很吃力。不懂心理学的家长可能会责怪孩子作业写得太慢，其实是孩子没理解学习内容。这种快慢的行为源于智力的差别，与他人没有关系，也不属于社会行为。

凡是社会行为，一定与别人有关。当我们说一个人"善良"，就意味着这个人对别人有爱心，乐于帮助别人。如果说一个人"冷酷"，意味着这个人对别人的痛苦没有感觉，甚至欺负、虐待他人和其他生命。同样，"自私"不是一个人独处时的表现，而是表现为经常只顾自己，甚至损人利己。这些都属于性格表现。

最后，"后天形成"是界定。既然社会行为与别人有关，那么，人只有出生后在与别人的互动中将某种社会行为固定化，才能成为稳定的反应方式。比如，养育者如果经常对幼小的孩子吼叫，久而久之，这个孩子见到别人不顺自己心意时也会吼叫。如果养育者对孩子非常耐心，话语亲切，孩子也会对别人好好说话，长大后会一直如此。

凡是后天形成的行为或反应，还有几个重要的特点：

一是行为的第一次对性格的形成影响很大。这就像婴儿出生后喝的第一口奶是来自奶瓶还是母亲的乳房一样，如果第一次不是吮吸乳房，随后即使接触到乳房也使不上劲，甚至会拒绝吃奶。当孩子第一次打人、说谎等行为发生时，当即制止与若干次后再制止的效果完全不同。

二是与人互动的行为发生的时间越早，对成年后的性格影响就越大。比如，从小总在母亲怀里的孩子会呈现亲社会性，容易与人亲近。相反，从小被单独搁置在床上、经常独处的孩子，成年后与人接触就会有距离感。

三是与之互动的人关系是否稳定，抚养人互动模式是否一致，对孩子成年后的性格影响也很大。如果抚养人全被更换，或两位抚养人的互动模式差别很大，孩子成年后的性格就会十分复杂。

四是人进入青春期（14 周岁左右）以后性格基本成形，成年（18 周岁）后性格基本稳定，若再要求他改变和重塑性格，将十分困难。

总之，性格就是人在生命早期与身边人的互动中，经过不断重复而逐渐形成的稳定的社会行为方式。

良好的性格会让人拥有好运

好的性格是心里有别人。这种性格不仅可以弥补相貌、外形等的不足，还可弥补能力的不足。

性格可以决定一个人的人际关系，人缘好的人大多有好性格。性格还可对周围的人发生影响。性格不论好坏，都会对社会一定范围产生影响，如足球明星、影视明星、作家的性格可能会影响他们的追随者。

好性格还可以弥补相貌、外形等方面的不足。有的人虽然其貌不扬，但性格好，也会有很多朋友，甚至遇到美好的爱情。

曾有一则新闻讲述了一个男人的故事。这个男人其貌不扬，早年丧失双亲。虽然他没有机会上太多的学，但父母早年的亲情养育做得很好，所以他为人勤快，待人热心。他经常打各种零工，还收养了路边一个弃婴。

有一天，他发现路边一商厦着火了，便毫不犹豫地冲进火海救出好几个人。政府为此给他颁了见义勇为奖，发给他一笔奖金。但没过多久，他因吸入装饰材料燃烧时释放的化学物质出现肺纤维化，呼吸困难，严重时无法工作。

养女当时才上小学，就成为他的小助手，每天照顾他。两个人相依为命，生活很艰难。他没钱治病，病症越来越严重。后来，养女在学校写了一篇作文叫《我的爸爸》，老师看后受到震撼，就把它发给媒体，希望更多人来关心和帮助他。媒体报道后，引起社会爱心人士的广泛关注，也受到当地政府的重视。在大家的帮助下，他不仅得到治疗，还收获了一位女士的芳心。这件真事充分说明好性格能给人带来好运和幸福。

2020年，网上有则新闻说一个九岁男孩入睡前突然闻到烧焦味，意识到出现了火情，就唤醒了在家的父亲和外公。三个人一起冲出家门往楼下跑时，男孩的父亲突然想起没拿手机，就又返回家中找手机。而男孩一边往外跑，一边敲响楼下住户的家门，并大声呼喊："着火了，大家快跑呀！"

男孩第一个冲出楼门，直接拦住一辆汽车，让司机打119报警。这时，二三层有些人也跑了出来，想办法救火。烟雾已经弥漫整个楼道，男孩的父亲还被堵在屋里。所幸消防车及时赶到，扑灭了大火，全楼无一人伤亡。大家都说是这个男孩救了全楼的人。

事后，消防员评价说，这个小男孩在发现火情后的每一步处理都是最佳反应，相反，他父亲回去取手机的行为是非常错误的。

男孩的父亲说，儿子学习不是很好，没想到他竟有这么大的本事，救了一楼的人。

这个男孩最可贵之处是他没有只顾自己逃生，几乎不假思索就想到别人，边跑边喊，挨家挨户敲门，努力唤醒全楼的人。自己脱离险境后，他又马上想到报警。试想，这种在紧急情况下能够机智、果断反应的孩子，有过这样的经历和表现，长大后一定有人愿意雇用他，因为有这样的人在身边会有安全感。

这个故事让我们看到，即使是一个学习不好的人，只要他心里有别人，在危险时刻能顾及大家，在社会上怎么会没有价值呢？我们在生活中经常会发现，有些人虽然不那么聪明，但他们单纯、善良，待人真诚，做事踏实，不会偷懒。相反，有些人聪明能干，但花花肠子多，要么爱计较，要么算计别人，甚至还不择手段地伤害他人、排挤对手。

即使是聪明人，想把事业做大，也需要好性格。因为想事业做大就需要团队，必须与人合作。这时就会发现，聪明人如果又有好性格，就可以成为领军人物。

婚姻也如此。找对象时，人们常常会考虑对方的长相、身材、能力、学历和家境，但真正过日子时就会发现，让人感到幸福的是对方有好性格，心里有别人，理解、体贴、宽容、平和、自律等性格品质才是婚姻幸福的保障。

很多家长的注意力都放在孩子的智力水平和学习成绩上，却忽略了性格培养。大量事实证明，好性格可以弥补人的能力弱项。相反，聪明人若性格存在严重缺陷，则高智商可能就是助纣为虐的工具。例如，许多名牌大学出现过用专业知识杀人的案件，让人触目惊心。

想必年过半百的人更容易明白这一道理：那些能在事业上成功并走得很远的人，那些能被人们敬佩和铭记的人，一定具有人类最基本的情感，有同情心，有责任感，能自制，肯付出，能宽容不同性格的人，能与人合作。这些助人成功的心理内容都不在智力的范畴，因此有人总结说"性格决定命运"。

人生的路为何越走越窄

早年娇生惯养和放纵导致孩子学习不努力，进而工作吃力，结婚后养家困难，离婚后一无所有。这种人生路径会越走越窄。

性格不仅决定个人的人际关系和社会影响范围，最重要的是，还会决定人的命运，影响人的一生。

性格是怎么决定命运的？我从另一个角度发现了这一规律。

2013 年，我专门做了一项研究，收集了整整十年媒体报道的"滥杀案件"，即短时间内或一次伤害多人的案件，常见于灭门案件、枪击案件、砍杀案件和爆炸案件。我将作案人的年龄、身份、婚姻、职业、有无犯罪前科、有无精神问题进行分析后发现，这类犯罪人有一些共同特点：一是犯罪年龄偏大，大多集中在中年，40 岁左右；二是多数人没有犯罪前科，乃突然犯罪；三是这类案件多与情感、职业等人生挫折有关，因挫折引发强烈情绪；四是多采用极端暴力的手段，面向无辜之人作案。

没有犯罪前科的人，怎么到 40 岁就走不下去了？我进一步研究其人生经历后发现，这些人之所以出现犯罪行为的时间比较晚，是因为他们早年生活条件较好，有的是家中长子、长孙或老幺，有的家境不错，物质方面充分得到满足，最重要的是他们在家中大多比较受宠。这种顺着他们脾气养的人往往亲和力很好，可是受不得苦，成年后自尊心很强，但能力很弱，眼高手低就带来一系列难题。

如果是工作上的问题，还相对容易解决，因为干不好可以换个工作，只是换得越多就越有挫折感。最难的问题则是找对象和处理家庭生活。尤其是眼高手低的男人，自己没本事，还想找一个条件好的女人，当女人发现他夸夸其谈等毛病时就会离他而去，这让他的玻璃心很受伤。

的确，男人一旦成家，就不能一个人自在了，女人要在家照顾孩子，他必须挑起家庭经济来源的重担。这时，无能的人就会捉襟见肘。问题是，越是能力弱的男人越说不得，脾气大却挣不来钱，挣不来钱还酗酒、家暴，有的则梦想一夜暴富而去赌博。这种男人，哪个女人能跟他过得下去？他们先是遭遇工作和人际关系的失败，然后是婚姻、家庭生活一塌糊涂，最后女人要离开他，他就杀对方全家；还有的被女人责骂，为了证明自己有能耐，就拿刀去砍幼儿园的孩子。

有人说，是贫困将这些人推到了犯罪边缘。我认为，说这话的人只是拍一下脑门就下判断，没研究就不要轻言。

其实，真正让人感到生活艰难的时间集中在人走向社会的初期，即接近成年的 18 岁前后至 30 岁之间。当人开始需要独立解决生存问题，尤其要养家、养孩子时，经济压力是最大的。所以，因贫困而不择手段的人常常在二三十岁开始犯罪，他们犯罪不是发狂，而是为了解决现实难题，为钱而偷抢，为性而强奸。

到 40 岁了，动辄杀全家、砍孩子、在路上发狂的人，犯罪已经不仅仅是为了钱和性的问题，而是衍生出的挫折感、自卑感、失控感等，还有对已经到手的一切又丢掉、失去的绝望感。

是什么原因导致他们人生的路越走越窄呢？只要对每一个具体的案件进行系统研究，就会发现这些人在独立生涯起步时并没有绝望，他们还是有希望和机会的，真正将他们推到犯罪边缘的是早年家庭或父母不当的养育。不管他们家庭富不富裕，都对这个独子或长子长孙宠爱有加，不舍得让他们受一点委屈，进而养成他们任性、自恋、自私、蛮横等性格缺陷。

他们有份工作，却受不了劳作的辛苦，做错事后受不了被人呵斥，有点委屈便脾气火暴，无法与人合作，最后往往是没有一项工作能长久坚持下来。

找对象也是如此。他们不能准确地自我认知，不顾自己的水平和能力，总要浮夸自己的本事，结果在虚荣之下，要么被人骗财，要么被人嘲笑。即使找到对象结婚了，对方终会发现他们懒惰、弱能、虚荣等缺点。最麻烦的是，他们还脾气暴躁，有不良嗜好，完全撑不起家庭重负……这种状况少则能支撑三五年，有的人因为父母还能给些资助，可以混上十年左右。但当父母退休了，他们也已40岁左右，生活重担就把他们压垮了。他们要么抱怨、愤恨外界，要么自恋、仇视他人，最后一无所有时就只剩下脾气了，于是发狠走上了绝路。

有性格缺陷的人发狠时，仍会显露其无能与自私。他们往往会杀害自己的亲人或与自己有婚姻关系的一家人，还有社会上最弱小、没有自我保护能力的幼童。他们无耻到"我过不好，也不让你们生活好"，这就是滥杀类犯罪人的犯罪心理画像。

眼高手低的人更容易有挫折感

把孩子养得骄横、无耻，到他成年尤其是步入中年后，再想把他改变过来比登天还难。

我在研究这类犯罪人的心理问题时，最有紧迫感的是想告诉所有生养男孩的家庭：对男孩一定要苦着养，绝不能让他们在早年舒舒服服地过日子，因为他们成年后要承担养家的重任。女人一旦有了孩子，就要被孩子所累，家庭经济的重担一定会落在男人身上。

有个犯罪人从 1988 年到 2002 年间在甘蒙两省区残忍杀害了 11 名女性，年龄最小的被害人只有八岁。每位被害人都遭到他性侵，其中还有多名女性被虐尸。这是一个什么样的人呢？为了了解这个案件，我于 2016 年 12 月去当地研究这个犯罪人的心理。

我研究系列犯罪的行为和心理时，特别关注犯罪人的第一起案件，想知道是什么力量让他主动而为。

我了解到，这个犯罪人是家中最小的孩子，母亲生他时已经四十多岁，除一个哥哥外（另一个哥哥因溺水早亡），据说还有八个姐姐。我们想象得出他在早年是如何被温柔和宠爱包围着的。后来，姐姐们陆续出嫁，母亲很早就去世了，父亲也在他刚成年时就去世了。这时，他的生活开始越来越艰难。

他高考差了很多分，后来想考飞行员，也因文化课成绩不佳而失败，只得在家务农。据同村老人回忆，有时到了该收割庄稼的时候，他宁愿待在家里乘凉，也不愿下地干活。这在那个年代被视为好吃懒做之人，往往会被人看不起，所以他没有亲近的朋友。

他有时也会外出打工，一旦觉得太辛苦就不再去了。因为他个子高，浓眉大眼，被一位姑娘相中，主动嫁给他。妻子很能干，但当她怀孕尤其快临盆时，家里真的揭不开锅了，就需要他去找钱，生活的重担开始由他独自承担。

他从家骑车到最近的城市，可是在城里转悠了大半天也没找到工作。有一次上厕所时，他从窗口看到对面街口拐角有一户人家朝街，房门虚掩。他第一个想法是，进去看看有没有钱可偷。他就趁人不注意时溜了进去，看见一名女子正在睡觉。他最初只是想翻找些钱财或值钱的东西，可这家里什么都没有。他就打量着正在睡觉的女子，看到她手腕有一块手表。为了这块表，他惊醒了这名女子，费了很大劲才把拼死反抗的她杀害了，可是表也被打坏了。从那以后，一遇到反抗的女性，他都要杀死之后再虐尸。这是典型的不肯吃亏、稍有不满就狠毒报复他人的性格表现，这种人极为可怕。

如果说他是因为陷入贫困才犯罪，那么，我们简单地问一句："他为什么会陷入贫困？"他妻子此前此后开店都能挣到钱，为什么在她即将临盆不能工作的情况下，他就一分钱挣不来，进而去偷抢，并对女性进行疯狂报复呢？所以说，人生的路越走越窄，往往与个人自身性格有严重缺陷密切相关。尤其是男性，如果从小娇惯，养成好吃懒做、眼高手低的性格，那么，当人生进入承重的阶段，他们一定会遭遇巨大的挫折感。这时，他们只会不择手段，欺负比他们弱的人，比如女性。像这个犯罪人还只是在外面欺负女性，有很多人则专门在家里欺负妻子，有的甚至欺负父母。

曾有一位退休的老人问我："我儿子让我操碎了心。我帮他找过不止五六个工作，可他都嫌不好。本来我们已经帮他找了对象结婚，孩子都有了，可他天天跟媳妇打架，最后媳妇就跟他离婚了。他现在天天回家跟我们要钱，我不给，他就砸家里的东西，还动手打我们老两口，还说把他逼急了就学某人杀了我们……李教授，你说我们该怎么办？"

我没经历过这种事，只能硬着头皮给他支着："他每次要钱，你不能一点都不给，也不能给太多，一次给他千把块钱，一个月给他几千块钱。"我还安慰他说："慢慢熬吧，等他过了更年期就闹不动了。"

像这样把孩子养得骄横、无耻，到他成年尤其是步入中年后，再想把他改变过来比登天还难。所以，性格培养不仅影响孩子的一生，影响其社会生活能力，还会影响父母晚年的生活。

希望家长不仅要关注孩子的学习成绩，更要重视孩子的性格培养，让他养成勤快、皮实、吃苦耐劳、经得住说、不轻易记恨的性格。

性格如何影响人的命运

> 性格决定命运，是因为社会行为方式决定人的行为轨迹，前面
> 一步走错了，后面步步错位。

谈到"性格决定命运"，是因为性格中社会行为的"方式"极为重要。方式类似于框架、结构、模式，无论是建筑还是轨道，基础框架、结构、模式一旦形成，就会决定之后的高度、强度和长度。对人而言，社会行为方式可以决定其一生的行为走向。就像台阶一样，底层台阶若敦实宽厚，在此基础上的建筑就有很大的发展空间。相反，如果基础没有夯实和落正，则越往上延伸就越危险，看似金碧辉煌的大厦就会在一瞬间轰然倒塌。

在我的专业领域，我听过、见过太多人生故事，有的人甚至二十不到就可看出他前途渺茫。下面，我讲一个违法青少年的故事。

某年的一天，我去见两个刚过17岁的青少年，他们因触犯刑法将被判刑十年。他俩是同乡，都来自北方某省，到北京打工不到两年，在同一家饭店帮厨。两人酒后潜入隔壁楼房的地下出租屋，轮奸了一个独自租住的女大学生。这次虽是初犯，两人认罪态度也挺好，但因为行为性质恶劣，一切都晚了。刑法就是在恶行面前筑起的一道铜墙铁壁。此时，犯罪人再后悔，也不能改变已经发生的对他人身心造成伤害的结果。鉴于刑期较重，少年法庭的法官希望我给他俩做一次心理疏导。

我要讲的是那位年龄稍长又是主犯的少年。谈话开始不久，我就询问他的成长经历。他告诉我，他的家庭一切都好，生活条件不错。小时候，他身边既有爸爸妈妈，还有同村的爷爷奶奶疼爱。家人把他照顾得很好，也比较由着他的性子宠溺他。当他稍大一点，到初二就不愿意再坐在课堂里学习了。家人也就任由他三天打鱼两天晒网，经常不去学校上课。在这期间，他遇上一个不错的女同学，对方也喜欢他。

我跟这个少年接触时发现，他爱说话，对人也很友好，显然是早年亲情抚养很好的孩子。倘若没有这一犯罪行为，他应该是个挺招人喜欢的年轻人。

他说，这个女孩学习很好，也愿意在学业上帮助他。可他虽然挺聪明，以前学习成绩也不错，就是不想成天坐在教室里，觉得没劲，也不想天天写作业，嫌费劲，只想自由自在。谈到这里，我已看出他家庭养育中存在的问题，那就是典型的放纵造成任性的性格。

后来，女孩的哥哥警告他："离我妹妹远点！就你这样连学都上不下去的人，今后也就是个小混混，拿什么养活我妹妹？"

我插话道："她哥哥说得对呀！你那时要是幡然悔悟，为了这个女孩好好学习，就不会有今天了。"

他立刻认同我的话，说女孩也私下找过他，跟他说："你只要能过我哥这一关，我就跟你好。"

他说："我当时不服气，心想我到北京去挣钱，一定挣了大钱回来娶你妹妹。"这就是他与一个15岁同伴到北京打工的原因。

来北京后，他在老乡的帮助下进了一家饭店。但他每天早起晚睡，日子过得很辛苦，虽然能挣些钱，但绝对不多。

饭店的工作经常持续到后半夜，他和同伴回到住所后，一般就喝点酒，吃些东西，然后睡觉。一天夜里，两人喝得兴致高涨，就说"应该找个女的玩玩"。可这么晚了，到哪儿去找呢？他们突然想到旁边一栋楼里的地下室有个女孩，好像就她一个人居住。他们心想，以二对一，这女的肯定抵抗不了。于是，他们立即动身，找到这个女孩的房间，仗着酒劲共同实施了性侵的行为，构成了轮奸的犯罪事实。这在刑法的规定里属于加重情节，两人都已超过 16 岁，具有完全刑事责任能力。现在，两人一想到要为这件事付出十年的代价，肠子都悔青了。

这两人的家庭养育问题不是出在情感抚养上，而是在性格教养上出现了缺失，其代价是巨大的。

听完他的经历，我开始谈导致他出现犯罪行为的心理原因，现在该怎么办，以后该怎么办。我告诉他，任何人的一生，吃的苦与享的福应该大致相当，就看你选择什么时候吃苦、什么时候享福了。这就像吃葡萄，你总先挑大的吃，越往后吃到的就越小；相反，你先吃小的、不好的，越往后吃到的就越大。同理，如果你选择早年吃苦，从小日复一日地吃了很多苦，就会在吃苦过程中养成忍耐力。都说"吃苦耐劳"嘛，"耐劳"就是忍受辛苦。当你不怕辛苦，你就能控制自己的身体和心理，最重要的是能控制自己的"心"，就不会由着欲望乱来。

我告诉他，上天让人类从幼年、童年到少年、青年，从生理到心理逐渐成熟，就是故意用时间来磨炼你，就像让唐僧取经必须经历八十一难一样。对每一个成长中的孩子来说，上学要十几年，就是要让人通过漫长的学习过程来打磨不稳定的心性，练就稳重的性格。

学习，是练就人身心沉稳的重要方式和途径。你想，一天天坐在那里学习，"坐得住"是人的行为品性的基本训练。你看，什么人练坐禅呢？全是悟性好的高人，粗人有几个能坐得住？凡是坐得稳的人，才有能力静心思考深远的东西。

学生还要识字，一笔一画地写字。十几年下来，一个学生得写多少笔画呀？在千万次的书写后，手指会产生精细的控制力，让人可以去完成非常复杂的工作。

学生还要学数学，每天要做数学题，这是练习思考与推理能力的途径。任何数学题都要一步一步地推算，十几年下来，推理能力足以让人对各种事物进行快速的推理和判断。同时，推理能力还可以让人在复杂的社会万象面前更好地由表及里，能够发现背后隐藏的本质，并由此及彼，发现更长远的结果。

最后，学习还需要大量地背诵与记忆。记忆是需要用心的，要花时间才能储存各种知识。把各种知识装进人的大脑里，那就是人生早期往心里存"钱"，那是一种心理资本。学生可以通过语文课本读到很多自己接触不到的描述性知识，通过历史课了解人类历史上发生过的故事，通过地理课知道地球与世界，通过自然课知道自然万象，还有法制课、思想品德课等。

我跟这个少年说："当你拥有这些知识，还会鲁莽、粗暴、简单地生活吗？还会忙碌一天，只想着喝酒、睡觉吗？你难道一辈子就这样日复一日地活吗？你还想娶到好女孩吗？你这样对得起那位好女孩吗？她哥哥没有说错呀！"

我告诉他，如果人在早年能够吃学习的苦，学了很多知识和技能，未来选择工作的余地就很大，个人的价值也比较大，体现在薪金上就是工资比较高。

再进一步，如果一个人在早年不仅经历了学习之苦，还经历了生活之苦，比如从小家庭不幸，父母一方逝世，另一方还在生病，放学后不是先写作业，而是要照顾他唯一的亲人，就会懂事和成熟更早，正所谓"穷人的孩子早当家"。这种孩子在学习之余还要学会做饭、收拾家务、照顾病人，长大后应对生活的能力会很强，能够吃苦耐劳。最重要的是，他们在照顾别人的过程中能理解、体贴和帮助别人，做事有眼力见儿，到哪儿都会让人高看一眼。

试想，十几年的学习过程加上特定的生活经历，人生还有何惧？吃苦已经不是难题，困难时刻已经熬过，能忍耐者必不会任性，也不会放纵。所以，这种人之后的人生会越来越容易。

为什么许多有远见的父母特别想让孩子去当兵？因为他们明白，军人的艰苦训练就是培养吃苦耐劳、忍辱负重等性格的最好方式。相反，该吃苦的时候，父母不舍得让孩子吃，孩子自己也不想忍受吃苦的过程，只想过得轻松。在家庭和自我的放纵下，孩子就成了没有心理资本的人，既没学历，又没知识。

我告诉这个少年："读书这样的好事，你忍受不了辛苦与寂寞；而酒后乱性这样的坏事，是因为你不能忍住自己的欲望。这次犯罪行为充分证明了你性格上的弱点——想干什么马上就干，不管对错。你在做这件事情之前没有想过犯罪后果是什么，因为你不爱学习，也就没有机会了解法律知识，不知人生与社会的深浅。

"可能你觉得就因为这样一次行为要判十年，法律判刑太重了。如果你这么想，就不会改变自己，而是一味怪罪外界。可是，你改变不了外界，只能改变自己。如果你因此产生破罐子破摔的想法，继续放纵自己，那你可能会陷入一种更加混乱、动荡的生活，将错过恋爱、结婚、养育孩子、陪父母到老等机会，毁掉自己的一生。

"你入狱十年肯定是要吃苦的，这是弥补你之前的欠缺。服刑期间，你要把这个过程作为修炼自己的机会，能够忍耐，坚守自己，做一个好人，不出错，相信苦尽才能甘来。你坚持正道，才能得到别人的信任。你能够忍耐、自律，才不会再次犯错，就能在27岁之前出狱，那还不晚。"

当我分析到这里时，这个少年对我说："我活到现在从未想过这么远，也没想到您说的这些事。现在我明白了，我当初不好好学习是多么不懂事啊！今天您一番话让我明白以后应该怎样过。"

他离开时向我认真地鞠了一躬。我知道他曾经有过良好的亲情抚养，所以本质并不坏，只是他过早地离开家庭和学校，尤其是家庭对他的性格培养方面存在严重缺失，没有对他进行约束与严格要求，导致他无知无畏，肆意妄为，最终触犯了刑律。

不过，他已接近成年，认知能力接近成熟，尽管这次走岔道了，只要他明白如何返回正道，并努力去做，就还有希望和机会。

我最后告诉他："你一定要努力啊，因为你父母希望看到你好好活着。"

他低着头，但我看见他很努力地在点头。

这个违法少年的故事让我们明白，养育孩子的过程中如果缺乏严格要求，对他的行为没有约束，使他没有规矩，没有界限，没有行为规范，一旦他有更大的自由空间和更多的选择机会，就会因任性和肆意妄为酿成大错。人一步走错，就会让人生步步错位，这就是性格决定命运的原因。

耐挫之心越早历练越好

> 许多父母不明白，人的躯体抗压性差别不大，差别大的是内心。内心强大的人没有一个是天天被夸奖夸出来的。

人在成长过程中会遇到什么样的情境是很难预料的。为了让孩子健康成长，我们要给婴幼儿打各种疫苗，用微量病原体让孩子形成免疫力。而家庭内正常的批评甚至训斥，在一定程度上就是给孩子打"心理疫苗"，让他在复杂的社会生活中遇到各种情况都能坚强面对。

现在有些孩子心理相当脆弱，比如有小学生因为被老师过分训斥，可能还有点被冤枉了，竟然在学校跳楼自杀，或者回家后留份遗书自杀了事。当这种事报道出来后，人们纷纷斥责这些老师。我不否认有些老师并不十分称职，就个人修养而言，他们不适合当老师。但是，我们有没有想过，一个未成年人动辄以自杀来证明自己，这种心态正常吗？这种心态仅仅是由老师的言语刺激过当导致的吗？试想，如果他成年后遇到被恋人背叛，被老板当众臭骂，被很多人误解时，会不会也去自杀呢？

那么，问题出在哪里？我认为，在于父母缺少一种意识，即"坚强是练就出来的"。如果一个孩子从小就经常被父母吼几句，爱他的家人经常以嘲讽的口吻损他几句，然后打一巴掌揉一揉，他会不会就慢慢适应这种感受呢？以后在外面遇到不怀好意的、恶言恶语的人，受到一点委屈、误解，他是不是就不至于这么敏感，反应过于强烈，只为赌一口气而让自己失去一生的机会呢？

女儿上中学时，我曾因为一件事狠狠地批评了她。后来她告诉我，她为此非常伤心。我就问她一个问题："你见过我用同样的口气说过别人家的孩子吗？"

她说："没有呀。"

我问："你知道为什么吗？"

她看着我，没有回答。

我告诉她："很多人是不愿被别人批评的。批评别人是一种得罪人的事。可是，当你做错了，却没有人说你，你就不知道自己错了，也就不会引起重视和做出改变。这时，谁批评你最好呢？那就是跟你最亲的人。他敢说你，是因为他爱你，不怕得罪你，真心希望你更好。你是我的孩子，你做错了，我在家里说你重些，以后你在外面就不会再犯这类错。总之，只有亲人、爱你的人才敢说你，你觉得是不是这样呢？"

她点点头说："我明白了。"

事实上，如果父母从来不说，等到外人来说，孩子可能更承受不了。我记得相声名家郭德纲先生就说过："我把儿子骂够了，出去就没人骂了！"他对儿子的疼爱，表现在他舍得管儿子，有时需要下狠心。事实证明他的儿子非常有教养，与同样在娱乐圈的许多明星的孩子完全不同。

有的父母不仅不说孩子，还护短，结果让孩子是非不分，觉得可以肆意妄为。例如，某明星的儿子在一次暴打女同学之后被家人护着，后来的行为就愈发不良。因为父亲有名又有钱，孩子就误以为父亲有能力护着他，所有人都会怕他，最后就护出一个"小恶霸"，直到犯大错了，只有由法律来惩罚了，后悔为时已晚。即使接受惩罚了，这个人的习性已经养成，恐怕惩罚都难以让他改过。

心理弹性需要从小练就

对孩子的爱不单单要表现在呵护上，还要表现在磨炼上。狠下心来磨炼孩子比呵护孩子更难，更需要父母的勇气与胆识。

人心是可以撑大的，心理是有弹性的。我小时候住平房，邻居都是多子女户，最少也有三四个孩子，像我一个同学就有十几个兄弟姐妹。我作为20世纪50年代的独生女，上小学时晚到学校三个月，第一天课间就被几个男同学欺负哭了。班主任来操场领我回教室的路上并没有安慰我，而是训了我一路："就你娇气！哭什么哭？这么点事就不回来上课了？"我性子倔，被老师训了心里很气，但没吭声，以后遇事再也不哭了。不过，这位女老师很细心，安排了一位年龄稍长的女生在课间陪伴我，还把这个情况告诉我母亲。

母亲就开始有意识地改变我。上小学前，我家住在简易楼房里，母亲为了让我有机会接触更多同伴，就有意换到大院的平房里。在这种居住条件下，谁家大人训孩子，别人家都能听到。虽然我刚开始很害怕，后来一看家家都这样，慢慢就习惯了，心理承受力强了很多。

有意思的是，我上中学时，有位复转军人当我们的劳动管理老师。夏收时节，学校安排我们去农村参加麦收，为期两周。上初一时，大家第一次去农村，那叫一个撒欢，连女生都跑到地里不回来。晚上，这位老师就把我们集中在打麦场上开会训话。我印象最深的是，他对我们采用完全不同于其他老师的说话风格。其他老师都是轻声细语地讲道理，而他却是直率豪爽地训斥我们。

他说："有的老师告诉我，咱们有些同学是老虎屁股摸不得，说不得。我就纳闷了，有什么说不得的？你做得对，人家说你做得不对，你完全可以当耳旁风嘛！相反，你做得不对，人家不敢说你，你以为你赚了吗？我告诉你，你会像个傻子一样一直错下去，让人家笑话你！错了就是错了，人家说你，你才会知道错了，应该感谢人家才对。为什么说不得？我今天晚上就要说说，看谁的老虎屁股摸不得！"

大家哄堂大笑，而他接着挨个点名训。

我不知道现在学校里还有没有这样"豪爽"的老师，也不知道现在的父母能不能让老师再训孩子，让他们有一颗皮实的心。反正我早年有了这方面的经历，真的让我有了一颗坚强的心。

我40岁学开车，教练是一个脾气暴躁的人，骂人时嗓门很大。我们这个小组共有六七个人，大家都挨过骂，有的被骂得不敢再去，或直接要求换教练，而我还是天天去。

有一天，就我一人去学车，这让我有充分的时间来练习，他就陪着我。开着开着，他突然发出一个"靠边停车"的指令，我就干脆利索地踩刹车，马上停在路边。瞬间，我耳边骂声暴起。我虽然莫名其妙，但还是静静地等着。等他骂完后，我平静地问他："你还没告诉我怎么错了。"

他一愣，咽了一下口水，突然笑了，说："你的心理素质可真好！"

当他给我讲完原因后，我也笑着对他说："我理解，我们不会开车的人深一脚浅一脚的，整天祸害你那心脏。不过，正因为你在错误点上骂了我一通，我对这个错误动作的印象就更深了，以后绝不会再犯这样的错。"

他说："唉，学车的人如果都能像你这样，一定学得快。"

2011年，陕西西安一名学音乐的大学生开车时不小心撞伤一名女性，但他没有施救，反而连续用刀捅了她八刀，刀刀致命。此案在法庭审理时，我被央视邀请到直播间对其犯罪心理进行剖析。

作为犯罪心理研究学者，我关心的问题是：扎人时，只要一两刀，被害人就会惨叫，而惨叫声是一种乞求，也是一种刺激，他为什么没有不忍，没有恐惧，没有停手逃走，而是连续扎了那么多刀？这既是心理的问题，也是人性的话题，我关心的是他成长中的养育和教育失败在哪个环节。

在演播间，我从屏幕上看到他在法庭现场的哭诉，再结合我的专业判断，便明白他的心理问题与成长经历直接相关。父亲为了让他刻苦练琴，扮演了一个极其严厉甚至有些残忍的角色。他每次练琴如果没有达到要求，就会被关在地下室里，不能吃饭。这种情况不是一两天，而是天天如此。由此我明白他会有怎样的性格，那就是他与父亲具有同样的表现：对人从不怜悯，毫不心软。最重要的是，每当父亲把他一人留在地下室，达不到标准就不许吃饭时，他会怎样练琴呢？我认为，他会将愤怒的情绪转向钢琴，那双每次落在琴键上的手都是带着愤怒情绪的，毫不犹豫地愤怒弹奏着。久而久之，他的动作和情绪已经融为一体，当他想逃避责任杀人时，一下手就是接连八刀，这瞬间的每一刀都带着他曾经的情绪在挥动，他的行为甚至具有强迫的特点。

我本来想告诉大家"不当的琴技训练才养出这样可怕、无情的心理和行为"，但鉴于演播室的时间有限，并没有把这个分析说透，于是在网上被人概括为："教授，你是说他在把杀人当弹琴？"这篇没有署名的网络文章，掀起了持续近一年的网络暴力。

那一年，我 打开网页，从图片到博客再到各种贴吧、语言之恶毒，图片之下流，被人曲解、围攻、谩骂，而我百口莫辩。好在我当时从事的犯罪心理画像工作既有挑战性，又有过成功的体验，让我有了专业的自信。最重要的是，我发现那段时间同行都在默默地支持我，甚至为我提供重要的研究机会，帮我度过那段痛苦的时间。

几年后，我到某省出差，遇到当地一位政治处处长，她悄悄对我说："那一年我们都在为你担心，怕你承受不了。现在看来，你的心理素质真好。"

这是继驾校教练夸赞我之后，第二个夸我心理素质好的人。虽然第二次我很受伤，但我还是挺了过来。我能够在生活和事业上经受住这些压力，主要是母亲和老师早年曾经有意对我进行耐挫训练。

我小时候几乎所有的家庭都有三个以上的孩子，而我家只有我一个。那时人们都觉得，一个孩子得多金贵呀！可母亲有着绍兴女性的刚强，自七岁起就经历战乱和逃难，体验过生死瞬间，在养育我这个独生女时就用了与常人相反的方式。

我四五岁出门时，母亲就极少抱我，让我自己走路。她也不让我依偎，不能在她怀里撒娇。我从小就没有小名，她总是叫我的大名，以致中学同学到我家听她直呼我全名都感到十分惊讶。

记得我上学时天天唱骂人的歌谣，习惯后，有一次就用一句脏话回母亲，她就抄起扫帚要打我，吓得我往外跑。她在后面紧追不放，惊得街坊四邻出来拉住她。从那以后，我再也不敢用脏话骂人了。

小学五年级时，学校组织野营拉练，要我们步行 21 天。老师担心母亲不让我去，因为我在班里最小，才十岁。没想到老师一问，母亲立即同意。她就是这么干脆利索的人。

我上初一时，母亲鼓励我与同学去什刹海露天游泳池学游泳。初二时，她又借来一辆二八自行车让我学骑车。街坊们不解地问："你就一个女儿，让她游泳，又让她骑车，不怕出事吗？"

母亲说："她不会游泳，以后才危险呢。骑车上路，那是早晚的事！"

我后来也想过，母亲为什么会用这样的方式教育我？大概与她的成长经历有关。因日本侵华，她七岁就开始和家人背井离乡逃难。当时我外婆不在她身边，她是大姐，下面还有两个妹妹，与我外公一起从浙江跑到贵阳的兵工厂。他们经常走水路，有一次船翻了，三姐妹都掉到水里，水性极好的外公将她们一一救上来。当晚三姐妹都发烧生病，只有我母亲一人活了下来。大概是这段经历让她明白，女孩子要勇敢，能吃苦，有耐受力，什么饭都能咽下去，什么活都能干，什么事都不怕，尤其是不能娇气，才能更好地活下去。

母亲的教育理念至今让我深感受益，也深深影响了我。我认为，对孩子的爱不一定都要表现在呵护上，也要表现在磨炼上。狠得下心来磨炼孩子比宠爱孩子更难，更需要父母的勇气与胆识。

我知道有的教育专家并不同意我这种观点，也理解他们研究并倡导的育儿观念也是好的，甚至是非常理想的家教模式。但我认为，就许多家长的现实状况来说，可能短期内达不到他们那种理想的境界。因为有些教育理念来自特定的社会背景、社会阶层，在不具备那种条件的情况下，如果只追求一种理想的模式，未必能培养出理想的孩子。

我曾对瑞士在二战中居然没有被气势汹汹的德军吞并感到不解，虽然瑞士是永久中立国，但德国如果想吞并这样一个小国应该易如反掌。我后来才知道瑞士并不好惹，这个擅长制作精细钟表的小国，一旦拉响战争警报，48 小时内全国就可以召集几十万训练有素的士兵。因为该国男人从小就作为战士来养育，不打仗却仍训练有素，个个都是猛士。

孩子的培养也一样，谁都无法预测人一生会遇到什么挫折或磨难，所以在情感抚养到位的基础上，目光长远的父母一定要舍得让孩子从身体吃苦到心理耐苦，有意培养孩子的坚强性格。这是一种更深、更远的爱。

适度惩罚也是一种保护

发现孩子出现行为问题时，我们要就这个行为让他接受相应的
处罚，让他知道不当行为是要承担后果的，由此建立责任意识。这
对孩子的健康成长是非常重要的。

未成年人在成长过程中，认知能力尚未成熟，所以出现一些性格上的
问题时，比如自私、冷漠、无情、好吃懒做等，原因就不在孩子本身，而
是在成年人身上。因为人小时候的行为反应往往是以一种最简单的方式来
表达，当这种方式有效时，就会重复这样的行为。小孩最初始的表达方式
是什么？是哭，再大点会闹。闹有各种各样的方式，比如撕东西、摔东西，
甚至不吃饭。在这个阶段的教育过程中，如果父母没有一定的养育理念和
方法，不能让孩子知道他错在哪儿、哪些行为不可为，当孩子一旦形成某
种错误的见解和认识，甚至形成不良的行为习惯时，再想改变他就很难了。

所以，当一些家长跟我说孩子毛病很多，比如好吃懒做，我常这样回
答："好吃懒做是天生的，关键是你们在后天怎样让他勤快起来。"这种孩
子的父母一定在家庭生活中存在过度包办的现象。

有的父母已经看到孩子出现严重的不当行为，却不舍得批评他。家里
的老人大多会护着孩子，说得最多的就是："孩子还小，不懂事，长大就好
了。"这种孩子长大后不一定犯罪，但性格中会存在任性、自私等毛病。

我是反对动手打孩子的，但现实中大多数父母都对孩子动过手。当然，

绝大多数父母是爱孩子的，即使动手，也是雷声大雨点小，不会过度使用暴力。但也有真实的案例，有的父母一旦动起手来，完全没有轻重，甚至导致孩子死亡。因此，我坚决反对动手打孩子。可是，不动手打孩子，不等于在孩子犯下较严重的错误时，不让他体验过错的代价和承担责任的勇气。

成年人要具有成年的智慧，可以通过很多方式让孩子明白，有些底线永远不能逾越，有些行为永远不能做。比如，虽然不打孩子，但可以让他看到成年人受到惩罚的情景。大概在 2000 年以前，我有一次乘火车出差，对面铺位的乘客是新加坡一个幼儿园退休教师。我俩聊了一路，她告诉我："在新加坡，幼儿园会组织孩子看鞭刑。当然，那只是简单的画面。看的时候，有的孩子一动不动，也有吓哭的……"

我就问她："这会对孩子心理产生什么不好的影响吗？"

她说："新加坡犯罪率是很低的，很多人不敢轻易犯罪。我们觉得，让孩子小时候看违法者被鞭刑的情景，哪怕被吓哭了，也比他成年后犯罪了再体验惩罚好。那种惩罚可能让他付出大半生的代价，还不如让他早早就知道惩罚的可怕，不敢轻易犯罪，这更有利于他的一生。"

这是我第一次意识到什么是教育者的思维，他们确实看得长远。的确，这种恐惧心理会使很多孩子对法律的惩罚留下终生难忘的印象，对刑罚的理解在他们早年由抽象变为具体。如果他们由此知道犯罪的事情不能做，就比成年后因无知无畏犯罪被监禁好。这就是我们常说的"两弊相衡取其轻"。

我想强调一个观点：真正的大爱、有智慧的爱，一定包含很多内容，是完整的，而不是单一的表达。如果认为对孩子的保护就是一种不让其遭遇任何痛苦和畏惧，那孩子的内心就不会理解"敬畏"的含义，而敬畏是人内心重要行为底线的"防火墙"。所以，成年人对未成年人的保护要有更长远的考虑，有时需要一点狠心。

客观地讲，有些事情尤其是长远的事情，对未成年人只靠讲道理的话，他们是无法理解的。上中小学时，老师天天在课堂上讲："你们今天好好学习，以后才有出息。"这话肯定是对的，可坐在下面的同学会觉得："老师光说没用的，谁知道以后会怎样。"

正因为孩子的认知能力不到位，不懂自己行为的对与错，只能根据大人的反应来发展或者克制某种行为，所以大人不能一味强调要保护孩子，不适当加以惩戒。否则，会给孩子造成错觉。一旦孩子错误地理解保护未成年人的目的，知道14周岁以下不用负任何刑事责任、18周岁以前犯罪会从轻发落，就可能利用这点去故意实施严重的犯罪。这对无辜的被害人和为此付出很大代价的违法少年来说，都是一种损失，也是负有养育责任的大人失责。

2004年，有几个少年逃学，整天游手好闲，就琢磨着怎么弄点钱来花。他们想了想，说："在法律上，18岁之前没有死刑。我们年龄还小，都不到18岁，就是杀人也不会被判死刑。"于是，他们就策划了一起绑架杀人案。

因为他们还小，所以选择的绑架对象就是身边的同学。他们本来想绑架一个据说家里有点钱的男孩，可当他们做好一切准备，到了校门口，发现他父亲开车来接他，他一出校门就上了车，没有绑架成功。

他们就继续等待，看到有一个孩子走了出来。这个孩子本来没在计划中，但他们当中有一人认识他，跟他是街坊，双方父母还都认识，说："他家好像是干部出身，也比较有钱。"于是，他们就去把这个孩子骗过来绑架了。

当时这个孩子也向他们求饶，说大家都认识，有什么话好好说。但是，未成年人实施绑架案，几乎都会撕票，因为绑架案操作起来很难。你想控制一个活人，让他看不见你，记不住你的长相，今后活着出去也找不到你，那非常难。所以，这四个少年只有一个办法，那就是把他杀掉。当他们下手时，这个孩子还在说："我们都是朋友，干吗要这样？有什么话好好说。"但他还是遇害了。

这四个少年还用了一些从影视作品模仿来的手法逃避侦查，但这个案件很快就被警方侦破，都被抓了。人们都感到痛心，不理解这些孩子为什么会这样做，竟然把熟悉的同学绑来杀害了，还向其家人勒索150万元。但法律还是宽容的，法庭经过认真审理后，宣布判刑结果时，没有一个被判死刑，有的被判了15年，有的被判了3年。结果，这四个少年走出法庭时居然面露笑容，很得意，因为他们果然没有一个被判死刑。

这一幕被在场的记者拍了下来，当晚电视、报纸都有这则消息，标题是"四少年逃过死刑竟相视而笑"。这个情节让人更加痛苦和震惊：这些孩子胆大妄为，实施这种严重的犯罪后，在接受法律的惩罚时，居然这么轻松，完全不知道自己错在哪儿。

也就是说，我们基于未成年人保护原则而制定的法律，有些未成年人未必理解立法的初衷，甚至有些规定还给他们造成了错觉。出现这种结果，错不在未成年人，而在成年人对未成年人的了解不够，在立法时是否考虑周全。

我认为，真正的司法保护，应该首先体现在未成年的被害人身上。其次，对已经犯罪的少年，司法保护不在于量刑如何从轻，而在于通过处罚使之对法律产生敬畏。最重要的是，要让未成年人在出现违法行为之前就对法律有所敬畏，对刑罚有所恐惧，从而不敢选择犯罪，这才真正具有保护的意义。

所以，适度惩罚也是一种保护。这种惩罚可以有许多种方式。比如，英国就专门制定了针对十岁以上少年违法的法令法规，其中惩罚是多样的：有社区服务令，即在规定时间内参加公益活动；有赔偿令，即向被害家庭道歉及赔偿；有逃学令，即任何警察发现逃学的孩子均可以扣留，交给专门负责的机构调查后处置；有宵禁令，即晚间未成年人不得外出……

也就是说，对某些已有明显行为问题、性格问题的少年，我们应该有一些强制性的、适度惩罚性的教育。当然，这种教育的前提是要建立在尊重孩子人格尊严的基础上，要符合未成年人身心发展的特点。所谓"尊重人格尊严"，是要把孩子作为一个人来看待，我们惩罚的是他一次性的行为，而不是惩罚他的人格。这就好比警察遇到一个违法的司机，看他是闯红灯或者越线，该怎么处罚就怎么处罚，但对司机的态度应该是客气的、尊重的。我们对孩子也要这样。发现孩子出现行为问题时，我们要就这个行为让他接受相应的处罚，让他知道不当行为是要承担后果的，由此建立责任意识。这对孩子的健康成长是非常重要的。

　　我认为，当孩子出现问题时，越早进行惩戒越有利。但要注意的是，惩罚本身并不是目的，让越轨的孩子不敢继续错下去，懂得遵守法律，认真生活，成为对家庭有责任感、对社会有用的人，才是适度惩罚的目的。

第七章　性格培养决定命运

当一个人通过家庭教养有了自律能力时，就能对自己的欲望进行克制，不会轻易抛弃婚姻等以法律为名的承诺，不会轻易放弃对父母的赡养或幼子的抚养。

当一个人通过家庭教养有了自省能力时，会更加包容与自己个性不同的人，能够与人合作，进而有更大的社会作为。

当一个人通过家庭教养有了同情心，看到别人遭受苦难时会有一份更深切和博大的情感，进而主动承担社会责任，对生养自己的土地和人民怀有报效之情。在有特殊需要的时候，有情感和良好性格教养的人宁肯牺牲自己来换取更多人的生机，比如紧急救险救人、战争中为国捐躯等。我们视其为具有最崇高的情感和最有教养的人。

这一切都由后天养育决定。如果一个人因抚养缺陷没有形成感悟力，就会缺少人性的表现，缺乏自律与自制，更谈不上有责任和担当。这种人可能一时得势，但人生之路会越走越窄。

对三到六岁的孩子说"不"

有一种爱寓意更深。那是一种约束的爱，甚至是让孩子痛哭一次的爱。

社会行为的规范，小可体现在家规中，大则体现在国法中。因为每个人出生后都是先在家庭里生活，后在社会上独立生活，所以每个家庭在养育孩子时都要有责任意识，对孩子进行行为方式的规范培养。

这一要求就是让孩子知道哪些事可以做，哪些事不能做。可以做的事情，父母可以默许或者不表态，但不可以做的事情，应该在第一时间制止孩子，并告诉他为什么。要让孩子知道什么时候都要控制自己的欲望，比如上学时就不能放任自己想去玩耍的欲望，否则一旦错过人生最佳的学习期，将影响自己的一生。另外，什么行为绝对不能做，比如偷窃、伤害生命、破坏公共财物等，做了要受到刑事惩罚。什么底线绝对不要去触碰，比如吸毒、玩弄别人的感情等，一旦陷入将难以自拔和自救。

我强调，二岁之前要有恩于孩子，从三岁开始要立威于他。威，就是威严。在社会生活中，什么地方令人想到威严？那一定是具有惩罚性的地方。在古代，立威的地方可以是家族的祠堂，也可以是实施家规的庭院。普通百姓家里大多使用随手可及的扫帚，或者是父亲的鞋底板，而社会则以庄严的法庭和高墙内的监狱为威严的场所。

为什么要在三岁左右立威呢？因为多数三岁左右的孩子已经能够比较明确地表达自己的意向，甚至是身体的感觉。此外，三岁左右的孩子还能与他依恋的抚养人进行基本无障碍的交流。所谓无障碍交流，是指他们之间的言语对话会存在一种默契。医学研究早就指出，男孩发育比女孩相对晚些，其中包括言语发育。有些男孩在刚刚会说话时经常含糊不清，但他依恋的抚养人却可以全程"翻译"他的意思。

　　我说过，养育孩子首先要能读懂孩子。由于三岁前有的孩子言语发育较慢，表达不顺利时就会哭闹。那些没有全程带孩子的父母往往对孩子不熟悉，不容易理解其哭声的含义。在不能准确理解孩子哭闹的原因时，父母不能简单粗暴地制止，而是需要耐心地读懂孩子。

　　但三岁后，绝大多数孩子都能说出自己的要求，也能理解抚养人的要求。最重要的是，三岁的孩子大都可以自己行走了，自己寻找东西了，开始有自己的选择与欲望的表达，甚至还有些小小的意志行为，即不达目的不罢休。这时，我们会发现其目的已经不是生理所必需的，而是心理上的要求，最常见的是对玩具的占有，对零食的不合理索求。有些孩子想要什么东西，大人不予满足，就以哭闹的方式博取。当孩子出现这种表现时，就要对他进行说"不"的训练，让他能够根据外部的要求来控制自己。

　　需要说明的是，对孩子说"不"的年龄并非一个绝对的时间点，不是说孩子刚过三岁生日，大人就立马拉下脸来对他说这不行那不行。说"不"的年龄，要根据每个孩子心理发育的情况，寻找合适的时机，让孩子明白做事之前要考虑这件事允不允许做。

　　需要强调的是，说"不"训练只是一种性格培养的方法，不是在日常生活中要天天把"不行"变成口头禅。这就像治病的药只有发病时才能拿出来，服用前还要审视一下是否有必要，不能像吃饭那样随意就吃，更不能当成家常便饭。要选择合适的时机，告诉孩子不同场合有哪些行为规矩，让孩子学会掌握好尺度。

有的孩子很有灵性，在两岁左右就能感知和反应，做一件事时往往会观察大人的脸色。当他想抓一个物件时，会一边伸出手，一边看着大人的表情。当大人给出一个不高兴的表情时，他会迅速缩手，以后就知道这东西不让碰。这就是最好的说"不"方式，一个表情足矣，无言自威。可有些时候明明给一个表情就够了，大人尤其是母亲往往喜欢大喊大叫，或者一说起来就没完没了，还要解释各种理由。其实，有些事情很小，让孩子知道不行就够了。

同时要强调的是，能够做到给一个表情就可以说"不"的大人，一定是亲自带孩子的人。两人已经相处了数百天，早就形成了互懂的默契。这又要归结到孩子三岁前，父母要自己带的理由上。朝夕相处的抚养，不仅使父母容易读懂孩子的心意，孩子也容易明白父母的意思。

当然，要达到互懂的默契还要有一个前提，那就是负责养育的大人内心始终要有这样一个意识：爱孩子，并不是一味顺从他，而是从他稍懂事起就要教他行为有规矩，明白"可为"与"不可为"的界限。在与孩子的互动中，这种意识越早让孩子知道越好。

如果孩子三岁前是由老人或保姆带的，而老人因为疼爱孩子，从不制止其不对的行为，或者保姆不敢严格要求孩子，等父母发现孩子已经把哭闹作为一种达到目的的手段时，孩子可能已经过了三岁，怎么办？那就在六岁前赶快弥补。父母有意选择一个时机，坚决地对孩子说"不"，让他明白哭闹是最没用的一种表达方式。

用心说"不"，无言自威

管教孩子时，家人要形成共识：老人不要越位，父母优先；家里任何一个人在管教时，其他人要尽量回避。

说"不"可能会让孩子有痛哭一次的经历。比如，送孩子去上幼儿园，绝大多数孩子最初会抗拒，但父母不能因此不坚持。因为孩子终究会长大，要走出家门，和其他孩子一起经历家庭外的生活。面对孩子不肯去幼儿园的哭闹，父母这时候别不忍心，一定要态度明确且坚决。

怎么对孩子进行说"不"训练呢？首先，要抓住一次孩子发脾气的机会。无论是在商场、街上、家门口还是客厅里，当孩子任性地哭闹，满地打滚，还有摔东西、打人等不当行为时，身边的大人就可以对他进行管教。这件事最好由妈妈来做。如果妈妈不在，就由爸爸来做。如果爸妈都不在，就由孩子熟悉并依赖的那个人来做。

怎么做呢？把正在哭闹的孩子抱起来，带到卧室里，然后把门关上，形成一对一的关系。在对孩子说"不"时要讲究环境，让孩子只面对一个人，看不到其他人。因为有其他人在场时，聪明的孩子知道有人不忍心看他哭，就会有恃无恐。如果是在客厅里，爸爸出面管教时，妈妈站在旁边，孩子就会把求助的目光转向妈妈。如果是妈妈在管教，爷爷奶奶站在旁边，他就会向老人求助。这时，孩子无法感受管教人的态度和真正的意图，而是把心思都用在想办法解脱上。

我经常见到一些大人在街上有很多路人的情况下训斥孩子，还有一些父母当孩子在公共场合闹开时不作为，只是冷眼旁观。这两种做法，我认为均不妥：要么让孩子丢掉自尊，以后不再在乎别人的目光；要么让孩子有了表演感，人越多就闹得越起劲。所以，最好先把孩子带回家，然后抱进卧室里。因为卧室是一个让人放松和休息的地方，也是一个比较私密的空间。卧室一般比较干净，可以把孩子放在地上，这样他哭闹打滚时不至于从高处摔下来。要把卧室门关上，让孩子单独面对你一人，他就知道今日不同于往常。

管教孩子时，家人要形成一个共识：老人不要越位，父母优先。我曾有过这种体验：一天正在午休时，我突然听见女儿的孩子放声大哭，就不假思索地从床上跳下来，要去看孩子。当我穿上拖鞋时，突然想到孩子的爸妈都在，我不能过去干预。于是，我强迫自己镇定，重新回到床上。

家里任何一个人在管教孩子时，其他人要尽量回避。如果爸爸在管，妈妈就暂时不要露面。如果奶奶在管，爷爷就不要进去。如果三代人都在家，爸妈理应是第一责任人，爷爷奶奶就不要吭声，静观最好。如果爷爷奶奶不舍得，就先出门回避一下，眼不见心不烦。爷爷奶奶要相信，孩子的爸妈会心疼孩子的。

如果谁在管教孩子时难以克制地发脾气，或出现不当的粗暴行为，其他人可以敲门进来换人，让他出去冷静一下。

当你不认同管教人的管教方式时，不要当面出现分歧，要等事后再进行沟通。到时你哪怕跟他争吵也行，只是不要当着孩子的面。老人更要注意这一点。如果在父母管教孩子时，老人出来指责、打断或提出异议，甚至明显袒护孩子，不仅会影响父母管教的效果，还会破坏孩子对父母的尊重，以后会有恃无恐。当然，也有例外：如果管教孩子的人脾气火暴，尤其是出现暴力行为时，其他人要及时干预和制止。

这种一对一的管教，要做到"四不"：

一是不能动手打孩子。关上门打孩子，很容易给孩子造成对封闭空间的恐惧感。同时，孩子那么弱小，完全无招架之力，管教人一旦过度冲动，不仅会让他有心理阴影，还会造成身体上的伤害。最重要的是，这种管教方式很容易让孩子在忍受恐惧中变得麻木，最终变得冷漠和冷酷，以后容易成为一个发狠且无情之人。例如，西安那位学音乐的大学生开车撞伤人后杀人灭口，其心理问题就源于此。

二是不能骂孩子。骂人是一种很不文明的行为表现，给孩子的印象很深刻。以后他一遇到别人有过错，或者他认为别人有错，就会"出口成脏"。我们在网上经常看到留言者出言不逊，要么恶狠狠，要么就是脏话。我每次见到这种留言就想，这个人一定是耳边经常听到污言秽语。"骂孩子"这种管教方式几乎没有正面教育意义，只会管教出一个没有教养的蛮横之人。

三是不要在孩子哭闹时讲道理。因为在孩子哭喊时，管教人说话的声音完全被抵消了，属于同期"噪音"，孩子是听不进去的。相反，在孩子闹得很凶时不出声，反而会让他觉得不同寻常，会悄悄观察管教人，更容易明白管教人的态度。

四是不要把孩子单独关在屋里。不打不骂孩子很容易理解，为什么管教人也不能走开呢？经常有父母在孩子发脾气时把他关在厕所里，等他哭够了再放出来。这种方式失去与孩子互动的过程，孩子看不到管教人的态度。态度是通过人的表情来传达的，管教人不在眼前，孩子怎么明白他的态度呢？态度有着很重要的教育作用，就是我说的"无言自威"。无言自威是一种非常好的教育方式。

做到"四不"，管教人只需做一件事：拿张凳子坐在孩子对面，或者盘腿坐在他跟前，静静地看着他哭，甚至笑眯眯地看着他哭，让他痛快地哭一次。

有的家长告诉我："我试过这招，可我的孩子脾气大，会打滚，怎么办？有一次，我听见'咣'的一声，他的脑袋撞到床脚上，额头上起了一个包。"

我说："在这种情况下，你更不能过去表示心疼。因为这种结果是偶然发生的，你作何反应会决定这种行为是否会重复发生。他并不是故意的，撞完也会很疼，如果你过去安抚他，他就知道你在什么情况下会让步，今后就会有意使用这种'自残'的方式逼你妥协。

"这时候，你既不能不表态，也不能轻易放弃你刚才的态度。你可以身体不动，但言语温和，跟他说：'撞这么响，疼吧？这可是你自己撞的。你明明做得不对，还闹腾，那你就接着闹吧！'当他听到这话就彻底明白了，你今天是不会迁就他的。脑袋撞床本来就挺疼，你还不过来宠他，一般也就不会再撞了。

"孩子这么小，还是挺依赖你的，希望得到你的关爱。所以，你可以温柔地告诉他：'如果你不闹了，咱们可以好好说话。'当他哭声渐弱，你去拿一块热毛巾来给他擦擦脸，让他在感到舒服的同时，明白你仍然是爱他的。

"帮他擦完脸后，你把毛巾放下，平静地问他：'你还想哭吗？你想哭就接着哭，我等你。'这让他明白哭不能解决任何问题。当他摇头，明确表示不想再哭了，你就把他抱起来放到床上，脱掉鞋子、衣服，让他睡一会儿。在他睡下时，你别走开，轻轻拍他，陪伴他。无声的陪伴是最好的教育。为什么有的孩子那么沉静？因为他的母亲越是有事发生时就越安静，这种安静有利于处理很多问题。"

孩子的成长需要阵痛，家长在爱孩子时也需要克服自己的心理阵痛。对孩子狠一次心，以后你会省很多心，这就是育儿的辩证法。

与人沟通，学会讲理、互动

要教会孩子一种重要的社会行为方式：有想法、有要求、有情绪时，要好好说话，不要胡闹。

说"不"训练不仅仅是给孩子一个明确的态度：如果你做得不对，再闹我也不会让步，我对你的爱是有原则的，事情的结果取决于你自己的表现。所有的孩子都会从中感知你的反应。只要你够坚决，他就会明白，从此不会再撒野般地跟你闹。

但是，说"不"并不是最终目的，这种制止只是堵住了撒野胡闹，而孩子的情绪还需要表达出来。这就为下一步的引导奠定了基础。教孩子学会表达与沟通，那才是正确地表达情绪的方式。

当哭闹过的孩子躺下休息后起床，你要温柔地帮他穿好衣服，先让他喝点水，然后把他抱在怀里，认真地跟他说："咱俩说说刚才你哭闹的事情，好吗？"

孩子会很不好意思，低头不看你，或顾左右而言他。但你要认真地告诉他："你现在长大了，会说话了，什么都明白了，但你刚才那么哭闹，还哭那么长时间，多不好呀！你想，如果妈妈不高兴了，就跟爸爸哇哇地哭，你觉得好吗？如果爸爸哪天不高兴了，在奶奶跟前哇哇地哭，你觉得好吗？咱们家动不动就放声大哭，你觉得好吗？那样不好吧？你觉得应该怎么办？"

不管孩子回答与否，你都要告诉他："我觉得，咱们家谁有什么事情不高兴了，可以先自己想一想，想好了就跟大家商量。你现在长大了，有事要说出来，可以跟妈妈或爸爸商量。你说的时候，我听着。等你说完了，该我说了，你是不是也应该听听呢？你有想法不说出来，如果我不知道，你只是哭闹是不对的。如果我知道你的想法，但我认为不对，你哭闹也没用。所以，你应该说出你的理由，然后也要听我的理由，咱俩谁对就听谁的。你觉得这样好不好？"

这是在教孩子一种重要的社会行为方式，即有想法、有要求、有情绪时要好好说话，不要胡闹。这为孩子建立一种与人沟通的言行方式，可以让他疏导内心的情绪，也让他明白有些事情需要有不同的考虑，听听别人的看法未必不是一种好的选择。

"有话好好说"是我们在社会生活中一个特别重要的规则，但往往并不容易做到。我经常坐飞机出差，会偶尔看到有些人有话不会好好说。坐飞机有一点不如坐火车，那就是飞机容易受天气、空中管制等因素的影响，有时不能准点出发和到达。很多乘客都是踩着时间点出门的，有的去谈生意，有的去参加重要会议，迟到可能就会错过重要的机遇，耽误自己的重要大事。所以，飞机晚点经常会让乘客感到抓狂，这个时候就最容易看出人的教养来了。我经常看到一群人因为飞机不能准时起飞，在登机口围着飞机上的空姐或机场的客服人员吵闹。这些人中有的一看外表就知道是受过高等教育的，戴着金丝眼镜，西装革履，穿着体面，看起来不是学者、领导就是老板。可是这些人闹腾起来，与他们的身份、年龄完全不符，吼叫的样子真的很没有风度和教养。

看到这样的人，我就在想："他们早年的家庭教养一定缺少说'不'这一课。再着急也不应该这样闹，一群大男人冲一个小姑娘吼什么吼啊？空姐又不能决定飞机飞或不飞，而且那么温柔、有礼貌、恪尽职守，你再着急也要克制自己，了解情况后再说，怎能如此撒野？这种情绪冲动和闹腾劲儿，一定是小时候父母没有给予他好的教养。"

　　遇事有情绪时不以闹的方式，而是以沟通的方式取得彼此理解，才能有效地寻找共识。所以，会好好说话体现的是一个人的家教水平，是父母用心培养的结果。

延迟满足练就耐性

生活中的诱惑实在太多，一个没有耐性的人不可能有长远的未来。有些事做早了事倍功半，只有看准时机才会事半功倍。

当性格培养第一课"用心说'不'"做好后，孩子就会懂得一个道理：有许多事情"做与不做"不能仅凭自己"想与不想"，还须关注外部是否允许。在不被允许的情况下，要学会表达与沟通。

如果沟通不成呢？这就需要进一步培养孩子的第二个性格特质，即等待和忍耐。这是一个人能否让自己的价值最大化的重要性格特质。

社会上常有各种诱惑，看似万花筒，令人眼花缭乱。一个没有耐性的人不可能有一颗沉稳的心，进而不能准确判断眼前是机会还是陷阱、是现象还是本质，容易心急和冲动。都说"冲动是魔鬼"，所以在孩子的成长中，抑制其本能冲动是性格培养的重要内容。

我们常会遇到这种情况：从道理上讲，做某事可能是对的，但客观条件还不成熟，做早了可能事倍功半，而找准时机再做就会事半功倍。

我有个不错的学生，跟我讲过他的一次经历。他一度急切地想改变工作环境，一是因为离家太远，二是因为工作内容单调。当时有两个机会：一个是开始自主竞聘，成功了可更换单位；另一个是上级领导考虑选他去一个专项工作组，但没提到调离的事。专项工作组不是一般人能进的，是一个很好的学习和锻炼机会，但他想调离的愿望太迫切了，于是放弃了这个机会。他凭能力很快就竞聘上了一个普通部门的职位，而那位代替他进专项工作组的年轻人在工作结束后被调入一个更高层的部门。他跟我说起这件事时十分后悔。这就是因缺乏耐性导致决策失误，最终失去一个更好的机会。

那么，如何在早年培养孩子的耐性呢？我给大家的建议是，在孩子稍懂事的三四岁前后，找一个机会带他去买玩具。在这之前，孩子的玩具都是由大人替他选择和购买的，现在他一去幼儿园，看到其他小朋友的玩具，就会有自己想拥有的愿望和要求。这时，我们可以给他创造一个自主选择的机会，既让他锻炼选择的能力，又让他经受一次等待的训练。

玩具本身不是重点，因为孩子以后仍然有很多机会买玩具。对孩子来说，玩具越多越好，那是无底洞。父母心里要明白，第一次带孩子去买玩具其实还有其他用心：让他面对自己中意的东西时，一是要知道任何东西都来之不易；二是有意让他以为即将到手的东西却不能马上得到，需要等待，甚至需要一定的努力，由此培养耐性。

你可以在周末带孩子去商场，告诉他今天可以去寻找一个他想要的玩具。在玩具店里，先尽情地让他大饱眼福，让他接触和试玩各种玩具。这个过程他已经在享受快乐了，之后可能要让他难过一下。你不要心疼，那只是一周的"残忍"。

当孩子挑选了一个中意的玩具后，你要蹲下来与他共同面对随后的局面。你先考察一下这个玩具的优点，肯定一下孩子的眼光，然后进入实际的问题，问道："这玩具多少钱一个呀？"

当着孩子的面，你要把价格大声念出来，然后犹豫一下，跟他说："这个有点贵，超出爸妈事先的计划呀。"

这时，孩子会有点懵："不是你带我来买玩具的吗？什么计划不计划呀？"

你要轻声地跟他说:"你知道爸爸妈妈为什么每天去上班吗?我们其实特别不想离开你,想在家陪你,但我们必须去挣钱。我要上一个月的班,单位才给我发一次工资。我拿到这笔钱,要和你爸的钱合在一起,然后计算一下我们家这个月每天要花多少钱。"

你接着告诉他:"我们每天吃的菜要买新鲜的,水果也是,这需要花钱。不仅吃的,还有用的东西也要花钱。比如,我们每天开电灯、电视呀,都要交电费,每天做饭也要交燃气费。我们每天要喝水,也要交水费。你去幼儿园,还要交托儿费……很多事情都要花钱,所以买玩具也要有计划。如果你买玩具花的钱太多,超出计划了,那其他事情就会受影响,比如下星期买菜的钱就不够了。"

当你跟孩子说这些,虽然他还不太懂,但第一次知道爸妈上班是为了挣钱,挣来的钱要用在家里的很多事情上。这是孩子第一次跟你去买东西,通过你对采购计划的讲解和随事而教,他会形成一种新的观念:生活中,所有东西都不是白来的,需要人辛苦挣来。以后你再告诉他什么是"辛苦",就顺理成章了。他会想到你上班的情景,想到你下班很晚才回家的情景,心里会有父母上班很辛苦的印象。这就是养育中"边养边教"的用心。

曾有一位退休的老警官问我:"小孙子天天让我给他买玩具,买了没两天就玩腻了,又要买新的,不给买就闹,甚至不吃饭。"

我说:"因为你太轻易给他买玩具了。玩具来得太容易,他就不理解何为'辛苦'二字。"

你在玩具店给孩子讲完挣钱与计划的事情后,孩子肯定心情沮丧,情绪低落。如果你之前对他做过说"不"的训练,他应该不会就地打滚,放开哭闹了。最重要的是,你不要不忍心。因为孩子长大后,遇到不顺心的事情就多了,必须学会接受。这种心理承受能力需要慢慢练就。

接着,你要给孩子希望,告诉他:"我有时下班很晚,周末还要加班。虽然加班很辛苦,但我可以额外挣些加班费。加班费是工资之外的钱,不在计划内。我这周会加班，争取拿到加班费后，咱们下周休息日再来这里，把你喜欢的玩具带回家。就一周的时间，好吗？"

然后，你要认真地嘱咐店里的工作人员，说："下周我们一定来买这个玩具，请给我们留好。"

孩子回家后，肯定会经常惦记玩具的事，但他不得不等待。这就是家长有意而为之，让他学会等待与克制。

这种等待还有另一层意义。在等待过程中，你可以让孩子配合你的要求，告诉他："妈妈加班很辛苦，晚上要早点睡，你能不能早点上床？你不上床我也没法睡，我不睡觉怎么加班呢？"

你还可以告诉他："妈妈上班很辛苦，你能不能帮妈妈做些事情？你先把自己的事情做好，把你的玩具收拾好……"

以后，你还可以进一步提高要求，比如说："你想要什么东西，可以早点告诉我，和我商量，然后我们早点制定计划。"

你还可以让他做一件需要专心致志的事情，比如搭出复杂的积木、拍照积累图片，或者画画以锻炼拿笔的动作。这些益智活动可以练就专注的习惯。随着年龄的增长，你可以将任务的时间从 10 分钟增加到 20 分钟、30 分钟，直到他六岁上学前。如果他能坐在桌前三四十分钟做完一件事，当他上小学后回家写作业，就能持续半小时以上。那基本上是完成一门课的作业所需的时间，他就很容易适应了。

这就是在孩子三到六岁时，通过有意的延迟满足进行性格培养的结果。如果父母这段时间天天忙工作，没有用心和有意地做这种培养，随便放纵孩子的玩心，随时满足他要玩具的欲望，等他过了六岁，上学后就会坐不住。

有的父母不仅不用心，更没耐心。当孩子让父母陪他玩时，他们往往拿出玩具、电子产品让他自己玩。结果孩子玩得很开心，也养成习惯了，一回家就想玩这些东西，父母指望他尽快写作业就没那么容易了。等到那时再想训练这种性格，就非常困难了。

诱惑训练，教其自我管理

> 人的欲望远远大于人的需要。抵制诱惑，最重要的品行就像节食，能节制眼前，从而获得长远。

在研究各种负面的心理现象后，我认为人的欲望远远大于人的需要。过度的欲望让很多人劳累致病，紧张到神经质，贪婪至犯罪，成了欲望的奴隶。有的人不但自己贪婪，还想给子女积累更多的财富，使子女一出生就不需要进取和奋斗，只需好好享乐，有的因此慢慢成了"废人"。

据余华同名小说改编的电影《活着》，深刻地演绎了一个纨绔子弟的人生。从主角徐福贵名字中的"福贵"二字，即可知父母对这个儿子满满的爱心，希望他能享福又有地位。父母不仅为他攒下不少财富，还用心为他找了一个吃苦耐劳、能照顾他的妻子。因此，徐福贵从小就过着吃喝不愁的日子。既然吃喝不愁，他当然就要找乐子了，钱多就去赌了。赌博是最便捷的败家方式，他很快就把家产赌光了，沦为一无所有的穷人。所以，"富不过三代"是许多富豪家庭从奋斗到败落的历史规律。

所以，家长要培养孩子的耐性，尤其在他出现较强烈的欲望后要延迟满足，舍得让他等待。这样让孩子明白，生活并不能事事如意，在不如意面前要学会克制自己，忍耐并等待时机成熟。当孩子通过与父母共同努力后实现愿望，得到的是一种寓意更深和内容更丰富的满足。

完成这项要求后，下一个性格培养点就是让孩子学会自我管理。自我管理，是指人在面对很多机会和诱惑时，能够选择具有长远意义的满足方式，而不是短视的方式，迫不及待地、过度贪婪地满足自己的欲望。自我管理也要能忍耐和等待，但这一抵制诱惑的品行，关键之处在于"舍得"。

培养孩子良好的性格，除了延迟满足，令其具有耐性外，还要有意培养其在诱惑面前能节制自己的欲望，有节度地取舍。这件事可在孩子五六岁时，在他进入学校学习之前进行。本节所说的训练方法只是建议，大家可根据自己孩子的情况进行。

由于性格主要体现在行为中，所以对孩子的性格培养不要讲过多的道理，比如"沟通的意义""有耐性的意义"等。孩子听了只是似懂非懂，囫囵吞枣。这阶段父母对孩子的用心培养，可以更多地采用具体操作的行为方式，甚至以做游戏的方式进行。

由于三到六岁的孩子大多已经上幼儿园，父母平时也要上班，所以这种诱惑训练的游戏可以放在周末来做。具体做法如下：

在周末休息的第一天即周六，一般家人吃过午饭后会休息一会儿，睡醒约在下午三点左右。这个时间正好在午饭与晚饭之间，一般家人起床后会喝点水，找些零食吃。妈妈可以事先准备些平时很少给孩子吃的零食，比如鱼片、牛肉干等，将其分成三份，这时就拿出两份到孩子跟前，说："今天我想和你做一个游戏，你想做吗？"

孩子好奇心重，会问："什么游戏？"

妈妈说："我这里有两份好吃的，有一份今天要给你，还有一份明天下午才能给你。游戏规则是：我今天把两份都给你，由你自己决定怎么吃。如果你今天只吃今天这份，明天那份留到明天再吃，那我明天下午就多给你一份。可是，如果你今天把明天那份也吃了，那我就不给了，你明天就没零食吃了，明白吗？"

孩子心想："吃个零食还这么啰唆，你给我就行了，管我怎么吃呢！"

但他表面上会点点头，表示知道了。

然后，你和他拉钩，表示双方认可和接受这个游戏规则。接着，你就把两份零食都交给他，然后扭头走开，既不看他怎么吃，也不问他什么。你忙自己的事，给他独处的时间，让他自己决定怎么享受这些美食。

面对好吃的零食，孩子很快会吃完第一份，但还没过瘾。有的孩子就会纠结："吃不吃明天那份呢？"有的孩子则根本不会犹豫，心想："今天有就先吃掉，明天再说明天的事。"

等到第二天下午，你拿着第三份零食叫他过来："昨天我们说好了，只要你能拿出昨天我给你的今天这份，我就给你增加一份。你看，我拿来了。"

这时，他看着你手里的零食，以为今天你还会给他这份。但这时，你要开始向他强调昨天定下的游戏规则。当你看到他拿不出零食时，就告诉他："不是我不给你，我言而有信，你看我都准备好了。只要你能拿出让你保存的那份，我这份就给你。"

然后，你微笑地看着他，等着他。发现他实在拿不出来时，你再说："看来是你自己不想要今天这份。你知道规则的，既然你昨天把两份都吃掉了，今天这份我就不能给你了。"然后，你毫不犹豫地拿着这份零食走开。

他知道，这时哭闹是没用的。他最多一下午不高兴，因为今天没零食吃了。

隔两三周，你换一种零食，同样分成三份，再跟他做一次游戏。第二次做这个游戏，他已经知道上一次的结果了，一般就会抵制美食的诱惑，把明天那份保留下来。第二天下午，当他向你展示这份零食时，你一定要认真地夸奖他："哇，你居然可以控制住自己，真有毅力！我手里这份无论如何要给你。"

然后，你可以顺便对他多说两句："只要你不急，好吃的东西永远有。

你要知道，有很多东西不要急于得到，不要放纵自己，要慢慢获取，结果会获得更多。"

通过这个游戏让孩子知道，有些东西要慢慢拿，只顾眼前就会失去后面的，让他明白自我约束的意义。

我听过一个故事：有位参加过抗日战争和解放战争的老军人，在解放初期就是正师级军官了。后来由于时代的种种原因，他所在的部队被整建制地解甲归田，他就没有升职的机会了，也没有留在城里的机会了。很多与他有着相同遭遇的战友，看着与自己同期入伍的其他部队人员有的升官了，有的留在大城市里，就愤懑不平、伤心和委屈，郁郁而终。而这位老军人当时才五十多岁，回家后就埋头种地，豁达开朗地生活，结果活到 99岁。有人说，有些升到更高职位、拿到更多工资的人，还比不上他健康快乐地多活 20 年。这位老军人不被诱惑所左右，认真地过日子，因豁达的性格和良好的心态笑到最后。

不要以为抵制诱惑仅仅是为了预防人犯罪。其实，能抵得住诱惑是非常普通而又很重要的品质。就日常生活来说，有时看一个人的身材即可知其自我管理能力和自律水平。虽然青少年在诱惑面前容易冲动，但很多成年人也是如此。比如，职务犯罪人就不能很好地自我管理和自我克制。小到贪吃引发的健康困扰，大到无法抵御权力的诱惑而身陷囹圄，可见在诱惑面前能够自我控制的品质对人生有多重要。

与人接触，学会礼貌为先

对不懂礼貌的人可以宽容，但对没有教养的人一定要远离。

人是社会动物，家庭既是社会的细胞，也是一个小社会。家庭与社会有许多相近之处：既有上下的关系，如祖辈、父辈与子女的关系；还有同辈关系，如兄弟姐妹，也包括表亲关系。只是家庭里的人际关系比社会关系更亲密，不是血缘就是亲情关系。所以，人早年可以通过家庭生活，形成许多未来进入社会后与人接触或相处的行为方式。

人在依恋期主要依恋一个人，同时也与其他家庭成员有亲密接触。当人可以独立行动时，活动范围就超出了家庭的范围。尤其是上幼儿园的孩子，开始接触陌生的老师和同学，这时与他人相处就不如在家庭内部容易。所以，在三岁左右，家庭就要有意识地让孩子学习并形成良好的社会行为方式。这类行为方式大致包含两方面内容：一是与人接触的方式，包括熟人关系和陌生关系的处理；二是与不同人相处的方式，比如遇到矛盾或冲突时如何反应。在这一时期，抚养人对孩子涉及他人的行为要予以足够的重视。因为人早期的行为一旦经过重复成为一种方式，就会成为影响一生的性格。

为什么不能小看这种与人相处的行为方式的培养呢？因为人是社会动

物，其生活离不开与人接触和相处，其获利或受挫也与他人有关，其幸福、成就等都与他人有关。所以，后天形成的社会行为方式将决定人走出家门后人际关系、合群程度如何，是受人欢迎还是被人排斥。

与人接触的行为方式非常重要。比如，孩子第一次见到他人要不要问好，如何问好，对不同关系的人如何称呼，如何表现出有礼貌、有教养，如何与人接触时既不失自尊，又不显得目中无人。孩子的这些表现既能体现抚养人类似的行为表现，更会显现其家庭整体的教养水平。

与人首次接触，一个人的行为方式会决定别人对他的第一印象。社会心理学对"第一印象"有大量的研究。第一印象又称"首因效应"，这种效应一旦形成，想予以改变往往需要更多的时间和努力。所以，至少要教会孩子具有基本的礼貌，比如对陌生人、年长的人、女性、残疾人等，使用的称谓、口气和态度都应该有所不同。

小时候，我听邻居讲过一个年轻人问路的故事。年轻人见路边坐着一位老人，一上来就问："喂，往某地怎么走？"老人头也不抬，一挥手就指了一个方向。结果年轻人走了很远也没找着那个地方，直到另一个人告诉他："你走反了，应该往相反方向走。"年轻人气不过，回过头来找那位老人，大声指责道："你怎么这么损啊？我问你路，你怎么故意指反方向呢？"老人笑笑说："一个说话没规矩的人，我凭什么给你指路？我挥手不是在给你指路，而是让你滚！"的确，问路实际上是在寻求别人帮助，可年轻人一张嘴，对老人没有一点应有的尊敬和礼貌。

我经常在飞机上见到空姐非常谦和、服务周到，可是有些乘客对她们说话很不客气，吆五喝六的，甚至大声斥责道："你怎么还不拿来？"这种乘客的性格是有缺陷的。这种轻狂的表现只能透露他们从小没有好的家教。

当然，我们有时在着急的情况下，说话会急躁和不礼貌。我有时因不明情况说话就急，当对方给我解释清楚事情原委后，我会郑重地向对方道歉，并肯定对方的耐心解释之举。

现在，网络为人们提供了一种跨越空间距离的人际接触，如在微博下面留言和回复，两个不相识的人就接触上了。从一些人的留言和语气，我就可以判断出他们的年龄和家庭教养。人的教养，越是在陌生关系中，就越发真实和自然。

小时候母亲就嘱咐过我："对不懂礼貌的人可以宽容，但对没有教养的人一定要远离。"有些不懂礼貌的人并非故意，也没有恶意，只是父母从未告诉他要礼貌待人。当他们长大后走入社会，就会让人很不舒服。

在大学教书期间，有一次课间休息时，我正倚靠讲台站着，看见坐在三排后的一位女生向我招了招手。我以为她发生了什么不好意思站起来的事情，就走过去俯身问她："怎么了？"

这位女生居然说："老师，我问你一个问题。"

我心里咯噔一下，明白这个孩子在家里是没有规矩的，于是马上直起腰来对她说："你如果有问题想问老师，应该站起来到老师跟前去问，但你招手让老师到你跟前，你觉得这种方式合适吗？"

她马上站起来，不好意思地说："老师，抱歉，我错了！"

作为老师的我，遇到没有礼貌的人，会善意地告诉对方，但很多人是懒得告知的。所以，不懂礼貌的人往往会发现，别人不愿理睬自己，有被孤立的感觉。这就是性格缺陷带来的社交困难。所以，父母要教会孩子待人礼貌的规矩。

其实，在家也要讲礼貌。我小时候离开家一定会跟父母说一声，说我出去做什么，大概什么时候回来。回家后，我也先向父母报到："爸妈，我回来了。"

有人说，礼貌多了很虚伪。的确，礼貌只是人际交往中的一种润滑剂，不是轴心，人与人的交往还需要更多具体的有意义行为。但是，在初次接触和交往中，人们还是要本着相互尊重、尽显教养的礼貌方式。

有些人严重缺乏教养，一说话嘴里自然就带出许多脏话，初次见面就斜眼瞟人，还怪声怪气、言语粗鲁，刚一接触就让人明显感觉不友善。遇到这种人，最好的方式是沉默，然后离开。

我在网上就遇过这种人，语气非常蛮横，有时完全不知道人家在干什么就大发评论，而且是恶语相加。我怀疑这种人在家里也是这么说话的，家人都以这种骂骂咧咧的方式进行交流，以至于他们在网上也这样"出口成脏"。

我有时好为人师，这大概是一种职业性格。我经常会尝试与这种人进行言语沟通，后来发现十个人中大概有两个会语气有所缓和，进而能够讲理。我由此判断，这些人在实际接触中应该是有礼貌的人。但是，有些人真的无法沟通。我相信这是他们自然、真实的表现，他们根本不懂得也不会用另一种文明的表达方式。这与他们早年的生活环境、周围人的言谈风格密切相关。他们在这种环境的熏陶下已经形成自己的言语风格，那已成为他们性格的一部分。

我有位学生在基层派出所工作，经常要到社区了解情况，走访不同的人。他告诉我："要是见到老教授，我们就说：'某先生，您好！问您个事。'要是见到光着膀子、摇着大芭蕉扇的老人，我们就说：'师傅，您好！问您个事。'要是遇到贼眉鼠眼的人，我们就会直接喊：'你小子，别走，有事问你！'"

看来礼貌是分人的。如果你自己在意礼节，举止文明，别人也会尊重你。如果你自己甘愿粗鲁，不在乎别人的感受，别人也很难文明地与你对话，甚至远离你。

不过，与人接触的言行需要从小有人教，进而养成文明的言语风格。这不仅会体现家庭的教养水准，也会使自己在良好的人际互动中如沐春风。

与人相处，学会分享、包容

人生不会总遇到投缘的人，随时会遇到与自己完全不同的人，能与各种人友好相处是一种涵养。

曾有一位父亲问我："我儿子学习上不用我担心，可他总与同学相处不好。他说是因为他学习好，班里很多同学就不喜欢他，他也不喜欢这些同学。我儿子这种表现，我要不要管呢？"

我说："你必须让儿子明白这样一个事实：在今后的生活中，与人交往和相处不是以你喜欢与否为标准，比如同事是你无法事先选择的，只有找对象才有可能根据你的喜好来选择。生活中，大多数与人相处都是出于工作需要，无论是工作沟通还是生意谈判都这样。所以，与人相处是一个孩子长大过程中必须学习的社会行为方式。既然你儿子很聪明，你不妨用激将法，告诉他：'只是学习好是不够的，你还要学会交朋友。如果你能让不喜欢你的人喜欢上你，那你才是有本事的人。'"

我相信，这个孩子如果足够聪明，能理解父亲这句话的意思，是能够与同学搞好关系的。

与不同的人友好相处，这种社会行为确实需要学习。前提是父母要有意培养孩子这种行为，使之建立一套与人相处的正确方式。

孩子在家里最先接触的都是长辈，属于上下关系。所以，孩子外出遇到年长的人，见面问好应该不难，难的是与同辈人的接触。尤其是独生子女，在家里没有与同辈交流、玩耍的机会，有的刚去幼儿园就非常不适应。鉴于此，在孩子进入幼儿园的前一年或一年半前，即一岁半至三岁时，家人要有意带他出去接触邻居，或与同龄小孩定期一起玩耍。人口少的家庭，父母一方更要经常把孩子带在身边，让他多出去见人，慢慢适应人多的场景。家长还可以事先教他一些与别的小朋友接触的方法，比如遇到不认识的小朋友，可以悄悄问对方叫什么名字，也可以先主动自我介绍。

有家长说："我带孩子到院子里或公园玩，他想跟别人一起玩，但不敢上前，也不知道怎样跟其他小朋友玩到一起。"

其实，这么大的孩子一说到玩，就是玩玩具嘛。很简单，当你带孩子下楼时，一定要让他带上玩具，最好多带一个，一个他自己拿着玩，一个用来与别人交换。玩够了，两个孩子各自拿着自己的玩具回家。

带孩子出去玩时，家长一定要用心观察孩子，参与玩耍。因为这是孩子与同辈接触的初期，需要明白怎样与小朋友相处才是正确的行为方式。如果父母看到孩子们在一起玩耍就低头看手机，过不了一会儿，就会听到有孩子哇哇大哭。因为孩子们还很小，很容易以不当的行为惹翻其他小朋友。

发现有不懂事的孩子做了不好的举动时，身为大人的父母应该明白"幼吾幼，以及人之幼"的道理。这时，任何一位父母都可以把自己想象为一名幼儿园教师，就能站在更中立的角度给孩子们讲道理，教他们怎么合理地玩耍，帮他们建立临时的游戏规则，像裁判一样参与他们的游戏。如果某个孩子的行为明显表现出缺乏管教，这时解决问题的方式应该是大人与大人进行交流与沟通，而不能对孩子蛮横。

有些农村孩子从中学就开始住校了，更多的孩子则是进入大学才开始住校。室友相处的方式是一半像家人模式，一半像社会模式，即在同一屋檐下密切接触，相互影响，却又非亲非故。由于每个学生来自不同的家庭背景，摩擦或冲突就在所难免。尤其在初中至高中期间，校园欺凌事件时有发生。这时，家庭教养的差别就会显现出来。

有关校园欺凌的研究材料很多，人们一直在研究欺凌者的性格、被欺凌者的心理特点以及如何预防等。我认为，欺凌他人显然是错误的行为，需要扼制；被欺凌者是应该同情的，需要帮助。但要特别注意的是，无论是欺凌者还是被欺凌者，虽然他们的表现不同，但也有相似之处。那就是在与人相处中，他们都存在"自我中心"的心理缺陷，只顾自己，忽视他人的感受。欺凌者的毛病很明显，其自我中心体现在不能吃亏，自以为是，骄横霸道。但很多人忽略的是，多数被欺凌者也有以自我为中心的表现，做事往往以自我满足为主，不能事先想到别人的感受，经常在一些小事上引发别人的不满。例如，我前面提到的那个女学生招手叫老师过去，她虽非故意为之，但此举让我感到不舒服。

在宿舍里，最容易发生冲突的是与别人的作息节拍不吻合，或者无意中打扰到别人。我在大学讲课时，经常有学生课后来找我做心理咨询。曾有一个情绪非常低落的女生跟我说，现在全宿舍的同学都不理睬她。我问她知道为什么吗，她说不知道。具有反思意识的人在无须别人告知的情况下，就能发现自己的问题，从而主动进行调整。这个女生显然不具备这一能力。因为所有室友都不理睬她的话，说明问题一定出在她身上。

我后来问她一些生活习惯，她说她学习很努力，经常在教室学习到很晚才回宿舍，后来发现大家都不愿理她，就更不敢早回宿舍了。我告诉她："问题一定出在这里。你学习很用功，总在别人睡了才回宿舍。回来后，你一定会进进出出，要洗漱、开门、关门、放置东西等，会影响别人休息。大家不理睬你，是因为她们不愿意说你，这是无声的抗议。你因为过于关注自己，所以完全不能理解或考虑到别人的感受。"

在一个群体里生活，做事一定要考虑到别人。所以，在性格培养的关键期，父母要有意识地告诉孩子："只要有别人在场或在附近，你要考虑自己的行为是否会影响到别人。"例如，住楼房的人，尤其是住上层的人，要注意自己的行动会不会影响到楼下邻居的休息。有的人很早就起床了，一般先打扫卫生。起得早是你的习惯，但楼下邻居可能昨天加夜班，睡得很晚，所以你搞卫生的动作要有意放轻些。体谅别人是一种良好的品格。如果身边有这样的人，大家就愿意与他共事，与他成为朋友。

与人相处还有一个重要的好性格，那就是宽容。我们知道人与人之间一定有差别，有地域差别、习俗差别、家庭背景差别、生活习惯差别等，相遇相处时难免会不习惯，看着不舒服。如果是具体的一次性行为，那可以明确告诉对方怎样做更好。如果是人家从小养成的习惯，那就要宽容了，因为习惯不是一下子就能改的。如果人人都以自己的习惯要求别人，那谁先改呢？估计谁改起来都很痛苦，最好的办法就是尽量互相忍耐。所以，前面讲到的"培养孩子的忍耐力"这一点非常重要。忍耐是宽容的基础，具有忍耐力的人才能宽容别人。如果孩子早年忍耐的性格培养得好，这些都不成问题。

不可否认的是，有时善意的行为不一定能得到善意的理解和回报。遇到特殊情况时，父母还要教会孩子采取其他方法。

总之，能够与不同于自己的人友好相处，这种人会有很多朋友。当一个人有朋友就不孤独，做事时有人陪伴左右或追随他。上中学时，朋友越多的孩子，越不容易被孤立、被欺负。这就是性格的力量。

除宽容外，乐于分享也是一种良好的性格。分享精神也是需要后天培养的。看到三岁以下的小朋友在吃东西时，你可以做个小实验，凑近他跟前说："给我吃一口吧。"然后，你观察孩子什么反应。大多数孩子会表现出不情愿。这就像欲望与冲动是天生的一对，欲望与自私也是孪生的。所以，扼制自私与扼制冲动同样重要。

在孩子稍大些，三到六岁时，家长就要有意培养他与人分享的性格。方法很简单，最开始可以让他学会与人分享食物。在家庭生活中，分享就存在于一日三餐中。有些家长一有好吃的就端到孩子面前，但有的母亲会带着孩子分餐，让每个人都能吃到好吃的。这两种抚养方式会让孩子形成不同的性格。

在我小时候，父亲经常上夜班，或者下班后参加各种学习会议而晚归。只要父亲在吃饭时间还没回来，母亲就会拿出一个干净的盘子，将各种菜拨出一份留给他吃。吃水果时也一样，谁不在家，我们就把最好的留给他。上大学时，我一周回家一次，母亲总会拿出单独为我留的好东西。我把母亲这种做法也用于自己的小家庭，而且心中总有这幅画面。我在许多场合会想到那个应该在场却因有事不在的人。

一个人心里总惦记着别人，一定会有朋友。不仅好东西要留给不在家或不在场的人，辛苦也应该大家分担，而不是让一个人承担。我曾看到一位明星接受采访时说，他有好几个儿子。主持人就问他："那你爱人很幸福吧？被这么多男人包围着。"这位男星回答道："可我们都是巨婴。"不知他是否在开玩笑。如果真是这样，我非常同情他的妻子和孩子。因为他妻子要么累到无暇休息，要么得委托保姆，把养孩子的过程交给别人，养育质量实在堪忧。他可称"无知无畏"的父亲，也是一个不称职的丈夫。

过去江湖上有句话叫"有福同享，有难同当"。想想这句话，那至少是一个有情有义的江湖。一个群体、团队乃至家庭，每个成员都应该有这种分担意识。尤其在婚姻中，我们看到太多家庭因爱组成，却因没有分担导致爱的崩盘和家庭解体。

所以，要从小培养孩子对家庭事务的分担意识。我从小学一年级就开始参与各种家务，比如母亲在做饭，我的工作是把桌子收拾干净，把碗筷和凳子摆好，等父母坐到餐桌前才坐下来吃饭。等我参加工作时，领导曾评价我："眼里有活，动手能力很强。"我想，这应该感谢我的父母，是他们从小有意培养才造就我这一性格。

体力之苦练就坚韧意志

今天你的"狠心"，就是孩子明天强大和自信的来源。让孩子在六岁前开始经历体力之苦，会一生受益。

当父母生下一个孩子时，谁都难以预料他会经历怎样的人生，但有一点大致可以料到，那就是任何人的人生都会有起伏。要想让孩子健康且活得长久，父母能做的就是早年从生理到心理给他日积月累的磨炼，使他身体强健、心理有韧性。

有一点需要明确，在生理与心理之间，生理是心理韧性或弹性的基础。简单说，要想让孩子心理坚强并有韧性，一定要从身体之苦进行磨炼。

2020 年 8 月 11 日，钟南山被国家授予"共和国勋章"。其实，钟老早在 2003 年就因为一场突如其来的"非典"危机举国闻名。那一年，他已经 67 岁。17 年后，当新型冠状病毒来势凶猛，前期专家意见各异时，84 岁的他被赋予重任。在赶赴武汉的火车上，他坐着睡着了的照片传遍网络。他耄耋之年仍然承担如此重任令人动容。当他表态这种病毒会传染、必须采取足够的措施后，党和政府高度重视，迅速出台了一系列果断措施，很快扼制了疫情的恶化传播，他也因此荣获国家最高荣誉。

当人们对钟老有更多了解后才知道，他的一生其实坎坷多舛。刚一岁，他就赶上日本空袭南京，差点丧命。上小学时，他又随父母改换生活地点，从贵阳到了广州，因语言不通留过级。从医学院毕业后，他曾被下乡劳动改造数年，35岁才回归专业，50岁才当上医学院教授。但这样的磨难并没有阻挡他的精彩人生。当罕见的"非典"疫情向我们袭来时，他把个人安危置之度外，曾因连续工作38个小时病倒，初愈又立即重返抗疫一线。2020年，他又一次在危机时刻挺身而出。

84岁高龄，很多人已经生活不能自理，甚至早已离世。可是，钟老仍然在高负荷地工作，很多人在赞叹的同时也有些不解。记者到他家采访后才知道，在他不大的家里竟有一个小小的健身房，他每天都坚持健身。他如此旺盛的精力和体力，还与他早年就热爱运动并坚持锻炼密切相关。

与钟老的经历相反，现在很多父母焦虑的是孩子的学习，担心孩子输在起跑线上。为此，他们在孩子六岁前就安排了各种学前班。小学生每天放学回家就是写作业，到中学阶段情况更加严重。从中考到高考，孩子桌上每天都堆着高高的一摞书。孩子学习成绩上去了，也考上心仪的大学了，父母本来以为可以松一口气了，可是大学生自杀问题却令人痛心和绝望。

我以前较少关注抑郁自杀问题。让我觉得奇怪的是，那些可怕的犯罪人从小没有家，四处游荡，一无所有，偷盗抢骗，无恶不作，取得不义之财就挥霍掉，身无分文时又去犯罪，有时吃了上顿不知下顿在哪儿，甚至为了躲避警方而经常换地方，在人生地不熟的地方无依无靠，可他们竟无一人因患抑郁症而自杀。这就是我以前不太关心这类心理问题的原因。

2004年，云南发生大学生马某某杀害多名同学的案件，震惊教育界。许多大学就请我去做讲座，目的是预防这种行为再度发生。可我到多所名牌大学后听到老师们说，大学生犯罪的比例极低，而大学生抑郁乃至自杀的情况却非常严重，每年都有很多学生自杀。

一位好友因大学同学的孩子跳楼自杀了，就找我去帮助一下这位同学。当我接触到的是一对非常优秀的父母后，很多个晚上都无法入睡。夜深人静时，我就想："这个孩子如果不跳楼，会有大好的人生，他的父母会多么幸福啊!"名牌大学的学生个个堪称天赋之才,是国家未来的栋梁,却以轻生的悲剧收场。国家和父母把他们培养成这么大,却在一天之内血本无归。

从那以后,我就开始关心抑郁自杀问题。在大学教书时,每学期都有"心理发生的生理基础"这一章节,我就结合自己的专业,研究那些流窜作案的犯罪人为何没患抑郁症。我还观察各种社会群体,比如从事大量体力劳动的建筑工人、种地农民等,发现他们得抑郁症的概率明显低于脑力劳动者和宅男宅女。由此,我发现一个问题:很多患抑郁症的人从小很少吃过体力之苦,比如不事劳作,不爱体育运动,一坐就是一天。

尽管精神病学家和临床医生有其专业的看法,但我认为在这一点上应该有共识,即这种心理疾病与人的生理状况存在密切联系。因此,为了孩子一生拥有充沛的体力和精力,父母必须有这样的意识:今天你的"狠心",就是孩子明天强大与自信的来源。所以,要让孩子在六岁前就开始经历体力之苦。

现在让孩子劳作的事情和机会太少了。在家里扫个地,那够不上体力之苦。到楼下玩一会儿,也构不成体力之苦。路上车辆太多,孩子上下学不安全,有的父母就开车接送,也没机会体会步行的体力之苦。学校的体育课时间有限,孩子放学回家又要写作业,在中高考之前玩命学习,哪有时间去体验体力之苦?这是学生抑郁的重要原因。

抑郁症绝不是一天就患上的,而是在相当长一段时间内,人的神经系统尤其是大脑各区域的神经细胞工作不均衡的结果。大脑皮层从人早上一睁眼就一直在工作,而小脑则安静地在旁陪伴,整天得不到兴奋的机会。久而久之,人的小脑就成了"废柴",大脑却因得不到彻底休息而累趴了。

心理活动是神经系统中不同功能的神经细胞兴奋与抑制交替的结果,就像太阳与月亮轮换形成昼夜交替一样。不过,人的主观性可以强行让黑夜变成白昼,只要点亮灯就行。同样,人也可以让大脑神经细胞的兴奋多于抑制。人类的各种发明让大脑不停地兴奋，却让小脑不停地抵制。尤其是不爱运动的人，其大脑神经细胞的工作状态是不均衡的。

所以，无论是为了孩子一生能够承受生活的体力之苦，还是想让孩子在遇到心理的痛苦刺激时能够坚强，或是预防抑郁症，早年都要高度重视吃苦耐劳的训练。

体力之苦的训练可以从孩子四岁左右开始。我给大家的建议是，先让孩子练习跑步，然后再学游泳。

跑步有很多好处，可以锻炼心肺功能、增强肌肉力量等，但需要长期坚持才能有效果。

可是，许多父母说："我们平时忙，没时间带孩子锻炼。"我听见这话就想："你有时间生孩子，怎么就没点时间陪孩子健康成长呢？"

我建议，至少在周末休息时带孩子出去锻炼。甭管周末睡到几点，妈妈起床后去做饭，爸爸就带孩子下楼去跑步。对四五岁的孩子，爸爸要有耐心。这时候只要求时间，不要求距离，不管跑得快还是跑得慢，都要跑上 30 分钟。当孩子渐渐适应了，就可以加快速度，加长距离。这样坚持到 10 岁以后，孩子就养成跑步的习惯了。一旦心里不痛快，他就会习惯性地出去运动，把不良情绪排解掉。

这种孩子从小练过，就能跑。当他能一口气跑上几千米，就成为他今后遇到紧急情况时自我求生的重要本领。人生难免遇到各种各样的天灾人祸，天灾如地震、海啸之类，人祸如一些丧心病狂的罪犯拿刀追着孩子砍杀。在这种情况下，从小坚持跑步的孩子就会迅速做出反应。当然，也不能光指望孩子自己逃跑，所有在场的大人都有责任冲上去保护他。

不过，跑步训练也要讲究适度。有一次，我在家附近散步，看到一位父亲强拉六岁的女儿以同样的速度跟他一起跑步，结果女儿一直在哭。我忍不住拦下他们，问这位父亲："你是让她锻炼呢，还是想培养一级运动员？你应该放开她，让她跟着你跑，由她自己来决定节奏，跟不上就跑慢点。"需要让孩子吃些苦，但不能虐待孩子。

我的第二个建议是让孩子早点学游泳。游泳与跑步各有所长，跑步练就耐力，而游泳练就胆量。不会游泳的人见到水是有恐惧感的。教孩子克服恐惧感，就锻炼了心理素质。

当孩子第一次下水时不会游，可能会呛几口水，那种感觉既难受又恐惧。所以，一般第一天去游泳后，很多孩子会有畏难情绪或抵触表现，但父母一定要坚持。当孩子一天天在进步，慢慢学会动作，能游上50米后，父母要记得告诉他："以后你还会遇到第一次掉到水里的那种危险感与恐惧感，但你一定不要怕，要放松呼吸，然后使劲努力。只要这样，就不是你怕水了，而是水怕你了。"

让孩子学会游泳，还有一层重要的长远考虑。人这辈子不知什么时候会遇到跟水有关的险境，会游泳在关键时刻能救命。

此外，游泳对孩子的身体发育也有帮助。尤其是早年，孩子正在发育，游泳活动了筋骨，也练就了胆量。可是，长到十八九岁再学游泳，那就只是增加一种技能罢了。

另外，我真心建议家长和教育工作者研究一下，在七岁前给孩子多一些属于自己的时间，让他们去屋外、田野、山上、水里玩，感受自由的快乐和生活的快乐，让他们的神经系统即心理活动的基础得到强化、加固。当孩子的体质强健后，意志力也会更加坚强，心理的弹性或韧性才有保障。

图书在版编目（CIP）数据

心理抚养 / 李玫瑾著. 一上海：上海三联书店，
2021.6（2024.2重印）
ISBN 978-7-5426-7422-7

Ⅰ.①心… Ⅱ.①李… Ⅲ.①心理健康－家庭教育
Ⅳ.① G444 ② G78

中国版本图书馆 CIP 数据核字（2021）第 086391 号

心理抚养

著　　者 /	李玫瑾
责任编辑 /	程　力
特约编辑 /	张兰坡　刘程程
装帧设计 /	鹏飞艺术
监　　制 /	姚　军
出版发行 /	上海三联书店
	（200041）中国上海市静安区威海路755号30楼
联系电话 /	编辑部：021-22895517
	发行部：021-22895559
印　　刷 /	三河市延风印装有限公司
版　　次 /	2021年6月第1版
印　　次 /	2024年2月第5次印刷
开　　本 /	710×1000　1/16
字　　数 /	258千字
印　　张 /	20

ISBN 978-7-5426-7422-7/G・1600

定　价：46.80元